Change

改變的世界
沒有大魔王

Change 11

我相信世界可以改變

——韓國 MBC 記者提供的鏡子

李容馬　著
張琪惠　譯

審訂：楊虔豪
編輯：連翠茉
校對：呂佳真
美術設計：林育峰

出版者：大塊文化出版股份有限公司
台北市 105 南京東路四段 25 號 11 樓
www.locuspublishing.com
讀者服務專線：0800-006689　TEL：(02) 87123898
FAX：(02) 87123897
郵撥帳號：18955675
戶名：大塊文化出版股份有限公司
e-mail:locus@locuspublishing.com
法律顧問：董安丹律師、顧慕堯律師

總經銷：大和書報圖書股份有限公司
地址：新北市新莊區五工五路 2 號
TEL：(02) 89902588（代表號）　FAX：(02) 22901658

初版一刷：2018 年 7 月
定價：新台幣 380 元

ISBN 978-986-213-895-3
Printed in Taiwan

國家圖書館出版品預行編目資料
我相信世界可以改變：韓國 MBC 記者
提供的鏡子 / 李容馬著；張琪惠譯 . --
初版 . -- 臺北市：大塊文化，2018.07
面；　公分 . --（Change；11）
ISBN 978-986-213-895-3（平裝）
1. 社會 2. 政治文化 3. 韓國

540.932　　107007406

我相信世界可以改變

——韓國MBC記者提供的鏡子

세상은 바꿀 수 있습니다 지금까지 MBC 뉴스 이용마입니다

李容馬 이용마

張琪惠 譯

目次

推薦序——媒體工作者的堅持

崔承浩（紀錄片《共犯們》導演、韓國MBC電視台社長）

韓國媒體自由所扎的根還不深。遭受日本殖民支配達三十六年後，南北韓又發生三年戰爭。戰後，韓國社會又為獨裁政府所掌控，媒體自由極度萎縮。一九八七年，獨裁政府在民眾示威浪潮中被趕下台，此後，媒體自由才開始逐漸向下扎根，到二〇〇七年為止，約二十年間，韓國媒體自由在許多層面上伸展開來。

但在二〇〇八年，具威權主義色彩的李明博政府上任後，媒體自由又開始遭到損害。特別是對政府予以批判報導的MBC電視台，遭遇當權者更多箝制。在這過程中，包括我和李容馬記者在內，共六名電視工作者被解雇，還有數百人遭懲處。

儘管如此，在這樣的箝制中，媒體人並未退縮，堅持抗爭到最後。本書的作者李容馬記者，在被解雇後，奮力抗爭，結果弄得自己得了惡性間皮細胞瘤（腹膜癌）。這本書，就是李容馬抱著病，把自己對兒子們想講的話，寫成文字而生。

李容馬記者想講的話，已呈現在此書標題上，他的信念是，不管碰到任何逆境，「都要抱著『世界能被改變』的信念挺身奮鬥，才能改變世界」，也由於這個信念，我們最後才能抗爭勝利。

我想分享一個書中未出現的場景：二〇一七年十二月七日，新的ＭＢＣ社長上任，並宣布六名媒體人予以復職，那位新任社長，就是和李容馬記者一起被解雇、一起抗爭，然後現在正在寫著此書推薦序的我本人。我們的勝利，是二〇一六年冬天開始、由市民發動燭光革命所催生的結果。為新聞自由而戰的媒體工作者一同喚起燭光革命，才能取得勝利。

我知道台灣和韓國一樣，擁有很相似的歷史經驗，希望此書能成為台灣的國民與媒體工作者參考的範例。本書作者李容馬記者，至今仍在與病魔對抗，所幸現在正一點一點地恢復中。中華圈讀者們的聲援，將會帶給李容馬記者更大的力量。

感謝大家！

推薦序2——

至少，打一場理念的游擊戰！

陳雅琳（電視主播、電視台總編輯、資深電視製作人暨主播）

貼近真相的記者工作

記者這一行，對我來說，是個相當迷人的工作，因為可以站在新聞現場，直接與事件的人事物接觸，不但可以擁有第一手的觀察，甚至，會遇到許多關鍵重要人物與形形色色的人馬，還會有行萬里路、繞著地球跑的寶貴經驗，人生因此變得精彩萬分，信手拈來全是獨一無二的美麗回憶；不過，最重要的，是這個工作讓我們可以比較看見真相，起碼，可以跟事實貼近一點！

這也是為什麼我放棄十八％超優福利的穩定終身教職，一股腦兒投入新聞行業的原因。當年因為家貧，在單親媽媽的請託下去念師專，求學過程被學校選拔為國民黨高幹，屢屢代表學校到處演講與選舉，但，也因為多方接觸，讓我驚覺自己正是台灣洗腦年代下的所謂校園菁英產物，這讓我很不能接受，因為那是一種長期被欺騙的感覺；尤其，當我知道，原來老師教的、電視講的、報紙寫的，很多都不是真的，這更讓我抓狂，內心開始萌芽，如果自己經濟獨立了、教書期滿不用賠公費了，我要轉職當記者，因為，我要站在新聞現場去貼近真相！

接下來，我從報社的一個環保衛生小記者幹起、到躬逢其盛創立台灣第一家電視新聞台、到歷經各任總統的獨家政治權威、到創作各種深度報導的電視節目，記者工作讓我的人生打開好幾扇窗，但最驚心動魄的，恐怕還是跟著台灣民主發展歷程前進所遇到的很多「原來如此」與「不能說的秘密」……

批判為了監督權力者

閱讀《我相信世界可以改變》，內心澎湃不已，總是心有戚戚焉地，想與作者李容馬隔空擊掌，因為他大膽點出了很多積弊，尤其是財閥、媒體、官僚三位一體的舊制度！像是，三星這個富可敵國的韓國大企業，就被他形容成「三星共和國」，裡頭細細闡述了三星如何把黑手伸進國家的檢察系統、如何控制影響媒體，導致再怎麼非法都沒事、是無人能撼動的至尊！檢察體系如何技術性的巧妙避開處理三星案，三星如何透過長期的收買籠絡關鍵權力者的心，在他筆下，都無所遁形！

甚至，他不惜把媒體自家的醜陋面揭發出來，像是他寫了批判檢察廳的報導交上去，結果三星公關人員打電話質問他為什麼要批判檢察廳，讓他不禁噗嗤笑了出來，因為，他批判的是檢察廳，當事人都沉默以對了，反而是三星打電話來抗議，重點是，這個報導根本還沒發表出來……喔喔！媒體自己內神通外鬼，李容馬在書中非常巧妙的把財閥、媒體與官僚的勾結赤裸裸地呈現開來，但我想，以他這樣的批判性格，在保守勢力當道的組織環境中，必然會遇到某些時候的阻礙與冷凍，果不其然，他說，自己的報導，永遠在電視台漏播新聞中排第一！

媒體運作裡，很多看不到的現實面，儘管作者也不會把它在電視台鏡頭前呈現出來，但透過這本書，他真的力道強大的針砭開來，像是在「飯店採訪戰爭」這件荒謬的事，他好不容易爭取到前往阿富汗戰地採訪的機會，卻沒想到，只能待在巴基斯坦，在距離戰地數百公里外的鄰國，抄著外電，讓自己像在戰爭現場一樣地播報戰爭消息，而且，經常就是待在飯店，這跟你待在南韓用外電報導有什麼不一樣？作者認為，作秀成分居多，不過就是裝出比較有真實感的戰爭！

記者保持批判的精神總是比較好的，因為會一再記得監督權力者這件事，也讓自己的理路更清晰，但實際工作起來，其實也不用因為上述案例就覺得悲觀而有任何想放棄的念頭，因為記者每天都在產生新的報導，昨日的挫折就讓它隨風而逝，只要自己夠努力優秀，依然會有很多令人驚艷的產製與報導。所以，作者最後還是努力進入阿富汗了啊，有別於外電，用自己的視角採訪出第一手的報導。

令人佩服的嗆辣

這就是我經常在演講時說的，「我總是在艱困的現實環境中，依然設法打一場理念的游擊戰，因為我還站在崗位上」。

曾經，我被要求大幅限縮報導達賴喇嘛的篇幅，當時我正在印度達蘭薩拉藏人流亡地衝鋒陷陣地採訪，後方卻傳來大卸兵甲的指令，這種前線不能打仗的挫折帶給我心靈巨大的衝擊；尤其，那一趟的專訪尊者，他最後起身要離去時又突然回頭，說了一句「我只希望真相能夠被報導出去」，頓時之間，我悲傷上了心頭，因為，報導本來就應該講真相啊，為什麼對這位全球愛戴的諾貝爾和平獎得主來說，把事實傳遞出去卻是一種奢求呢？他長期被中共政權打壓，即使自己早已宣布不追求西藏獨立，卻依然遭遇各種扭曲與抹黑……我好難過，那一夜，在喜馬拉雅山腰下的藏人流亡地，一輪圓月高高掛在亮澈的星空中，我心卻悲憤不已，喝著啤酒、望著明月，我深深長嘆並思考新聞工作的意義。沮喪之際，一位新聞前輩跟我說，「沒關係，只要我們還在新聞工作這個位子上，無論何時何地，就帶著理念繼續打一場為正義報導的游擊戰，它，總是會發揮力量的！」

這宛如敲響一記醒鐘般地，又讓我新聞魂上身！對，只要我們不放棄，理念者的報導總有聚沙成塔的力量，更何況我們還有接近事件與當事人的權力，媒體不發揮，小老百姓更何堪呢？

我也曾經在揭發爐渣屋時，被各種排山倒海而來的人情壓力與恐嚇威脅所糾纏，甚至參加新聞獎時被惡意弄掉（評審看不過跑來跟我透露的），但對我來說，這些打擊都不重要，也都要挺住，因為我們謹記初衷，報導的目的就是希望讓社會正視廢爐渣已經進入建築骨材影響居住安全的問題，不希望小老百姓花了一輩子辛苦錢買房，卻買到有問題的房子。結果，這個報導最後真的促發政府行動了，不但啟動調查，還改變政策，這些，都是我們還在崗位上拚命打遊擊戰的成果。

也曾經，我正要報導炸山挖礦政策過時、讓台灣山林資產不斷殞落的主題，但，還沒出發，就有財團請重量級人士來關切，我還因此被請去溝通……不過，對我來說，只要動機正當，沒有什麼不能溝通的，更何況我從不是衝著財團來，我只是希望問題沉痾能解決、過時的法令能修改，絕大多數是基於監督政府而報導的，因此，最後總是能在沒有阻礙、甚至得到多方資源挹注的情況下，完成好的報導！

這也許就是我跟作者李容馬個性不同的地方，同樣卑微貧窮出身，同樣對記者工作充滿崇高的理想，但我從不衝突，認為改變世界是有迂迴的方法的。所以，像我這樣的個性，就會很佩服作者李容馬了，他在書中陳述迂腐荒謬事件時，完全指名道姓，不管是政府官員或媒體同事，幾乎全都露，甚至，他也直接點名把某個媒體形容成「政權的諂媚者」、「墮落為執政者的喇叭手」……（哈！他都已經點名了，我還在用某某的字眼），他，是不是真夠嗆辣的呢？

「沒有到不了的地方」

我也欣賞他的勞工意識與照顧弱勢，他認為，「媒體的第一作用，就是監督和批判掌握權力的人，是多數弱者對少數強者的牽制；而媒體應該牽制的少數強者，也不只政府和執政黨，還包括了在野黨和其他媒體，因為他們也是重要的權力機關」。他非常深刻地檢討自己所處媒體環境的角色，認為保守勢力已經長期支配他們的社會，導致形成每個人「自己心中的法西斯」，這是大家都需要警醒的！所以，閱讀此書，會讓人不斷地回想初衷，也刺激自己更思考這個國家與社會的發展，一本書，也讓我們透過筆者的視野，快速理解韓國政權更迭下，哪些與時俱進了？哪些依然停滯不前、甚至借屍還魂？都有助於讓讀者不再只是粗淺地了解韓國而已，作者確實提供了一面鏡子，讓我們也想想台灣！

那麼，最後要講的是，歷經重重磨難後，我們是否還相信世界會改變呢？我們常在年輕時懷抱這種夢想，不管後來在實踐過程中遇到多少夢碎，但拂去淚水後總是又勇往前進，甚至修正路線再往前衝，如此循環不止，當各領域都有這樣的理想者繼續努力，我認為絕對是可以跨越眼前的重重阻礙，最起碼，這個世界還是允許我們打一場正義的游擊戰啊，也如同作者所說「沒有到不了的地方」。所以，我相信，只要秉持信念不放棄，這世界是會改變的！也期待作者能夠早日康復！

推薦序3——

記者可以改變世界嗎？

管中祥（中正大學傳播系副教授、「公民行動影音紀錄資料庫」庫長）

我不確定這是不是李容馬的最後一本著作，因為，腹膜癌末期的他，寫下生命的經歷留給雙胞胎兒子，而此刻，他正在京畿道的家中靜養。

這是一位父親寫給年幼孩子的「傳世家書」，不過，李容馬寫下的不單是自己的生命歷程，也是韓國的當代媒體史，並且是一部將個人生命鑲嵌在韓國社會的政經發展史。

從小就感受到族群、階級不平等的李容馬，上大學之後，接觸了馬克思主義和無政府主義，自然和許多覺醒青年一樣，投入學生運動。除了在街頭上熱血狂奔，被警察逮捕、丟包外，在他心中也累積了越來越多無法以示威解決的疑問。

年輕學子參加學生運動的是重要的，對未來充滿各式各樣理想的青年，需要透過反抗式的親身經歷，了解體制的不義，試著創造未來社會，而不是依循既有權力結構的價值與安排走完一生。特別是，這個權力機制若是掌握在少數人的手中，更應該要據理挑戰，畢竟，自己的未來自己救、自己的社會自己造。

學生運動雖然懷抱改革社會的神聖使命，但現實並不會事事如願，大部分的社會運動都不會在短期內達成目標，因為，政治的轉變本來就是「緩慢」的，很難一蹴可幾，相反的，若是過於快速轉變，社會、群眾，甚至領導者沒有做好準備，有時反而是種災難。

但即使如此，也應該明白，社會運動要改變的不只是社會，還有行動者自己。學生或社會運動若要改變體制，就必須走入人群，苦民所苦，自我反思，並且要能發現問題、分析問題，甚至解決問題，也因此，除了當個熱血衝組，用身體衝撞，也必須學習以智慧和知識面對社會。這樣的歷程便是閱讀力、分析力、感受力、探究力、組織力、容忍力、合作力、批判力、行動力的重要養成。行動中也會發現，有許多問題並不是透過示威、抗議便能解決，除了行動，還要知識，更長遠、細緻的籌謀，以及思考如何促成政治體制與意識型態的轉變。

這樣的態度與能力並不單是熱血的學運青年所有，也是具有社會改造精神記者不可缺少的熱情與知能。作為一個記者，要有正義感，要有「結構式」的視野，能了解事件深層的歷史脈絡，看到議題背後的文化與制度問題，更要有探究、分析、組織的能力。當然，能否應對來自組織內外的政經壓力，以及面對挫折的耐力與抗壓性，更是好記者不可缺少的必要條件。除非你只想做傳說中的「腦殘」記者，安安穩穩、渾渾噩噩地過一生，否則記者生涯中勢必充滿各種理想與現實奮戰的血淚。

李容馬不僅有學運青年的熱血與衝勁，政治學的背景也讓他能宏觀地看待問題。不過，即使如此，李容馬依然跟許多剛出道的記者一樣，從跑社會新聞開始，歷經財經線、政治線、軍事新聞、國際新聞，一步步看清國家權力、財閥資本、跨國集團與媒體之間複雜的共生關係，以及政商機制如何聯手透過各樣的威脅利誘操控輿論、脅迫記者。理想與現實的爭戰，成了李容馬記者生涯的日常。

李容馬任職的MBC（韓國文化廣播公司）是韓國的公共媒體，但和台灣公視不同的是，MBC的經費除了來自「放送文化振興會」的支持，也包括廣告收益。在台灣最有名的作品，就是曾經出口到全球九十一個國家與地區的《大長今》、以及《我們結婚了》、《爸爸去哪兒》等綜藝節目。

雖然，MBC在韓國極受歡迎，新聞節目也有一定的公信力與批判性。不過，與財團關係甚密的李明博上任後，不但讓韓國大步邁向新自由主義的道路，政府的勢力也逐步進入MBC，控制電視台。接任的朴槿惠也不遑多讓，延續李明博的作風，持續操控新聞自主與自由。MBC具有批判色彩的節目不是被調到冷門時段，就是陸續停播，不利政府的報導當然無法見光，有理想的記者受到各式各樣的打壓。民主社會，新聞媒體要站在政府的對立面，早就是天經地義，這不但是民主政治的ABC，也是小學生就明白的道理。但現實上，幾乎沒有一個政府會放過媒體，極權政體以暴力方式直接控制，隨著資本社會的發展，則改以廣告或置入性行銷等經濟模式進行操控，無不希望媒體能為其喉舌，打壓異己，宣傳洗腦，繼續維繫政治權力。

如果媒體不能自由地傳播資訊，記者缺乏自主性，就不能提供各樣的觀點，亦無法促成公共討論，也就難以清算社會性積弊，揭露隱藏在背後的結構沉疴，不但無能提出解決問題的方法，媒體還失去了監督的能力，民主政治就會陷入危機，極權主義將會再起。

然而，不論是新聞自由或是新聞自主，從來都不是從天而降，從歷史來看，淨是血淚抗爭的成果。MBC除了會製作受歡迎的大眾節目、具批判性的新聞，也擁有強大的媒體工會。面對來自政府的壓力自然起身抵抗，李容馬也是其中一員，歷經了一百七十天的抗爭，MBC重新改組，代表保守勢力的金張謙社長下台，MBC及記者們方才找到新的可能。

李容馬曾經自問：究竟該怎麼做，才能清算社會的積弊，重新恢復我們社會的正義呢？該怎麼做，才能擊敗既得利益的勢力，重新建設我們的社會呢？我也想問：一位記者要留下什麼給他的後代呢？金錢？名聲？還是典範？我想，李容馬的親身經歷不但是給孩子們的「傳世家書」，也給了上述問題的最好答案。

推薦序4——

國家轉型時代下的你，決定活出怎樣的人生？

蔡依橙（醫師、新思惟國際創辦人）

閱讀一個國家的政治與歷史，要讀得比較有立體感，可以從兩個方向互相補足。一個是從宏觀的大角度，看大敘事、大潮流，提供清楚的架構與整體概念。但可惜這種視角看到的世界，裡頭的人民面孔是模糊的。另一個，則是從參與其中的「個人」角度去觀察，廣義來說，小說或韓劇可以協助我們捕捉時代感受，而真實性較高一些的回憶錄，更能清楚看到個人的情緒、價值、認同、行動選擇，理解那些政治詞彙給個人帶來的影響。

本書作者李容馬，一九六九年出生，歷經韓國猛烈的學運時代，之後擔任MBC電視台記者，得以近距離觀察政治、商業、檢察、警察、外交等領域的嚴重問題，恨鐵不成鋼，希望韓國更好的心情，讓他不避諱展現自己的政治立場（支持盧武鉉），並積極組織工會，以罷工對抗李明博保守政權對媒體的言論管控。二〇一六年，他忽然發現罹患「腹膜惡性間皮細胞瘤」，我自己是醫療人員，這個名詞的意義，就是「如果是我得到這病的話，會知道來日無多，治療只要不造成痛苦就好，不用過於積極，重要的是，接下來的每一天，都要快點完成自己想做而還沒做的事，避免遺憾」。

本書是四十九歲的李容馬，有感於自己沒留下什麼遺產給身後的家人，想回顧並寫下自己濃烈的人生，讓兩個九歲的雙胞胎兒子，能在長大後理解，他們曾經有過一個怎樣的爸爸。正因為這樣特殊的切入點，作為讀者的我們，能獲得很多思考與啟發，以下我就韓國政治、性別角色、個人選擇等三個方面，與各位分享。

韓國政治

韓國的政治對台灣人來說並不好懂，主要的原因是，他們的政治主軸跟我們並不相同。韓國的「保守勢力」，如李明博、朴槿惠，是傾向維持現狀，並加入美國陣營，以美日安保條約為中心；但「進步勢力」，如金大中、文在寅，卻是以與北韓交流為中心，甚至考慮推動統一，建立「韓國人的韓國」。南韓和台灣，雖然同為藍偏保守、綠偏進步，台灣的「進步勢力」也想建立「台灣人的台灣」，但仔細一想會發現，統獨立場剛好是相反的。

以作者的「進步勢力」觀點來看，南韓的根本問題，是當年幫著日本人殖民韓國的政治勢力，後來也順理成章地繼續幫美國殖民南韓，尤其政府的外交體系，什麼都以美國利益優先考量，一點都不敢讓老大哥生氣。這樣下去，什麼時候才能真正建立「韓國人的韓國」，並實現更為公平的世界呢？

而這個「親美幫」主軸所衍生的地域主義、政商複合體、財閥治國，本書都有非常精彩的第一手觀察，並能清楚看到一個國民在大環境下生活的感受。

現在的台灣，正在努力嘗試找到屬於自己的全新世界定位。在這個過程中，去理解南韓曾經歷過的壓抑、苦難，以及成為科技與工業強國所付出的代價，是很重要的。

性別角色

書前的獻詞：「獻給我親愛的妻子金秀英、雙胞胎兒子李玄載和李敬載。」但有趣的是，在書中，妻子與兒子們的存在感並不強。

以妻子來說，全書只提到三次，也就是在「夫妻認識進而結婚」、「他可能因為罷工而被開除」、「罹患只剩一年可活的癌症」時，但在這三處，妻子都是「沒說什麼」的無語角色。讀者不妨試著把自己代入他太太。是真的無語嗎？習慣無語嗎？還是說了也沒用？「沒說什麼」的時候，她是怎樣的心情？

書中只有一次，太太是有說話的，這是在作者因組織罷工而被解雇的五天後，也就是作者完全忘記的結婚十週年紀念日的隔天，太太說了一句：「你知道昨天是什麼日子嗎？」

就這麼一句，很有力道。或許，這顯示的是太太在意的價值，也或許只是丈夫端的有限認知。

補充一提，在國際醫學會上，韓國男人的拚勁是很有名的，他們一整年的週末，都有各式各樣的進修與會議，不只首爾的醫師會積極參加，連遠在釜山、光州的，也很多人每週搭高鐵、飛機北上參與。會議的晚宴之後，飯店的酒吧一定找得到喝酒攤。平日的醫療與研究工作，往往做到半夜，回家真的只是洗澡睡覺而已。甚至經常連洗澡睡覺都在醫院完成。

我曾經私下問一位熟識的韓國醫師，「你這樣拚學術研究，以《Nature》為目標的確了不起，但人生這樣砸下去，幾乎都不在家，老婆不會抗議嗎？」他說：「是老婆叫我出來拚，拿高分期刊論文給小孩當身教，不要整天早早回家，因為她不喜歡沒有能力、沒有成績、站不出去的男人。」

那個當下，我一時不知道該怎麼回應才適合，就拿起桌上的酒杯，以「祝你的《Nature》文章早日刊出」結束這個話題。

個人選擇

雖然這是為了孩子而寫的回憶錄，但書中沒有特別寫給孩子的話，也就是說，沒有孩子的個性描述，沒有針對他們的個人發展建議，沒有他和孩子的共同回憶，似乎就是個單向的「爸爸到底是誰、經歷過什麼事情」的書寫。希望孩子記得的父親，是一個曾為「更好的韓國」做出努力、無怨無悔的形象。

作為一個南韓人，他選擇活出最精彩的自己。在他熾熱的能量之前，我們很難說些什麼。

事實上，每個人類社會都有其不公不義之處，我們每個人也在其間做出了自己的選擇。如果李容馬是你的朋友，你會跟他並肩作戰，還是勸勸他別那麼執著，多顧一點自己和家人，說一些他其實也聽不進去的話？

建議同在台灣的讀者們，可以用當代政治、性別氛圍、個人選擇三個面向來讀這本書，這剛好是同在東亞地緣政治圈裡的我們，都必須思考的三個面向。

序論——南韓的變與不變

楊虔豪（駐韓獨立記者、「韓半島新聞平台」創辦人）

翻開近代南韓歷史，幾乎每頁都躍動連連，有時恐怖肅殺，有時又是出乎意料的驚奇。這個國家，連串極端的悲喜交織，造就出驚人的成長動力。在外人看來，南韓是光鮮亮麗的，但對本地人或現場觀察者而言，這國家有太多重擔沒卸下，不少人正在思考，如何改造成一個更美好與理想的世界。

韓戰讓朝鮮半島正式處於分裂與斷絕往來後，南韓經歷連串震盪，首先是基礎設施被毀損，經濟破敗；建國總統李承晚又在企圖連任的過程中，選舉舞弊，引發學潮，政府強勢鎮壓，許多示威學生慘死槍下，反讓抗議規模擴大，最後招致推翻，讓李承晚狼狽地逃往夏威夷。

現代化的背後：灑下政商勾結之種子

原以為真正的民主體制能落實，沒多久軍事強人朴正熙又推翻臨時政府，把南韓帶往威權國家的方向。

透過獨裁統治，朴正熙以要脅懲處經營者不法罪行，強迫企業主配合政府規劃，另一頭又給予支援、減稅、減債、低利貸款、施予特定訂單，扶植財閥，展開大規模生產及對外輸出，確立出口導向的發展模式。落後的經濟恢復秩序，民眾得以獲得溫飽，南韓經濟步入現代化，在七〇年代正式趕上北韓。

但國家開始步上繁榮的階段，南韓大部分工業園區都集中設置在朴正熙的故鄉——東南方的慶尚道，反對派領袖金大中的故鄉——西南方的全羅道與光州，則受到刻意排擠，就此肇下東西對立的濫觴。

安定 v.s 壓抑

朴正熙又強行訂定新憲，取消總統連任限制，用盡各種手段打壓包括金大中與金泳三等政敵，又以違反「國家保安法」名義，對持異見者羅織親共或意圖推翻政權等罪嫌，更介入媒體運作，逮捕報導相對開放、願意給予反政府學運更多發言空間的《東亞日報》總編輯，不僅抽走廣告，還動員裝甲車封鎖報社。朴正熙於一九七九年遭刺殺後，同為軍人的全斗煥又推翻才上任不久的臨時政府，光州爆發大規模要求政府民主化示威，卻遭特種部隊入內血腥鎮壓，媒體消息也全被封鎖，全斗煥最後順利就職。「光州事件」自此成為被封殺的禁忌詞語，也讓當地鄉親對獨裁者心生恨意。

全斗煥上台後，為防止媒體百家爭鳴對政府帶來不利影響，強制整併電視台、廣播電台與報社，縮減媒體數目，不少記者丟了飯碗，當局也嚴審報導內容，南韓進入另一個媒體黑暗期。情治單位與治安本部緊盯所有異議活動，將異議人士貼上「赤色分子」標籤，對參與社運與反對活動者，予以拘禁甚至施虐。

南韓歷經二十六年軍人執政，成為封閉迂腐、只講求集體與上下階級的權力服從集團。特定地域與學校出身或持親政府立場人士，大舉進入政府、法界及學術機關，執掌要職並相互提拔；財閥持續擴張，貧富差距與勞工剝削現象日漸嚴重，政府未見抑制，持續打壓工運並施惠財閥，政商勾結嚴重，貪腐叢生。

對歷經韓戰與國家動盪的中老年世代，這是社會秩序與經濟安定發展的歲月，只要努力、不觸碰政治禁忌，求職成家都不成問題。但對在學中的知識分子與活力奔放的年輕世代，這壓抑環境令人窒息。一切反政府言行，都被不明就裡地以「親北韓」、「親共」論處，卻沒人檢討「殺人政權」的合理性及正當性。

資訊流通不發達的年代，這反倒激起示威者對社會主義與左傾思想的嚮往與對北韓的憧憬。不少人認為，因而連結起美國作為民主大國，在全斗煥鎮壓光州時，竟袖手旁觀並默許軍人橫暴，因而連結起反美與反獨裁統治心理；開始有學生研讀馬列主義與北韓主體思想，並主張美國及全斗煥政權是妨礙南北自主統一的元兇。

媒體工會的出現

反對軍政獨裁的怒火，終於在一九八七年爆發開來，但到此時，南韓唯有的兩家電視台——KBS與MBC，仍一如既往地將全斗煥的行程，擺在晚間新聞播出，示威者的消息不是被簡化帶過，就是被冠以「暴徒」形象扭曲報導。

這時，在街頭上，開始出現電視台記者遭群眾攻擊的事件。記者在南韓雖為崇高行業，但電視新聞無法報導真相與民眾訴求，難免受到撻伐。民主化示威浪潮下，全斗煥在同年六月被迫釋權，宣布解除各項對社會與媒體的管制，並讓南韓在同年底舉行總統直選。

兩家電視台職員也紛紛組建工會，以要求新聞公正編播及反對政權介入為主要抗爭目標，並成功與資方達成監督協議，共同遵守編播自由與公正報導準則、監控並反映新聞內容缺失，同時由工會共同檢視新聞主管的操守及工作記錄，施以評價，作為是否適任的依據，避免報導遭遇不專業或不合理的干預。

國家瀕臨破產

民主化後首次總統直選，反對派因金大中及金泳三無法順利整合，選票被瓜分，全斗煥欽點的軍中同袍接班人盧泰愚漁翁得利，當選總統。一九九二年的第二回大選，金泳三變節倒戈執政黨，擊敗反對派金大中，順利坐上大位。

亦即，南韓民主化後整整十年間，選出的總統都還是承接原本的軍事獨裁勢力，民主改革與實踐經濟平等與轉型正義的步伐，因此慢了下來；許多既得利益者仍把持高位。

上台初，金泳三以清廉形象與解散軍方派系，獲得高聲望，但為讓南韓能迅速擠進經濟合作暨發展組織會員國（OECD）之列，他不斷讓南韓朝自由市場經濟靠攏，忽略財閥胡亂向國內外銀行借貸、擴張生意項目與不實經營等脆弱體質，金管單位未確實監督，政府持續對財閥施惠，但財閥實際上已負債累累。

因此，一九九七年中，東南亞國家捲入金融風暴後不久，國際投資者也判斷南韓企業無力償還債務，紛紛將熱錢撤守，造成股匯市崩盤，財閥與借錢給財閥的銀行，負債已達政府無法負擔的規模，只能尋求國際貨幣基金援助。金泳三在南韓幾近破產的情況下，狼狽結束任期。

南韓重生後的新課題

進步派的金大中在此時當選總統，南韓終於實踐首次政權輪替，但他必須忙著收拾金泳三任內留下的爛攤子。政府實施大型金融改革，整併銀行與企業。儘管留下來的都是體質較健全的企業，很快讓金融秩序復甦，經濟回穩，但過程中，兩百五十萬人經商失敗或被裁員，失業率飆升超過百分之五。

金改過後，南韓約聘與派遣工越來越多，取代原本終生雇用的缺額。許多人投身自營業，賣炸雞啤酒或小吃，卻是一波收攤、一波又起。父母則拚命讓孩子接受更好的教育，累積名校履歷與證照資格，為的就是擠進財閥集團中工作享高薪，形成無情的廝殺競爭，導致自殺率飆升。

但熬過金融危機，政府仍只想透過財閥，讓國家經濟數據變得好看，而忽略財閥持續擴張，未將利益分配到百姓手中，權力卻不斷延伸至社會各個層面：意圖干預媒體報導負面消息、打壓工會、干預司法以避免做出不利判決。

金大中卸任後，人權律師出身的盧武鉉，在二〇〇二年底當選總統，延續進步派執政命脈，他打出克服地域政治對立、改善不平等及實踐社會正義的訴求，獲得廣泛支持，但社會各體系，由財閥與保守派勾結執掌的既得利益結構，仍然存在。

盧武鉉政府雖極具理想，卻沒有戰略，更對經濟與政府結構缺乏理解，過分倚賴既有行政官僚，造成改革計畫處處受挫，最後勞工與金融政策上，更與過往保守派無異——倒向財閥與自由化政策、推動FTA、通過非正職員工工作滿兩年可轉換為正職的法案，卻反向造成企業濫開約聘缺，在兩年期限前要求走人。

連串政策失敗，保守派支持者隔岸觀火，過去力挺的進步派支持者也大幅流失，盧武鉉變成「顧人怨」、「人人喊打」的對象。但主流媒體交相攻擊，讓盧武鉉只有挨罵的份，媒體工會和電視台經營層，維持相對平順的互動，那還算是新聞自由的奔放年代。

保守政權捲土重來——媒體再陷黑暗時代

但社會還未正視過往財閥與既得利益人士肇下的弊端，保守派已打著「救經濟」的牌，再次席捲而來。二〇〇七年大選，南韓出現第二次政黨輪替，現代建設公司社長出身的李明博，與朴正熙的長女朴槿惠，接連當選總統。

南韓雖然藉金融監控及與中美日間的貨幣交換機制，挺過二〇〇九年全球金融海嘯，避免國家陷入二次危機，可謂代表性的政績，但保守派政權篤信「財閥帶動，中小企業也會一起跟著發展」的均霑效應，給予財閥更多免稅與優惠措施，青年高失業率卻不見緩解跡象。

這段期間，三星集團會長李健熙，因逃漏稅而遭不起訴處分，MBC卻發生製作批判政府對韓美FTA讓步與狂牛病報導的人員遭檢方收押之事，司法單位執法明顯出現偏頗。

KBS與MBC兩大公共電視台，接連換上親政府經營層，竭力封殺批判當權者的調查報導，引發電視台職員不滿，而發動罷工，頻繁的抗爭次數，已超越一九八七年工會成立後到李明博執政前的總合。但保守派政權毫無作為，放任電視台資方大規模整肅參與罷工者，二十四位新聞工作者被解雇，三百多人遭不當懲處，相較於民主化後，工會、電視台資方及新聞主管間，尚有協調與討論機制，如今有政權在背後撐腰，上級拒絕與工會有任何妥協，記者任何反抗或表達反對意見，都可能換來莫名調職或懲處。

不僅在媒體，當權者的黑手對民間社會的介入箝制，也是風聲鶴唳。最高情治單位——國家情報院，遭揭發非法監控民間人士，還在二〇一二年大選期間，組織工作團隊，散播讚揚朴槿惠、批評文在寅的留言，意圖影響選情。

但此時，最具影響力的兩大公共電視台，都已被政府「收編」，新聞宛如重回獨裁時期般，國家元首空泛的談話與行蹤被擺在頭條或前段播出，反政府示威與揭弊、批判報導等則銷聲匿跡。媒體難以發揮監督權力，弱勢的聲音也因此被掩蓋，國家與媒體，成為政權與財閥交相把玩蹂躪與獲益的工具。

獨裁者的女兒與CEO總統紛落馬

一切都要等到二〇一六年，民營的有線電視台JTBC，發現朴槿惠密友崔順實的平板電腦，揭發她幕後干政與要求財閥捐款及承接特定廠商包案等特權弊端，才讓局勢出現劇變。一場親信干政風波，又扯出政府編列「藝文界黑名單」與朴槿惠在世越號船難當下的行蹤成謎等案外案，讓眾人瞠目結舌。

憤怒的南韓民眾，發動燭光集會，迫使國會與憲法裁判所將朴槿惠給拉下台，之後提前舉行大選，選出進步派的文在寅為新任總統——他正是前總統盧武鉉的知己，曾擔任他的秘書室長——其目標是實現過去進步派政權沒有做到的改革；而KBS與MBC，也終於擺脫前朝干預，恢復自由編播空間。

只是，歷經保守政權九年箝制，風水輪流轉，揭發干政案的JTBC，影響力已超越兩大公共電視台，收視率更已能和無線各台平起平坐。曾經呼風喚雨並締造韓流盛世的KBS與MBC，目前正力圖重建，找回觀眾的信任。

本書作者李容馬先生，擁有在社會、經濟與政治領域近二十多年的採訪經歷，以電視台記者的角色，見證並記錄躍動的南韓。過去MBC發動罷工期間，他擔任工會宣傳局長，組織抗爭，後來在李明博任內，遭到經營層解雇，並反過來成為我的受訪對象。

他以進步派觀點，重新檢視南韓發展過程中的各種現象問題與媒體生態，包括以批判視角，回顧他內心曾投以期盼改造國家的前總統盧武鉉，並對保守派垮台、南韓實現第三次政權輪替後，當下面臨的時局課題，提出解決方法。

台韓在一九九二年斷交後，資訊流通中斷，特別是盧武鉉在任期間，我們對南韓的理解，因雙方疏離漸生鴻溝而處於空窗，但兩造發展脈絡有極似之處——民進黨的國民黨化、逐漸向大企業靠攏、守舊勢力依然把持權位而反對改革，更拒絕溝通，不少人——包括政府皆是，厭倦舊體系，卻又害怕改變或覺得無力。

在對近七十年來，南韓發展的背景建立起基礎認知後，現在請藉由這本書，看看南韓的經驗，思考能怎麼改變我們所在的世界。

導讀——鏡子、關鍵詞、夢想

郝明義（大塊文化董事長）

在舉世驚奇的南北韓和解與世局新演變正在進行，而台灣原地打轉，被各種鬱悶嘈雜的聲音淹沒之際，閱讀《我相信世界可以改變》是個很有意思的機會。

韓國 MBC 記者李容馬寫這本書，本意是因為他患了癌症，擔心時日無多，要留下一本書給雙胞胎兒子，給他們當作未來的參考。

李容馬在書裡談人生經歷，也談他觀察到的韓國政治、經濟及社會等多面向的發展過程。針對過去幾十年韓國掙脫威權政治的枷鎖走向民主政治，新舊政治勢力輪替三次之後，為何被一些糾結反覆牽絆、原地打轉，尤其提出他特別的解釋。

他是為韓國人提出了一面後視鏡，因而可以看到自己由何而來，來到哪裡，以及文在寅上台後的一連串變化在未來可能的方向和意義。

對於台灣人來說，這本書則是一面不折不扣的鏡子。

同樣的時間裡，台灣也有威權政府，也有解嚴，也有即使政黨輪替三次整個社會都仍然為過去眾多糾結而牽絆不前的現象。如果把這本書當鏡子來看，可以看出韓國和台灣到底有哪些事情的發展是從開始就相同，哪些是開始不同後來相同，哪些是開始相同後來不同，哪些一直不同。如此，我們固然可以清晰地看出韓國何以成為今日之韓國，也可以體悟到台灣何以成為今日之台灣，以及我們遭遇問題的可能解方何在。

因為我在韓國生長過，想到為了方便今天台灣的讀者能更加善用這面鏡子，所以整理書中一些關鍵詞，當作背景說明。如果對韓國已經有很多了解，可以跳過這些關鍵詞以及對台灣的啟示，直接閱讀李容馬的本文。如果想先多知道一些背景，或者在閱讀過程中多一些參考，則可以看一下這些關鍵詞的說明。

地域情結

小時候住釜山的時候，家裡前院曾經租給韓國人開店。有段時間是個做洋裝裁縫的，記得有天住在店裡的一個人燒炭自殺未遂，院子裡鬧哄哄的。

可能那天的事情很刺激，所以記住了那個人是從全羅道來打工的。

也因為釜山屬於慶尚道，而慶尚道和全羅道結的樑子歷史悠久，所以後來在我成長的過程裡，逐漸發現市井之間談起全羅道人，總是負評居多。連帶地，即使我們讀的是華僑學校，大家講起哪個全羅道過來的寄宿同學，也會加重語氣說一句：「那個從全羅道來的」。

這是有原因的。釜山是慶尚道，屬於韓國的「嶺南地區」，而全羅道則屬於「湖南地區」。嶺南對湖南，是死對頭，歷史悠久，上溯韓國的三國時代。嶺南的新羅國聯合唐朝，滅了湖南的百濟。國亡之日，百濟的宮女不二臣，紛紛投江。跳崖的地方因而名為落花岩[1]。

進入近代，慶尚道出身的朴正熙軍事政變上台之後，民間要求民主的反對聲浪裡，最主要的代表性人物金大中則是全羅道人，把嶺南湖南之爭新添了柴火；到再度軍事政變上台的全斗煥又是慶尚道人，派傘兵部隊血腥鎮壓全羅道的首府光州，更把這種對立火上加油。再後來金大中又出馬競選總統時，我聽釜山的朋友說：開車去全羅道，加油站的人聽你操慶尚道口音，就會要求你下車恭敬地講一聲「金大中先生」。

所以，李容馬的《我相信世界可以改變》所談到的「地域情結」，主要指的就是慶尚道對全羅道，嶺南對湖南的情結。韓國的地域情結，比台灣的省籍情結、藍綠情結來得更早。

李容馬本人就是全羅道人。他在書裡描述從朴正熙執政開始，政府所有好的政策和資源都給了嶺南地區，造成湖南地區農村崩解，幾乎所有的農民都為了找工作一再往都市，尤其是嶺南地區的大都市移居，「他們成為工廠勞工和小販，也成為賺一天過一天的日薪勞工。」

小時候我家前院裁縫店裡那個試圖燒炭自殺的全羅道女孩子，不知道是否就是當時全羅道人在嶺南地區求生的悲歌之一。

朴正熙

很可能，我最早會唱的一首韓國歌就是〈新村之歌〉。每天早上，街上電線桿的喇叭就會大聲播放這

1 落花岩，位於扶餘白馬江下游的高聳石頭絕壁。傳說百濟於此戰敗於新羅和唐的聯合軍後，百濟的三千多名宮女紛紛投身於白馬江，宛如落花，因而得名。

首歌，叫醒大家。到現在我還會唱那個旋律。

「新村運動」[2]是軍事強人出身的朴正熙要改變韓國經濟採取的一系列措施之一。出發點的焦點雖然是鄉村和農業，但事實上成為一種全社會的運動，凝聚國民對經濟發展、提升生活水平的意識。有個說法是，那是一九六〇年代中，朴正熙來台灣訪問，見過蔣中正總統後，從「新生活運動」裡得到的啟示。

朴正熙知道當時的韓國貧窮，為了脫貧，他有一大重點是重視出口、賺外匯。我讀中學的階段，正是往最高潮推進的時刻。記得當時在課外偷溜去酒吧喝酒，釜山港口那些做美軍和外國水手生意的酒吧牆上，都貼滿了「本月出口××瓶啤酒！」的口號。也因為他不斷地激勵人民要努力再努力，所以有一個笑話說，英國歌手湯姆．瓊斯（Tom Jones）的〈奔跑再奔跑〉（Keep On Running）在韓國之所以大流行，正是因為朴正熙喜歡而推動起來的。那首歌流行的時候，真可以說是無時無處不在，聽得人耳朵生繭。

配合著出口至上，朴正熙發展經濟的重要措施，就是保護國內市場，在重要產業裡全力培植大型企業，再由他們來推動出口。電子、石油、鋼鐵、汽車，每個產業都有培養的重點對象，結果成長到財閥級的大企業。這些財閥要全力達成政府的經濟指標，政府也提供他們需求的各種政策和資源，一方面成就了「漢江奇蹟」，一方面也使得這些財閥長大之後，各自利用資源伸進其他產業，形成無所不包的巨大怪獸。今天無人不知的三星集團，正是朴正熙時代開始重點培養起來的財閥之一。

在經濟上這麼強勢的人，在政治上自然更不在話下。朴正熙長期執政的時候，鎮壓起民間的反對勢力毫不留情。一九七一年總統選舉，朴正熙即使有執政優勢，加上做票的可能，都仍然只以微小差距險勝金大中。這使他深感威脅。

朴正熙除了馬上頒布非常戒嚴令，又公布維新憲法[3]，把總統直接選舉改為間接選舉，可以終身執政之外，並且對金大中採取了動作。不但金大中在韓國國內發生「車禍」，僅以身免，卻留下終生後患，更誇張的是一九七三年，韓國中央情報部直接去日本動手，把人在東京的金大中麻醉後綁架帶回韓國。而後來流行的說法是：韓國中情部本來打算把金大中帶到海上直接包了麻袋石沉大海，但是由於美國攔截情報後緊急制止，他們才勉強綁回韓國。但不論是要把人丟到大海還是綁回韓國，中情部跑到日本做這種事，當然造成外交上的軒然大波。

朴正熙是軍人出身，他在五一六政變時期一副戴著墨鏡的模樣煞氣十足。這樣的人當了總統之後的霸氣，可想而知。而我記得在一九八〇年代後半看過一篇報導，描寫他不在人前的一幕。他有一次在車裡為了什麼事大怒，大罵：「我拿武士刀宰了你！」然後抬腳就猛踹司機座位旁邊那個人（應該還是個大官）的腦袋。

這樣一個人長期執政，固然一路提振了韓國的經濟，另一方面也製造了社會上越來越高漲的反對聲浪。而他當然不會有任何退縮與讓步，結果就造成火車對撞。到一九七八年釜山、馬山地區爆發學潮，學

2 亦稱新鄉村運動，是大韓民國在朴正熙執政的年代所實施的一項為期十年的農業改革運動，旨在促使韓國國內農村與城市的距離拉近，也使韓國開始走向富強之路。這項運動從一九七〇年四月二十二日倡議，並於一九七一年開始正式推行，於一九八〇年四月結束。（參考自「維基百科」）

3 指在韓國第四共和國憲法之下，朴正熙以緊急狀態為名實行的獨裁政治，並頒布宵禁直接影響國民生活。朴正熙的目標是通過發展資本主義出口業統一朝鮮半島，民族資本的急速發展導致勞動階層負擔大大加重。一九七一年總統選舉朴正熙險勝金大中，之後在一九七二年宣布非常戒嚴令，實行維新憲法，確立維新體制。（參考自「維基百科」）

生大規模上街頭，朴正熙堅決主張強力鎮壓，最後發生了他被自己中央情報部部長金載圭刺殺的事件。到現在為止，官方說法雖然是因為在一個酒家喝酒的時候，金載圭為了處理學潮的手法和朴正熙另一名手下起了爭執，所以臨時起意把兩人都幹掉，但是從金載圭事前連朴正熙的警衛團都先殺光，故事當然必定另有內幕。

當時我在台灣已經大學畢業，記得那天我看著電視裡報導朴正熙出了事，畫面裡拍的韓國報紙斗大標題「朴大統領有故」，不可一世的強人就這樣殞落，很有一種超現實感覺。

因為朴正熙被刺，總理崔圭夏接手，成為文人總統。崔圭夏要推動民主化，大家以為強人走了，新的時代可以開始。但是那年十二月十二日，一名駐守前線的將軍全斗煥率軍潛回首爾，逮捕了自己的上司陸軍參謀總長兼韓國戒嚴司令鄭昇和上將，再次發動了一次軍事政變。全斗煥也宣布戒嚴，掌握了所有軍政大權，八個月後自己成為韓國總統。

全斗煥發動政變的理由是，他的上司鄭昇和上將調查朴正熙遇刺案的方向有問題，因此這次政變又名「肅軍政變」。全斗煥如此高舉為朴正熙爭公道的旗幟的原因之一，是他曾經在朴正熙手下近身工作過。李容馬在書裡寫全斗煥是朴正熙的乾兒子，原因即在於此。

全斗煥再度軍人干政，當然激起民間更大的不滿。一九八〇年衝突發生的焦點在光州，嶺南慶尚道出身的軍人總統，要鎮壓湖南全羅道的光州，當然不會手軟，於是爆發光州事件，也就是電影《我是一個計程車司機》、《華麗的假期》電影的主題。《我是一個計程車司機》是從外地人的角度講當年的光州事件，《華麗的假期》則是從光州人當地的角度。兩部電影值得一起比對著看。

朴正熙的影響不只在政治上如此深遠，在經濟上更是。

朴正熙死後的四十年，他在政治面上的黑暗固然多所暴露，「獨裁」的形象和歷史定位也早就清楚，但同時他另一個成就也始終被肯定。那就是許多人都認為韓國今天經濟起飛的基礎就是他所奠定。韓國的政治民主化及政黨輪替之後，許多人自覺在經濟上沒有相匹配的成長，更懷念他當年的貢獻。事實上，朴槿惠能當上總統，是名副其實的繼承父蔭。

但是李容馬在書裡卻有別於韓國許多媒體的意見，指出正因為從朴正熙時代建立了財閥中心的經濟發展策略，以及配合財閥運作的政府經濟官僚，這兩者在水魚相幫的情況下也相互勾結，形成了幾十年來牢不可破的關係，成為今天韓國在經濟上遲滯不前，也連帶影響政治改革的三大毒瘤中的兩個。

包括朴槿惠在內，多任韓國總統都擺脫不了和財閥勾結的貪腐醜聞，也基因於此。這些財閥的起家既然是倚賴執政黨的政策奶水，對執政者的回饋當然不敢有所保留。也因此，即使是政黨輪替新上台的政府，明知這些財閥可以是自己的提款機而不用者又有幾希。

所以讀這本書，不能不了解朴正熙，知道他的影響。

「紅鬼子」與「親日派」

韓文「紅鬼子」的發音類似 Bal-Geing-Yi。起碼在我成長的釜山地區，從小聽到這個說法所意指的對象，首先當然是北韓。韓戰時期那些「紅鬼子」如何如何等等。

第二個就是金大中這種主張民主、左翼，又比較同情北韓的人。

我本來以為「紅鬼子」就是因為對北韓的疑懼、憤怒、不屑等各種情緒混合出來的一種說法，然後在政治上用來打壓對手的一種「紅帽子」；但是讀李容馬的書，才讓我意識到還需要拿來和「親日派」對照著看，才能更清楚一些脈絡。

相對於「紅鬼子」，過去我在釜山的時候的確比較少聽到「親日派」。真正注意到「親日派」，是在韓國也發生政黨輪替之後，聽他們成立了名稱類似「清理親日派調查委員會」的單位。

那之前我聽到的耳語是朴正熙當過日本殖民時代的警察，但到了這時才知道，他是讀過滿洲的日本軍校，他是要清理的親日派的主要人物之一。簡單說，韓國人說的「親日派」可以代換為我們說的「漢奸」。過去朴正熙掌握政權的時代，沒有人敢講他這個背景，後來則浮上檯面。指控他的人，將其歸之為「親日派」，支持他的人說他是為了讓自己有了軍事技能之後才能幫助國家。

本來我想那是歷史的背景，朴正熙也早就死去，不太理解許多人為什麼直到今天還要追究「親日派」，就好像說二戰結束如此之久了，為什麼時到今天還要成立一個單位在追查「漢奸」。

我從李容馬書裡所看到的是：韓國在解放之後，正是因為沒有徹底追查「親日派」的問題，才使得親日派順利過渡為代表既得利益的保守勢力，並在韓戰之後藉由對「紅鬼子」的追殺，移轉大家對「韓奸」的注意，自己也化身為反共力量的代表。

在這種情況下，韓國獨立之後就不見容於「親日派」的許多知識分子移居到北方，到韓戰一起，就都被打為「紅鬼子」。因而給反對立場的人戴「紅鬼子」的帽子，其來有自。

這樣，等朴正熙支持的財閥中心的經濟政策再發展起來，反共、保守、財閥等各種身分固然形成一種聯合陣線，許多親日派就更深深地隱身其後。也正因為是聯合陣線，所以隨著「反共」是最響亮的招牌，社會各個領域的對立都被簡化，以「紅鬼子」之名掃除各個領域的對手，也成了掌權者最便利的工具。光州事件，軍隊奉命去清除的就不是主張民主化的人民，而是「紅鬼子」。

各種關係如此錯綜複雜，所以李容馬說：高中的韓國歷史課，大部分在解放後到建立大韓民國政府就結束了，之後的部份都根本不教；他進了大學，讀的是政治系，但是系上卻不教韓國現代史。

在這種背景下，看金日成的例子很有意思。這個發動韓戰，建立共產極權體制的獨裁者，被稱之為「紅鬼子」是理所當然的。但他還有一個身分。相對於朴正熙曾經讀過日本軍校，金日成卻參與過抗日活動。朴正熙時代當然不能承認這件事，因此我小時候聽說的是，抗日活動裡確實有金日成這麼一號人物，但後來被現在的金日成謀害而冒名頂替。所以，此金日成非彼金日成。

當然，另一邊的許多人則不相信。李容馬自己就肯定金日成抗日的事實，書中所說的那位德國明斯特大學宋斗律教授顯然也是一個例子。

而李容馬在書中講的一句話，解答了我對清理親日派的工作為什麼時至今日還在進行的疑問：「新掌權的人不可能不翻出舊權力的腐敗。揭發舊權力的腐敗，才能確保新權力。」

「親日派」與「紅鬼子」，是讀這本書的時候要同時注意的關鍵詞。

盧武鉉

朴正熙之後的韓國總統，依序是全斗煥、盧泰愚、金泳三、金大中、盧武鉉、李明博、朴槿惠、文在寅。在這本書裡，讚嘆最多，也惋惜最大的，是盧武鉉。促成李容馬寫這本書的原因，固然是因為他要留書給兩個兒子，但是盧武鉉給他的刺激，想必也是原因之一。對於因盧武鉉的成敗而起的檢討，幾乎可以說是整本書重點的濃縮。

金大中是韓國第一次政黨輪替當選的總統，占有歷史上的里程碑地位。但他基本上仍然是老派政治人物，是過去威權體制與地域主義的受害者，但也可以說是受益者。一九九七年下半年東亞金融風暴爆發，韓國經濟幾乎慘遭滅頂。在那年底金大中當選總統，固然是因為執政黨民意慘跌所致，我也聽朋友講過一個笑話：「全羅道那個老人又來了。為了不要再見到他，這次就讓他當上總統吧。」

但是盧武鉉不同。他雖然和金大中同出一系而接手政權，但背景和方法都大有不同。

盧武鉉是因為三八六世代的支持而當上總統的。三八六世代，指的是二次大戰結束之後的一九六〇年代左右出生，受過高等教育，在一九八〇年代三十來歲時經歷也促成過韓國民主化的人。他們以英特爾電腦晶片三八六為代號，當然也有象徵資訊時代的意思。

盧武鉉比他們年長二十來歲卻得到他們的支持，因為有一些過去政治人物所沒有的特質。

盧武鉉家境貧寒，只有高中畢業，是韓國學歷最低的總統。他自學成功考上法官，再蛻變為人權律師，和全斗煥政權抗爭。他是慶尚道人，卻加入全羅道金大中的政黨並成為核心人物，成為許多慶尚道人眼中的叛徒。他為了挑戰地域主義，不惜放棄自己原先在首爾擁有優勢的國會議員選區，明知山有虎偏向虎山行地改到釜山（慶尚道）競選國會議員，失敗後再挑戰釜山市長又再敗。但也因為他天真地堅持一些信念，所以得到「傻瓜盧武鉉」之稱，並且因為選民的愛惜而有了韓國政治人物首開紀錄的「愛盧會」粉絲團。

二〇〇二年總統大選，財力及資源不足的盧武鉉，在三八六世代與愛盧會的支持下，由低攀高，一路過關斬將，最後當選總統。

其中，最精彩的一役發生在盧武鉉成為自己政黨的候選人之後，和另一黨候選人鄭夢準整合的階段。鄭夢準是現代汽車集團創始人鄭周永的六子，有志於從政。他擔任韓國足協主席也是世界足總副主席期間，爭取到主辦二〇〇二年韓日世界盃。那年韓國隊踢進前所未有的四強之列，他在聲望臻於頂峰之際，也順勢宣布參選總統。

當時總統大選呈三足鼎立之局。除了盧武鉉和鄭夢準之外，還有一位候選人李會昌。民調顯示：如果三人都出馬競選，那會是李會昌勝出；所以只有當盧武鉉和鄭夢準兩人進行「候選人單一化」協商，整合出一人和李會昌捉對廝殺，才有勝算。

然而在過去的韓國歷史上，從沒見過這種整合成功過。一九八七年首次民選總統那一次，正是一例。當時也是三足鼎立。盧泰愚代表執政黨，金大中與金泳三代表在野兩黨。雖然大家都知道，如果金大中和金泳三整合成功，推出一人和盧泰愚競選必勝，但兩人硬是各自參選，結果那一年盧泰愚以百分之三十七的得票率當選總統，而兩金合起來的得票率是百分之五十五。

因此二〇〇二年的盧武鉉和鄭夢準，究竟會重蹈覆轍，還是會完成不可能的任務，整合成功，扣人心弦。結果在民調呈現盧武鉉較高之後，鄭夢準同意接受民調結果，支持盧武鉉出馬。當時韓國媒體熱烈報導鄭夢準的退讓之美，我即使人在台灣，也因為看到韓國出現一種開闊的格局而為之慶幸。

誰都沒想到，經過一個多月後，就在選前的最後一天，鄭夢準翻臉，選擇在夜裡十點的時候宣布了不再支持盧武鉉。盧武鉉連夜趕去見鄭夢準，希望有挽留的機會，卻吃了閉門羹。只是第二天的選舉出現了更加激動人心的結果：盧武鉉的危機反而加大了支持者的動員，最後是他贏得大選，當上了總統。

我因為在選後沒多久就去了韓國，跟計程車司機聊起此事，問他怎麼看。司機的回答令我印象深刻：「小老婆生的孩子的頭腦就是和別人不一樣。鄭夢準如果沒撤回對盧武鉉的支持，現在當上總統的盧武鉉就要欠他一輩子的人情。不但要讓他當個有實權的副手，也要安排他接手下一任總統。這下子好了，鄭夢準親手幫盧武鉉卸下了千斤重擔。盧武鉉可以無所顧忌地放手一搏了。」

盧武鉉可以放手一搏，應該是當時所有的支持者對他的期待吧。但是看李容馬的書，就可以知道他怎麼錯過了一個個關鍵的機會，做了一個個錯誤的決定，成了「舊時代的老么」，沒能當上「新時代的老大」。卸任之後，盧武鉉因為後任李明博總統追查貪腐疑雲，選擇了投崖自殺，成了悲劇人物。

李容馬指出：盧武鉉儘管在政治改革的觀點上比任何人都要鮮明，然而在經濟、勞工和社會改革等層面上，他卻依然被自己世代的侷限所困。也因為如此，導致許多舉措自毀長城，最後眾叛親離。然而，即使如此，他的說法是：「盧武鉉給韓國現代政治留下了一個重要的主軸，文在寅政府藉助這個主軸才得以前行。盧武鉉是給新時代鋪下藍圖的人。」

確實如此，身為盧武鉉親密戰友又曾經是助理的文在寅當上總統後，至少今年登上台灣媒體版面的兩件事情，都可以說是在進行盧武鉉的未竟之志。

一個是今年年初把韓國基本工資一舉調高百分之十六，達到每小時七千五百三十韓幣（約台幣兩百零八元），更承諾到二〇二〇年將再調漲至一萬韓幣（約台幣兩百七十六元），超越日本、紐西蘭，在亞洲僅次於澳洲[4]。

另一個當然就是與北韓的和談。文在寅上台之後，繼續由金大中而盧武鉉的對北韓和解政策，終於得到金正恩的回應，有了舉世注目的兩韓頂峰會談。即使金正恩可能另有圖謀，未來情勢也不容就此樂觀，但起碼目前文在寅能掌握這個機會，也是因為走在盧武鉉鋪下的藍圖上。

六月，川金會之後第二天舉行的韓國地方選舉，文在寅的執政黨獲得空前大勝，形成真正的全面變天。而未來的韓國到底還能打破多少舊有桎梏的限制，以及能走多遠，也就看文在寅能再把當年戰友的遺志推進到哪裡了。

對台灣的啟示

讀《我相信世界可以改變》，對照著台灣的現況，有如一面鏡子。

在韓國第一次政黨輪替之後的第三年，台灣也有了第一次政黨輪替。到今天，韓國有了三次政黨輪替，台灣也是。今天韓國仍然苦於為舊時代種種糾結所困，台灣也是。

在許多人的認知裡，韓國當年是鼓勵、扶植大財團崛起，而台灣則是發展中小企業。但事實可能早已發展得不同。今天台灣至少有三個財團的規模，和韓國的頂級財閥規模不相上下[5]。

李容馬說，韓國舊有糾結去除不了的根由是：種種問題互相勾結、彼此掩護所致。也因為如此，我認

4見〈韓國上調最低工資的啟示〉（徐子軒），《蘋果日報》二〇一八年一月二十日。
5見中央研究院社會研究所林宗弘、胡伯維的論文〈進擊的巨人：台灣企業規模迅速成長的原因與後果〉。

為李容馬這本書之所以能成為我們的鏡子，主要有兩個作用。

第一個作用，就是對照著看清我們的社會到底有哪些根深柢固的糾結，並且擒賊先擒王，掌握首先解決的癥結是什麼。

李容馬在書中列舉了韓國的地域情結、「紅鬼子」帽子、親日派的變身、保守的右派既得利益、國會由亂動的「動物」變成癱瘓的「植物」、國家領袖失去遠見、無能的經濟官僚、只知道拉抬房地產加鼓勵外銷的經濟政策、已經成為巨怪的財閥、被政治勢力控制而黨同伐異的媒體、對勞工的歧視，等等問題。

這些糾結固然繁雜難以勝數，但是李容馬也一針見血地指出當前韓國最關鍵的課題。

檢討金大中、盧武鉉兩任政府的前車之鑑，李容馬發現他們雖然推動民主政治的深化，但是在改善經濟上卻沒有自己的主張，被傳統老舊的經濟官僚牽著鼻子走，重複朴正熙時代以財閥為主的經濟政策，結果造成社會嚴重的貧富兩極化，不但失去民眾的支持，還進一步擴大了既得勢力的資源，最後造成李明博和朴槿惠的反撲。

所以，李容馬認為：「新的民主政府如果想成功，就要得到國民的支持；想取得國民的支持，就要讓國民的生活變得更好。」

也因此，他認為韓國最需要解決的三個根本病因就是：「經濟官僚和財閥勾結，財閥和他們支持的媒體結為同盟，這是從朴正熙以來延續的三頭馬車，也就是韓國社會的既得利益體制。真正支持這個既得利益體制的，是極右派保守政治勢力。韓國社會要改革，唯有打破這個體制才能實現。」

在台灣，經歷了三次政黨輪替之後，我們也清楚地看到，國民黨和民進黨，即使名稱不同，在某些政治立場上的主張上有所不同，但是一旦執政，在經濟政策、社會政策、勞工政策上，也都幾乎完全是系出同源的思路。

我們不妨藉由李容馬這本書的鏡子，仔細思考如果我們要打破過去的既得利益體制，推動社會改革，該做的事情有哪些，以及該從哪裡下手。

第二個作用，是讓我們思考自己所欠缺的是什麼。

韓國人和我們在一些思考方式、行事方法上有所不同，根源上最大的差異，在於他們敢於嘗試些大破大立的努力。政治、經濟、運動、影視等等太多方面有太多例子，不必我一一說明。

而李容馬在這本書裡，又再次端出一個解決他們社會困局，前所未見的解方。他在這本書的第十章裡，詳細地說明了「公民代理人團體」的構想，以及其運作的方法。

簡言之，「公民代理人團體」是參照法院的陪審團制度而設立，隨機抽選一百零一個人構成。由於韓國的公共電視媒體負責人、檢察總長等任命都被政黨之爭所綁架，主事者人選永遠陷在朝野各有堅持的僵局之中，所以李容馬認為這可以由「公民代理人團體」來解決。朝野可以各自針對對方提出的人選進行攻擊、質疑，而最後的任命權交給「公民代理人團體」來決定。

李容馬更大的企圖，是他認為代議民主走到今天已經有其不可突破的瓶頸，所以「公民代理人團體」接下來可以擴大應用到更多政治事務的運作上。

李容馬雄辯滔滔地說明這個主張成立的理由：

「否定公民代理人團體只有一個理由，那就是根深柢固的菁英意識。有人會說，堂堂國務委員或是權力機關的首長，怎麼能讓張三李四來選。這和當年引進公民參與審判的時候一樣，也有人提過同樣的疑慮。當時也有極大的反對聲浪表示，怎麼能把需要高度專業知識的審判交給一般人。然而公民參與審判的幾年經驗證明了一切。公民代理人團體的問題也可以同樣看待。朝野專家在事先提供充分的知識和資訊，公民代理人團體以此為根據做出最終判斷即可。這比國民參與審判還要簡單。」

他也說明了願景，以及進一步發展的可能：

「公民代理人團體是超越菁英主義，讓公民可直接參與決定政策過程的劃時代制度。這可以超越代議民主，把直接民主和我們生活的結合往前更跨出一步。如果這個制度的路越走越寬，那可以漸漸連法案或政策的制定過程也納入。詳細的方案或政策，由菁英們認真地競辯。公民只要負責做出最終的決定即可。總統就是不具有所有領域的專業知識也可以執行職務，不是嗎？那公民也一樣。只要得到專家的協助，進行常識的決定即可。」

最後，他又為這一切的可能，說了一個令人動容的歷史背景：

「要引入大破大立的人事系統，才能打破原有的組織倫理。為了實質從外部添補新血，應該開放門戶。我們不該忘記：唐太宗引進科舉制度的理由，就是為了打破原有豪門菁英封閉的圈子，排除既得利益，創造新的組織文化。」

因此，李容馬提供我們鏡子的最後一個作用，我認為是催促我們思考：我們對改變自己的未來，有沒有勇敢的夢想，以及熱情。

「沒有理想的現實，就像沒有未來的現在。」他如此提醒。

台灣版序——
路徑依賴

李容馬

路徑依賴（Path Dependence），指的是一旦對固定管道開始依賴，即便知道途徑實際上不符合效率，也不會輕易擺脫，我們說是「慣例」、「習慣」或「傳統」等。恪守既有慣例傳統的人，向來排除普世價值的判斷，只照舊、依循這些原則。然而，苦守既有的途徑，世界絕對無法被改變，只能像現在這樣，原地踏步。

韓國和台灣的現代史有許多共同點，都是冷戰下誕生的分裂國家，長期歷經分裂勢力間（南北韓與兩岸）的戰爭對立，還有因戰爭使得獨裁體制得以維繫。這段期間，諸如反共與追求經濟成長等絕對理念，支配了韓國和台灣；表面上標榜民主，卻把所有否定民主的行為，以「反共」名義合理化；表面上喊著尊重人權，卻以經濟成長之美名合理化所有侵害人權的行為。從此，否定民主、侵害人權等有違法律的陋習傳統，在韓國和台灣根深柢固，發展成新的路徑依賴；舉凡指出路徑不對、又有意從既存體制中掙脫出來的人，都受到國家透過中央組織無情打壓。合理的討論消失了，脫離理性智識的暗黑時代就此展開。

幸好眼前有了變化，以新世代為中心，這些人開始對既有的非法陋習提出質疑。只是，既有的慣例、習慣和傳統是不會輕易消失的，因為歷經兩個以上的世代，這些慣例早在我們生活中扎根。尤其對長期以來「成功」帶領國家的社會菁英而言，與其承受選擇脫離既存軌道的風險，他們寧願保住原樣，也就是所謂的維繫「安定」，所以面對社會底層出現變化浪潮，他們一概發揮本能地抵抗。而抵抗成功，世界就絕對不會改變，只能維持現狀。

二十年來的記者生涯，讓我有機會親眼目睹韓國的這些現實，以及苦守著以財閥來帶動成長的經濟官僚、比美國人更親美的外交官僚、擔任政權走狗，汲汲營營保住自己飯碗的檢方、受冷戰理念束縛，支撐著既得體系的政治勢力，他們親如手足，當中站在頂端的，就是那些大部分靠世襲積累財富與權力的財閥。

面對在國家體制中獲得成功，又得到社會肯定的菁英，要如何克服他們的抵抗，進而讓世界改變呢？本書就是尋找這個答案的過程記錄，結論則不得不取決於大眾集體所凝結的智慧。能做到的方法，就是強化直接民主的要素，讓大眾得以在當今由少數菁英掌握的政治空間裡，直接發聲。在號稱「代議民主」，實際上卻是菁英為首的社會中，要突破他們的抵抗、反映大眾心聲，並不容易，甚至也有人在反對菁英體制的同時，對大眾直接參與這檔事，還是心生抗拒，何況每個人心中，也存在各種阻礙改革前進的途徑依賴，我們得加以克服，世界才能真正改變。因此，我認為至今為止，人類發現的最偉大資產，就是確立走上徹底體現與實踐民主的路。這條路雖然遙遠，卻絕不能放棄。

我相信世界可以改變

——韓國MBC記者提供的鏡子

謹將本書

獻給我親愛的妻子金秀英、

雙胞胎兒子李玄載和李敬載

序——MBC新聞記者李容馬

我是為了雙胞胎兒子而開始動筆寫這本書的。當醫院宣判我只剩下有限生命，面臨難以預測的未來時，我最擔心的是年幼的孩子。妻子一個人要獨自扶養兩個男孩勢必相當艱難。更重要的是，我擔心孩子在人生面臨要做出重大決斷的時刻，身邊卻沒有可以傾談的人該怎麼辦。因此我想透過自己經歷過的人生，來告訴他們這個社會是怎麼回事。反正就算我還活著，也是會對照自己的經驗，這樣講給孩子聽。

當然，我在生命每個關卡做出的決定和判斷未必都是正確的。尤其，我在理想和現實的背離中糾結，一直頑強地抗拒與現實妥協，許多選擇究竟是否恰當，也有重新思考的餘地。黑格爾說，現實社會不過是人類欲望的機制，因此要在這樣的現實中追求教科書上寫的正義，是否值得期許，也應該再檢視一下。

然而，沒有理想的現實，就像沒有未來的現在。我對不正當與不合理的現實感到激憤不已，一直在不斷抗拒、衝撞的激情中走過來。因為我想選擇的永遠是未來，而不是現在。在無論如何掙扎都難以脫離的現實中，卻想實現夢想，是我微弱的跳腳。事實上，對於今天面對未來要比過去任何時刻都覺得不安的年輕人而言，這種跳腳可能正在常態化。但即使如此，我仍然因為自己沒有選擇沉默和順從，而是一直保有這種懷抱激情的夢想，並可以示之於人，而感到自傲。

寫這本書的時候，我有了一個願望。我想和所有跟我一樣有著類似夢想的人分享我的經驗。任何人抱著夢想把我們一直不夠正義的社會，往更有正義的方向改變；讓我們只顧經濟成長，強求非人生活的社會，往充滿人性之美的方向改變，我都想和他們分享我的經驗。

金大中、盧武鉉兩度建立了民主政府，然而我們為何無法阻止歷史的退步呢？過去打壓人民，鞏固既得利益的威權主義勢力，是如何復活的？國民為什麼會再次將權力付託給他們？經過李明博、朴槿惠政府，我們可以確認過去的威權主義勢力依然掌握著既得利益，也可以看清他們倒退的行徑沒有絲毫改變。

那麼究竟該怎麼做，才能清算社會的積弊，重新恢復我們社會的正義呢？該怎麼做，才能擊敗既得利益的勢力，重新建設我們的社會呢？這個問題的答案，就隱藏在過去金大中、盧武鉉政府十年歷史當中。我們國家獨立五十年之後才出現的民主政府，也就是因為這個原因，免不了犯下某些錯誤施政。那些代表既得利益的勢力固然一直不容小覷，民主政府在思想上的貧乏和準備不足，也同樣牽絆了改革。我是因為記者這個職業，就近觀察了所有過程。

現在我們終於透過彈劾總統這個極端手段，擊退了威權主義的勢力，得到再次改革的機會。這個珍貴的機會，不能再度被施政上的錯誤所浪費。為了做到這一點，我們需要回顧過去的民主政府，當作他山之石。

我也期待自己記者的經歷可以扮演重要的作用。現實和理想的偏離，大都始於人類過度的欲望。超越自己能力的欲望，使得路越走越偏。這些欲望和偏離，造成了衝突，也摧毀我們的社會。大家提出「那個人為什麼會做出這種事？」的疑問，正說明了怪物誕生的根由。明知早已改朝換代，許多人卻仍然還想守住既得利益，依附著這個欲望又滾動增添其他欲望。我想看到一個新世界——一個可以把司馬遷的「天道是非論」視為過時的新世界。

前言——只要可以夢想就是幸福

親愛的玄載和敬載，當你們讀到這些文章時，應該已經快滿二十歲了。我寫的時候就是抱著等你們十年後來看的心情。

我想你們也知道我現在罹患癌症，不知何時會離開這個世界。腹膜間皮細胞瘤，實際上是現代醫學放棄的病之一。正因為相當罕見，韓國五千萬人口中，得到這種病的人屈指可數。看美國或歐洲的統計，得到這種癌症的病人幾乎沒有倖存者。大部分在一年前後就會死亡，長的話可以活五年。醫生說，預估我可以在醫院再活十二至十六個月。醫生預估的時間，是針對在醫院接受治療的病人做出來的經驗值統計，因此像我這樣不在醫院治療的話，就可能會有改變。可能會更長，也可能會縮短，目前還無從得知。不過，在我活著的期間內，我一定會全力以赴。

剛開始被宣判罹患癌症時，我腦海中最先浮現的是你們的臉。我結婚得晚，也很晚才有小孩。我想你們還需要二十年的時間才能真正自立，很擔心如果沒有爸爸的話，你們是否做得到。於是我的庸俗本性立刻蠢蠢欲動：如果能像大企業的繼承人那麼有錢，就能留下很多遺產……

空手來空手去。意思是指：人都是空手來到這個世界，也空手離開。然而我不相信這句話。在明擺著有口含金湯匙和土湯匙[1]出生之別的社會上，空手來這句話根本毫無意義。空手去也是一樣。那麼多人把子女視為自己的分身，拚命想多留些錢給他們，因此空手去這句話也是毫無意義。

我無法留一筆夠你們花用二十年的錢。那除了錢以外，我還能留下什麼？真是很頭痛。二〇一六年十二月底，國立癌症中心李振洙博士建議我閱讀其他癌症病人撰寫的書籍。我突然想到了。有一樣比金錢更珍貴的東西，那就是我的經驗。

二十前後的年紀，會很嚴肅地思考人生的旅途。人生是什麼？長大後要做什麼？我們居住的社會如何？未來的配偶會是什麼樣的人？會對這種種一切苦惱不已。如果身邊有可以坦然商量的人，可以說是一種福分。我雖然很希望能在你們身邊一起交談，然而也可能難如人意。

就算我不在了，如果我的經驗仍然能成為你們生命的養分，那還有什麼比這更具價值的事？就算我活著，不也就是對照自己的經驗提供你們一些建議？更何況，我不是做了許多其他人不太會做的事情嗎？我想明白了，對你們來說，我的經驗才是世界上最珍貴的遺產。我是想到這些，才開始寫這本書。

這本書是我對自己生命的整理，也是對我們生活的世界，我們應該改變的世界的忠實紀錄。我如實地整理了從生活中得到的經驗、遇到重大難關時的煩惱，還有這期間觀察的社會樣貌。既然身為記者，那我就把自己從近距離觀看、聆聽、感受的這個世界都記錄下來吧。

一路看這個紀錄，會發現我們所居住的世界沒有那麼美好的現實，也會知道我們未來應該如何改變這

1 土湯匙，意指父母的能力或經濟情況不佳，在艱難的環境下完全得不到經濟幫助的子女。和金湯匙是完全相反的概念。

個世界。新的世界，一定要由「我們」共同來打造。「我們」既然身為一起同行的夥伴，那就應該讓這個世界轉化為人性美好的社會。

許多偉人故事和目前的時代距離太遙遠，實際上有許多情況難以切身體會。然而我的故事就發生在離你們居住的時代非常近的過去，並且講的是你們身邊的事。世界不會在一朝一夕之間轉變，我想，我的煩惱和你們的煩惱應該也不會差距太大。我希望，當你們思考未來應該如何生活的時候，讀讀我的故事多少可以給予你們一些幫助。

我的心頭一直烙印著一句話。相較於「我要成為什麼樣的人」，不如先問「我該如何生活」。不記得最早是誰說了這句話，然而這是我大學時期的流行語。金大中總統也常在演講中引用這句話。還有，這句話對於我的人生旅途有著決定性的影響力。

上大學之前，我也是先為了自己將來的職業而苦惱。然而在大學時期聽到這句話之後，就開始對我們的社會而不是自己的職業苦惱。因為，如果要決定我該如何生活，那首先應該好好了解我居住的社會是怎樣的地方。如果我們的社會仍然是日本人占領的時期，或是軍事獨裁時期，我該如何生活？職業，是否不過是解決這個煩惱的手段之一？現在，也是同樣這些問題。

近來的年輕人對於自己的生計問題，也就是在挑選職業時花費了過多時間和精力。從上小學之前，就為了上好大學忙碌補習，就讀好大學後，又再次為了找好工作累積各種證照，沒時間觀看身邊的一切。進入職場之後，事情會有好轉嗎？從清晨到深夜，上班族像機器般工作到筋疲力盡。回到家就只是倒頭呼呼大睡，隔天起床後再去上班，無限重複這種生活。在這樣的生活中，我們真的能找到幸福嗎？我們生活的目的究竟是什麼呢？

我為了治療癌症，曾經在全羅北道的圓佛教萬德山訓練院有機農產機構短暫寄住了一陣子。在那裡感受到圓佛教是一個共同體。大家一起工作，一起分享，一起生活。這和共產主義的社會極為類似。區分你的還是我的並不重要。對金錢的煩惱，相對來說也比較少。因為「所有」的概念比較淡薄，差別待遇、不平等情況也就少。有多餘的時間，就用來休養。當然，在這裡生活的人也各有煩惱。然而我常想，相較於在職場生活中汲汲營營，淪為金錢奴隸的現代人，這樣悠閒的生活是不是更棒呢？

我不曉得爺爺和奶奶的長相。因為在我出生前他們就已經過世了。小時候我常希望爺爺奶奶還活著。倘若他們依然健在，不就能擔任我生活的指南針？我常有這種朦朧的期待。雖然我的爺爺奶奶早逝，但希望我的孩子能在爺爺和奶奶的陪伴下成長。然而他們的爺爺又早就與世長辭了。因此我下定決心長大後一定要當爺爺。但是，現在想到我似乎又無法實現這個心願，就不由得難過起來。

由於父親早逝，因此我不但不知道爺爺是個怎樣的人，如何生活，甚至連父親如何生活都毫無頭緒。這一方面和我的父親不喜愛和子女談天有關係，另一方面也是因為我年幼不懂事，根本沒準備好聽父親說這些故事。等後來回憶的時候，經常覺得很是遺憾。因此，我想盡可能地告訴你們許許多多故事。因為不同領域有很多故事，你們也可以挑自己需要的部分閱讀。

懷抱夢想來展望未來，這件事情本身就可以讓我們很幸福。想到這個夢想總有一天會實現，就更令人充滿能量。我是一直懷抱著夢想走過來的。身旁能有你們媽媽陪我一起守護著夢想，讓我格外幸福。我希望你們也能懷抱著夢想走自己的人生之路。你們的夢想不必和我相同。只要是你們自己追尋的夢想，而不是爸爸媽媽給你們的，什麼夢想都好。

最後我要拜託你們一件事。我希望你們能記住我的夢想。未來無論你們選擇走哪一條路，都無法脫離我們的共同體。讓這個共同體變得更美好，當這個夢想實現的那一刻，我就能說我的人生也有了意義。這樣，等未來我們都回歸天上的時候，就能像千祥炳[2]詩人那樣，很有自信地說我們享受了一趟美好的「郊遊」。

2 千祥炳：韓國著名詩人，最著名的詩《歸天》說的就是離開來郊遊的世界回到天上故鄉的內容。

2017 年 9 月《時事 IN》採訪，在家中拍攝的全家福。 © 시사 IN 신선영

1 惡性間皮細胞瘤

「是腹膜癌。腹膜產生的間皮細胞瘤。」

「是陽性？還是陰性呢？」

「是惡性。要盡快接受治療。」

「有很多腫瘤嗎？」

「已經擴散到整個腹膜了。」

聽到這些話令我難以置信。對於罹患癌症，還有腫瘤已擴散到整個腹膜這些話，全都難以接受。和主治醫師談論癌症時，妻子就坐在我身旁，但我連一眼也沒看她。我若無其事地詢問醫生，醫生也是用無動於衷的態度回答。醫生說既然已經確認病情，會介紹其他醫生給我，說完匆匆忙忙離開病房。之後就沒再回來。不曉得是不是因為我裝作若無其事，妻子的表情也看不出任何變化，只是沉默不發一語。

醫生離開後，整個病房顯得冷冷清清。同病房的患者似乎也刻意迴避這種氣氛。在這個只有六十歲以上老人的病房內，我這個四十歲後半的年輕人住院本身就很罕見，然而卻被宣判得了罕見的癌症。得了肝癌或肝硬化等重病長期住院的人，似乎都猜出醫生話中的含義。

我在三個月前健康檢查的時候發現了腹水。因為腹水量很少，健康檢查的醫生覺得不算太嚴重。腹水大部分是肝異常發生的現象，於是他建議到大醫院做進一步的精密診斷。這是我來到首爾峨山醫院的理由。但是肝臟沒什麼明顯症狀，所以醫生建議住院做組織檢查。這是個不好的預兆。接著，在二〇一六年九月六日診斷出腹膜的惡性間皮細胞瘤。

在組織檢查結果出來前，做腹腔鏡手術的外科醫生親自來訪說：「腫瘤已大量擴散，在腹膜任何地方隨便切都能切到。」然而當時我並不曉得這句話究竟代表什麼。

隔天一大早在用餐時間前，腫瘤內科醫生沒帶任何實習生或住院醫師，獨自一人來到病房。這是負責我的新醫生。當時我也剛好一個人獨處。

「部位很大，沒辦法動手術，也無法做放射治療。只剩下抗癌注射這個途徑而已。我們先用抗癌劑減少腫瘤的數量，接下來再找其他治療法。」

「完全不能動手術嗎？」

「不能動手術。沒有可以動手術的醫生。先減少腫瘤量後，若有動手術的可能，我再幫你介紹其他醫生。」

到這個時候我都沒想到死。說我死期不遠，實在是做夢都沒想到的事。但是從醫生節制的口氣和表情，我感受到了嚴重性。因此我面帶微笑，用開玩笑的語氣問道：

「間皮細胞瘤，死亡率有多少啊？」

「你說什麼？」

「應該說是存活率嗎？存活期還剩多久？」

聽我突然一問，醫生的臉色一沉。他擠了擠掛在病床欄杆上的手部消毒劑，塗在手上之後，反問了我一句。

「你非知道不可嗎？」

「對，這樣我才能做好準備。」

「間皮細胞瘤病人一般活不過十二個月。依你的情況，未來大概有十二至十六個月左右。不過如果能超過一年就是萬幸了。」

這次換我臉色鐵青。

「我知道了。存活期的事，請先暫時對我妻子保密。」

十二至十六個月嗎？但我還這樣好端端的？令人難以置信。首先，我的身體狀況最多只能撐十六個月的這句話，讓我無法接受。這是因為之前我都天真地以為，被宣判餘日不多的病人都已經陷入難以行動的狀態。現在，行動自如的我，竟然卻被宣判時日不多……我除了肚子有些微凸外，進食順利，日常生活也毫無困難。住院幾天前，我還跟後輩們聚餐，甚至還一起喝了酒。這到底是哪裡出了問題呢？無論我如何絞盡腦汁，腦袋都一片空白。這一切都令人感到茫然不已。再加上孩子們也才九歲大。該怎麼對妻子說明剩餘的存活期呢？

根據一般所知，間皮細胞瘤的致病原因在石棉。過去住宅或學校使用的石板屋頂發現含有石棉之後，造成了極大問題。地鐵站天花板檢測出石棉，也曾造成大眾恐慌。石棉被稱為死亡之塵。石棉即使短暫地和人體接觸，最長可能在體內潛伏三十至五十年，然後在某個瞬間因某個理由發病。由於這個原因，韓國從二〇〇七年起階段性地禁用石棉，到二〇一五年就全面禁用石棉。然而我印象中不曾接觸過石棉。再說，如果潛伏了數十年，現在觸發此病的原因（trigger）又是什麼？

後來我所知道的現實更淒慘。間皮細胞瘤是一種十分罕見的癌症，大部分醫生聽都沒聽過。再說，這種罕見的癌症通常是從包覆肺的胸膜發生，像我這樣從腹膜發生的更是少見。由於是極為罕見的癌症，不用說治療法了，也幾乎沒有相關病例。韓國總共可能才有十個。因為除非累積很長一段期間到產生腹水，否則外在都沒有任何症狀，因此一般都是到了末期才會發現。發現之後，症狀就會開始惡化。這就是為什麼說平均存活期只有十二個月。

然而現實就是現實。除了接受之外別無他法。還要建立對策。我決定立刻聽從醫生建議，接受抗癌注射。然而，由於有很多病人要接受治療，無法從次日就開始注射。我預約了在兩週後治療，就出院了。

出院的路上，我想起四年前的事。距離結婚十週年紀念日不過才剩下四天的二〇一二年三月十九日，我在MBC收到確定解雇通知書。當時妻子並沒特別說什麼。我想，這可能是因為從成為工會領導階層開始，我已經屢次向妻子預告可能會被解雇，因此才發揮了效果。然而不發一語的妻子，內心該有多麼焦急啊！我被解雇之後，照常埋頭忙碌於推動罷工，結果把結婚十週年的事忘得一乾二淨。隔天，三月二十四日晚上，我和平常一樣過了半夜才回家，正準備上床睡覺時，妻子問了一句：「你知不知道昨天是什麼日子？」那句話彷彿當頭棒喝。讓我頓時啞口無言。

我母親在二〇一七年要慶祝八十大壽。本來，我想她的花甲大壽沒什麼慶祝，現在八十大壽，即使不辦壽宴，也該來一場家庭聚會或是家族旅行。可是現在我卻罹患了餘日無多的癌症。要告訴母親我罹患癌症的消息，比四年前通知她我被解雇的消息還要難以啟齒。

當年被解雇的時候，我先隱瞞了這個消息。然而由於媒體已經報導，顯然她難免會透過親朋好友得知此事。想到她如果從別人口中聽說會受到更大的震撼，因此我認為還是自己親口說比較好。人事委員會進行重審的那天，我和妻子一起前往位於京畿道一山的母親家。母親聽說兒子要來，還特地準備了一桌豐盛的晚餐。到了母親家，我猶豫良久，還是無法開口。正當準備吃晚餐，才剛拿起湯匙的時候就收到手機簡訊。是通知重審結果，確定被解雇了。真是太過無情，起碼也應該等到吃完飯才通知嘛。

吃完晚餐，我才勉強開口告訴母親解雇的消息，並且信誓旦旦地說一定會復職。母親說了句我相信你，還反過來安慰我，說了些：你追求大義，一定會回復原職，那些傢伙一定會被趕走等等。因為母親也接受了，才度過了那麼艱難的時期。但是這次要告訴她的卻是罹癌的消息。我真的做不到。

我罹癌的消息很快就傳開了。當初會前往首爾峨山醫院，是因為ＭＢＣ的後輩記者提醒。健康檢查雖然發現了腹水，本以為沒什麼大礙，拖了三個月還沒去做精密檢查，後輩記者催促我盡快去做檢查。他勸我說：沒事最好，若有任何異樣，盡快治療不是會比較好嗎？

這次也是ＭＢＣ的後輩記者帶頭，找到腹膜癌最頂尖的權威專家。他是國立癌症中心的醫生，我當外科醫生的小舅子也是推薦他。我立刻和那位醫生安排後續治療行程。有別於首爾峨山醫院的診斷，他說可以動手術。將腹膜全部取出，小腸和大腸也要切除相當部位。開腹膜手術的時候，如果他在胃、肝等其他內臟也發現腫瘤，就會一併該切除的都切除。手術時間預計是十二個小時，是相當大的手術，不過還是比無法動手術來得好。頓時有種出現一線生機的感覺。於是我安排好一個月後的手術，就回家了。

我罹癌的消息傳開後，身邊的人給了許多鼓勵和加油。大部分人打電話來，卻說不出話。二〇一二年曾經和我一起罷工六個月的前輩、後輩和同事們，訴說他們抑鬱的心情。尤其是後輩們掩不住悲憤之情。大家是覺得：那些人都過得好端端的，我們到底做錯了什麼，卻遭遇這種事？我當然心有戚戚焉。然而這就是現實，又能怎麼辦呢？現實就是如此，無法事事盡如人意。

《韓民族新聞》[1]的金鐘九前輩到家裡探視我，表明要寫專欄文章支持我。他認為，李明博[2]政府上台之後掌控媒體、罷工和解雇等過程中製造的極度壓力，可能就是我發病的原因，又說這已經不是個人問題，而是社會問題。最後我們同意，由於朴槿惠[3]政府的氣勢尚高，如果能在文章的開頭引用我的問題，應該能再次喚醒媒體被掌握的問題，我也同意他的看法。問題是：報紙一旦刊出，母親就會知道了。因此在文章刊出之前，我又提起沉重的步伐去見母親。

我四十九歲，一直盡最大努力，讓自己可以無愧地活著。尹東柱[4]的《序詩》，寫的不啻是我走過的路。進入大學就讀後，放棄了當初夢想的仕途，轉而在學運圈周邊打轉，是如此；擔任記者，不論在公司或新聞採訪區都抗拒和現實妥協，總是咄咄逼人，也是如此。等到李明博政府上台，我選擇加入所有其他人都認為是死路一條的工會，仍然是為了無愧於自己的良心。我還有很多事要做，但我的人生卻要在此畫下休止符，實在難以接受。

我一向都是拋開自我來尋找生路。至少我是這麼想的。然而這次是我有生以來第一次要為了我的親人，雙胞胎兒子玄載和敬載，還有我的妻子尋找出路。我一定會找出這條路。我面臨的抉擇比任何時刻都艱難。從住院接受治療的這個課題開始，我決定所有的事情都要回歸原點。

1 一九八八年由全民募股成立的南韓大報之一，現與《京鄉新聞》同為立場偏向進步派的報刊。
2 李明博，韓國第十七任總統，任期為二〇〇八年至二〇一三年。
3 朴槿惠，韓國第十八任總統，任期為二〇一三年至二〇一六年十二月。因崔順實事件而被韓國國會通過彈劾下台。
4 尹東柱，韓國獨立運動家，中國朝鮮族著名詩人。其代表作有《序詩》、《新路》。

2 全羅南道出身和地域情結

我的故鄉「扉內」

我在一九六九年一月十日出生於全羅北道南原的一個鄉下農家。這個村莊的名字叫「扉內」。朝鮮末期在此定居的光州李氏後孫，在村莊周圍建了圍牆，打造了進出的扉門，希望像一家人一樣和睦共處，才會將此地稱為「扉內」。爺爺在此早逝後，父親和兄弟姐妹們在這裡共同生活，接著一個個分家離開。所以我出生的地方不是「我們家」或是「爺爺家」，而是大伯住過的「伯父家」。

伯父家現在已經倒塌了，只剩下田地。本來伯父家的主屋有兩間房間和廚房。對面也有兩個房間，和一個倉庫。主屋的右邊對角線方向是豬圈和製作堆肥的廁所。院子種植了茄子和番茄。我就在對面的房間內誕生。

從伯父家往後走，有一座比較高的山，那裡有祖墳。爺爺、奶奶、曾祖父、曾祖母、曾曾祖父、曾曾祖母都葬在那裡。大伯父家前面有個大水稻田，沿著稻田有條新作路（當時是這樣叫新蓋的大馬路）。沿著新作路走就是堂山，堂山一般是指有村莊的守護神，視為神聖的山或丘陵，我們村莊的堂山，就在村莊入口，林木茂密。

沿著新作路，稻田的方向有條小河流。暑假時會在這裡抓川蜷螺，寒假則會在這裡滑雪橇。我最討厭冬天來這裡洗臉。

三歲時，我們舉家搬到全州。從全州坐巴士回扉內，需要一個小時車程。小時候幾乎沒坐過車，因此我常暈車。下了巴士後，依我的腳程還需要走一個小時左右。對於小小年紀的我而言，是相當遙遠的距離。但不曉得為什麼，我卻很喜歡這裡，只要快接近寒暑假，就會央求爸媽送我回大伯父家。因此寒暑假期間

故鄉全羅北道南原扉內村的堂山立的碑石。爺爺在此地早逝後，父親和兄弟姐妹共同生活，接著一個個分家離開。

我都在此地逗留。

本籍

根據之前的戶籍制度，我的本籍是我出生的故鄉全北南原。目前已經沒有戶籍制度了，那是一個以戶主為中心，記錄屬於這一戶人家所有人的本籍、姓名、生日等身分事項的制度。戶籍和祖譜不同，是整理目前和戶主生活的家人。舉例來說，如果以我的父親為主，就會記錄父親和母親，還有下面的子女和孫子。至於女兒，出嫁之後會被稱為外人，從原本的戶籍中刪除，轉移到夫家的戶籍。這個制度是以男人為基準，記錄父親、兒子、孫子、曾孫子，還有這些人的妻子。完全以男性為中心。韓國廢除戶籍制度的理由之一，就是違反了男女平等。

本籍，是指一家戶籍所在的地區。父親過世後，我們家的戶主自然就是身為長男的哥哥。本籍不會一生都不變。結婚分家後，就會重新制定本籍所在地。以我來說，就可以將本籍從全北轉移到目前居住的首爾。然而我並沒有這樣做。因此我的孩子玄載和敬載的本籍也是全北南原。當然，今天由於已經廢除戶籍制度，講本籍再也毫無意義了。

然而，今天還是有很多人講究本籍。尤其，有些公司在聘用新人的時候，還會詢問原籍。原籍是指父親的本籍。這是因為想知道將本籍改為首都圈的人原本的出身地在哪裡。

目前雖然敬載是在首爾出生，然而追究我的出身地，會被分類為全羅道出身。直到今天，這種區分是有意義的。因為同鄉會有群聚在一起的傾向。就像校友會聚集在一起，同鄉也更有親密感，這也是人之常情。

然而，有別於嶺南[1]或忠清等其他地區的人，很多湖南[2]人會把本籍遷到首都圈。我的親戚當中舉家遷移至首爾或京畿地區的人，有相當多數將本籍從湖南遷至首都圈。

湖南歧視

許多人要追究本籍地，也就是出身地的一個重要理由，是對於湖南人的歧視。嶺南出身的朴正熙[3]總統在一九六一年以軍事政變掌握政權之後，一直到全斗煥[4]、金泳三[5]總統，長達三十六年的時間都是嶺南人擔任總統。在這期間，政府要制定經濟開發政策，或是權力菁英階層要添補新血的時候，都持續排擠湖南地區。

朴正熙政府由於是以軍事政變上台，換句話說就是缺乏正統的政府。或許是這個原因，他們為了取得國民的支持，就一再推出加速經濟開發的政策。當時的經濟開發政策就是要把農業社會轉型為工業社會，政府為了工業化，鼓勵鄭周永[6]、李秉喆[7]等資本家，建造大單位的工廠。他們建造的工廠，主要在首都圈和嶺南地區。韓國的知名工業區，除了京仁工業區外，大都聚集在嶺南的浦項、蔚山、昌原等地。

要讓工廠運轉，就需要人力。勞工的薪資越低對資本家越有利。要從哪裡確保這些廉價的勞動力呢？那就是農村。朴正熙政府在工業化的名義下，開始展開抹殺農業的政策。最具代表性的就是低穀價政策，

1 嶺南：鳥嶺以南，也就是指慶尚南道和慶尚北道。
2 湖南是指全羅南道和全羅北道。
3 朴正熙，韓國第五至九任總統，是韓國憲政史上執政時間最長的總統，亦是韓國第十八任總統朴槿惠的父親。
4 全斗煥，韓國第十一、十二任總統。
5 金泳三，第十四任韓國總統。
6 鄭周永（一九一五年—二〇〇一年），韓國企業家，現代集團創始人和首任會長。
7 李秉喆（一九一〇年—一九八七年），韓國三星集團創始人、首任會長。

讓米價跌到谷底。倘若米價慘跌，農民就難以維持生計，只得被迫放棄農業離開農村。他們會前往哪裡呢？想糊一口飯吃就要工作，因此他們不得不前往工廠。進不了工廠當勞工的人，相較之下，只能做一些打雜的工作賺錢，成為都市貧民。趙廷來[8]的小說《漢江》，就把當時的情況描寫得很逼真。擦皮鞋或提糞桶的人，大都是從從農村上京的人們。

一九六〇年代，韓國的農村人口超過總人口的百分之七十。然而二〇一七年時農村有多少人口呢？連總人口的百分之六都不到。幾乎所有的農民都為了找工作一再往都市移居。他們成為工廠勞工和小販，也就是賺一天過一天的日薪勞工。

嶺南地區工廠林立，可以收容眾多來自嶺南農村的人力。然而湖南地區沒有工廠，湖南農村的人力大都前往首都圈，其中一部分遷移到嶺南等其他工業區地帶。韓國獨立後不久，湖南地區還是豐饒的穀倉地帶，居住著最多的人口，然而在工業化政策之後人口卻急速下降，原因就在這裡。這也是湖南人在首都圈形成社會底層，遭到許多人輕視、蔑視的根本原因。

政府的人事也是如此。總統要任命國務總理或內閣部長等高階公務員的時候，都是以和自己親近的人為主，結果他們主要任命的都是嶺南人，而非湖南人。高階文官一旦是嶺南人，他手下的人要升遷時，嶺南人自然就會得到優待，反之湖南人就遭到排擠。考上國家資格考試的人裡，就算一開始嶺南和湖南出身的人數均等，等到升遷到高階職務的時候，仍然形成大部分是嶺南人的不對稱比例。這種情況從朴正熙政府到金泳三政府，足足持續了三十六年。

這段時間的政府力量強大，官商勾結的不當腐敗也日趨嚴重。這是政治勢力藉由賄賂而左右經濟發展的時期。也因此，企業如果想取得政府批准經營什麼事業，就需要可以幫他們跟政府高層進行所謂「牽線」

的人。由於政府高層大都是嶺南人，因此一般企業也不得不對嶺南人另眼相待。因為認識高層的人，或者至少要和高層同鄉的人，進行政治遊說的時候才比較方便。如此這般，基於各種原因，湖南人在我們社會的所有部門都遭受排擠。

過去收看電視連續劇或電影，流氓或幫傭等這類社會底層人物，大都操全羅道方言。騙子或叛徒，很多也來自湖南。當時由於湖南人口相當多，當然這種人也會多。但是難道其他地區就沒有這種人嗎？可唯獨湖南出身的人飽受奚落的現象，正好證明了湖南人形成我們社會的底層，過著貧困又艱辛的生活。

因此，有些湖南人為了不讓孩子遭受歧視，把本籍遷至首都圈，刻意隱瞞自己的出身地。另一方面為了避免被社會歧視，基於自我保護，開始團結起來。這就是湖南同鄉會這個特殊組織產生的背景，也是「要消除對湖南地區結構性的歧視，就得掌握政權」的長期願望得以形成的源由。在長久的時間裡，是大家對金大中[9]總統和在野力量的全面性支持，使得這個願望得以延續。要掌握政權，就要清除以嶺南軍人為核心的獨裁勢力。湖南人比其他地區的人更支持民主化，展現出進步的傾向，也正是基於這種心理。

以「我們是外人嗎」為代表的地域情結

一九八七年民主化之後的十年，湖南人才掌握了政權。在民主化熱潮的推波助瀾之下，一九九七年金大中當選了總統。大韓民國政府成立以來，第一次有了湖南出身的元首。直到今天，金大中還是唯一湖南

8 趙廷來，韓國小說家，代表作品有《太白山脈》、《阿里郎》、《漢江》等書。
9 金大中，韓國政治家，韓國第八任總統。

出身的領袖。金大中當選後，在國家菁英添補新血的過程中，給了湖南人才一些特殊禮遇。然而由於在野黨占了國會大多數的席次，因此也不得不看在野黨的臉色。尤其，只靠五年的政權要消除湖南人積壓了將近四十年的遺憾，可說是心有餘而力不足。要消除積累將近四十年的獨裁產物，五年更是完全不夠。

然而，隨著湖南人團結在一起掌握了政權，嶺南人也開始團結。韓國社會代表既得利益的力量，看這段期間支持自己的獨裁政府倒台，也逐漸集結在嶺南人的四周，和代表民主化的湖南人打起對台，同時也擴大地域情結的衝突。

我們社會的既得利益者，是指財閥、官僚、媒體人、政治上的既有勢力等。選舉的時候，他們把民主對獨裁之戰，轉化為湖南對嶺南之戰。當時為了鼓吹慶尚北道和慶尚南道（譯註：嶺南地區）應該團結在一起對抗湖南地區，流行一句話：「我們是外人嗎？」從這句流行語可見一斑。

當然，會產生這種結果，金大中總統也不是沒有責任。他和釜山出身的金泳三總統本來應該攜手團結在民主主義的大旗之下，繼續清除獨裁的殘渣，然而一九八七年兩個人都要選總統之後，反而造成政黨也擺脫不了地域情結的後果。

嶺南地區有了工業化基礎，人口開始逐漸增加，不知不覺間超過了湖南人口兩倍有餘。代議民主，本來就是多一票也獲勝的制度。在這種情況下，湖南幾乎根本不可能有贏過嶺南的機會。只要地域情結的糾葛還在，湖南或是其他地區出身的政黨或者候選人，無論在道德或能力上有多麼優秀，一旦對上嶺南出身的政黨或候選人，不落居下風也難。

何況，嶺南出身的政黨，依然擁有過去獨裁政權打下的根基。從朴正熙到全斗煥的既得勢力，在一九八七年民主化之後承接了嶺南地區的政黨，影響力至今依然。接下來韓國如果想持續發展，就必須打破地域情結的糾葛。

為了打破地域情結，很多人嘗試努力過。最具代表性的人，就是盧武鉉總統。盧武鉉總統來自嶺南地區的釜山，卻在領銜推動民主化並代表湖南地區的民主黨內活動。他在首爾參選當過國會議員後，又去了釜山，在當地以民主黨候選人身分競選國會議員和釜山市長，最後以失敗告終。他明知在釜山無路可走，卻揭櫫打破地域情結的大旗，持續不斷地挑戰。他就是在這個時候得到「笨蛋盧武鉉」的光榮綽號。盧武鉉的真誠得到社會大眾的肯定，在二〇〇二年當選為第十六任總統。然而，地域情結並未因此輕易消失。

從二〇一七年五月舉行的大選來看，我看未來會有許多變化。這是我身為政治學者、也是長期關注政治的媒體人所切身感受到的。看看我們社會能一路進步到今天，這是可以期待的事。未來，大家會把二〇一七年的大選稱之為打破地域情結的起步。對於這一點，我有強烈的預感。

談論了這麼多關於地域情結的事情，是為了說明我不遷本籍的原因和背景。我不想隱瞞或逃避出身地，也認為這個社會不能再繼續歧視湖南地區。我們不是應該改變這樣的社會嗎？我們的社會，應該是任何人都不必隱瞞自己的湖南出身也沒問題才對。

3

兒時的貧困和母親的叮嚀

在地上玩的孩子

我兒時的回憶，除了回故鄉之外，大都是在全州的小巷子內遊玩的場面。主要舞台所在地，是全羅北道全州市完山區南老松洞和中老松洞，是窮人主要群居之地。一九七〇年代，是韓國尚未脫貧的時期。湖南地區連工廠都沒有，因此更加貧困。若不是實在講不出全州的特色，不然怎麼會把全州稱為教育都市、消費都市呢？

我們社區有很多老舊的韓國傳統房屋或三夾板蓋的房子。在全州，如果住洋房，就代表是有錢人家。當時大部分人都是好幾戶人家住在一個院子裡生活。一家人用一兩個房間，一座大院子裡可以住三四戶人家，群體生活在一起。住在這樣的大院裡，印象最深的是位「江湖牙醫」。「江湖郎中」是指在未取得醫生執照的狀態下，從事醫療行為的人。當時醫生不足，這類江湖郎中非常多。

由於是賃屋而居，我們經常到處搬家，直到國小五年級才有了屬於自己的家，在全州商業高中後面，一個叫麒麟峰的小山丘底下。房子附近，有條小溪潺潺流過。我家院子有環繞的土牆，土牆上生長了許多刺槐。夏天和父親一起爬到屋頂上砍刺槐的記憶，至今歷歷在目。刺槐是日本引進的品種，生命力相當強韌。放任它恣意生長，就會穿破或是弄倒屋頂，因此就算麻煩每年也要砍除。

我們家有四個房間。我們用兩個，其他兩個分租給房客收租金。雖然表面上說是紅瓦屋，實際上簡陋不堪。我在那個房子住到上大學。後來因為當地要重新開發，被規劃成馬路，房子如今也不存在了。

或許是生活極為艱辛，我幾乎沒有小時候的照片。甚至連慶祝滿百日（嬰兒出生滿一百天）或滿週歲的照片都沒有。國小五年級時，父親從他上班的學校借來一台相機，在家拍了我第一張照片。等到國小六

在全州中老松洞的自宅。當時小學生的我和姐姐。這裡是窮人家群居的社區，有很多老舊的韓屋或板房。

年級最後一個兒童節的時候，父母親帶我一起去全州動物園玩，跟照相館租了台相機來拍照，則是我印象最深刻的記憶。

小時候，大都和社區的孩子一起玩。去朋友家門口大喊一聲「出來玩～吧？」，朋友就會一個接一個跑出來。或者，也不用特地號召，只要到社區某個空間比較大，可以讓我們遊戲的地方，就會看到逐漸聚攏的朋友。不分哥哥或弟弟，大家和樂融融。

我們最常玩的遊戲是打彈珠、打飛石、搶地盤、挑尺、甩板、賭珠子、獅子遊戲、魷魚、捉迷藏、騎馬打仗等。其中有多少是最近的孩子玩過的遊戲呢？大概是打彈珠、甩板、捉迷藏和騎馬打仗這些吧！其他已經都成為傳統遊戲了。最近的孩子應該連聽都沒聽過。

在這些遊戲當中，我最擅長的是挑尺、魷魚等。所有的遊戲，大都是在地板上進行。在地面上畫線，或是挖洞玩遊戲。家境富裕的孩子，也會拿玩具來玩，然而我身邊的孩子都是家境不太好，因此大家削木頭來做玩具，不然就玩小石頭或泥土。當時連雪橇也是砍一棵樹就直接做出來的。附近的山野，我們也會去遊玩。

當然那個時期也有學跆拳道或鋼琴的孩子。那些孩子們會玩在一塊。正所謂物以類聚，人們本來就是適合的人聚在一起。由於我們住在貧窮的社區，都是窮孩子聚在一起玩，所以和有錢人家孩子的遊戲文化不同。

父親和針筒

我們家境不好的最大原因，是由於父親的疾病。從我國小二年級那年開始，父親罹患了過敏性支氣管炎，經常進出醫院。現在因為醫術發達，治療並不困難，然而當時並沒有特別的療法，因此到處看醫生，花了不少醫藥費。母親也動過兩次椎間盤手術，長期看病。

從我上中學那一年開始，我學會在父親的臀部打針。我們家的衣櫃裝滿了一次用針筒。打針區分為肌肉注射和血管注射，父親打的肌肉注射，誰都能輕易進行。將左臀分為四等分，在四分之二處（右臀則為四分之一處）施打即可。父親因氣喘無法呼吸，痛苦不堪的時候，就拿出針筒，將藥劑和蒸餾水混合後施打。藥效發揮時，氣管就會暢通。可是如果打了針還是沒效，就要坐計程車直奔醫院急診室。

我父親曾擔任地方政府的公務員。負責國小、中學、高中的行政庶務。好像是從九級開始。由於爺爺早逝，父親無法接受完整的教育，因此先去當兵，再念高中。辛苦地拿到高中文憑之後，當上了地方公務員。

雖然父親是公務員，因為只在地方政府擔任低階職務，薪水少得可憐。那些錢還不夠我們一家五口溫飽，母親兼做很多工作來貼補家用。她曾經當過化妝品銷售員，也在家剝栗子打工。我知道她都是一分一毫地把錢存起來。也因為母親要外出工作，所以我放學回家時，家裡經常空無一人。

中學時期母親的叮嚀

小學，我上的是全州的豐南國小。那段時期，還沒有補習班或是家教這類東西。目前則是補習教育的熱潮，孩子從國小就嘗到疲憊的人生。我們那時候大不相同。

當時母親對我叮嚀三件事。第一，是寫完功課再玩。第二，是放學後別在外面吃零嘴，要立刻回家。第三，是在學校不要當班長。

我都是早早就寫完功課。當時如果不寫功課，第二天就會被老師拿鞭子抽打。被鞭子打固然疼痛，更糟的是丟臉。所以我一回到家就趕緊寫功課才能安心地玩。之後我能跟上課業，應該要歸功於快速寫完功課的習慣。

體罰在今天雖然已經被禁止，然而從前的老師是經常揮舞著「愛之鞭」來打學生，所以當老師的才會被稱為「執教鞭」吧？教鞭是老師上課時用的棍子，就是用這個來打學生。

不能吃零嘴，是因為那些食物對身體有害。當時的衛生觀念不像今天這麼普及，路邊攤的食物衛生管理更差。當然，說起來今天的空氣或水源等自然環境汙染對身體更不好，但那是另一回事。

在學校不要當班長，是有深義的。因為想當班長的話就要花錢。導師會說要見見班長的媽媽。和老師見面，當然要準備禮金。此外，每當學校辦活動，班長媽媽都要以各種名目搶先付錢。因此媽媽才叮嚀我們姊弟：絕對不要當班長。現在回想起我上小學的那段時間，媽媽似乎從來沒跟導師見過面。我小學二年級時，曾經轉學到全州東小學，之後又再次轉回豐南國小。即使那個時候也沒有父母陪伴，我都是自己拿著轉學資料去學校的。

可是這也有問題。在學校會念書、領獎、當班長的孩子，大都成群結隊，也就是所謂的優等生族群。但是學年結束的時候如果想拿到優等生的綜合優秀獎，除了學業成績要好之外，至少還要參加科學比賽、音樂比賽之類，才能得到一個「特長獎」。參加這種比賽，幾乎是人人有獎，然而不是所有學生都有機會參加比賽。老師會把優先參加的權利留給自己喜歡的學生。簡單說，就是媽媽要在私底下打點。

或許是基於這個理由，我在低年級的時候始終無法擠入優等生族群。五年級時，老師叫我去參加科學比賽，那是我第一次參加。好像只是因為我的學業成績優良就派我去，然而我卻因此得到綜合優秀獎。當時的心情彷彿就要飛上天了。

收送禮的時期

韓國人送禮，稱為「寸志」。寸是指一節竹子，表示一點點微薄心意。家長對學校老師、公司職員對上司、企業人士對公務員所給的一點微薄心意。這個微薄心意是什麼呢？換句話說，就是因為要拜託好好照顧我的孩子、關照我升遷、順利發放企業許可，便在這種意義下送上賄賂。可是賄賂的金額不高，因此稱為「寸志」。

之前這樣送禮是我們社會的慣例。信封上一般會寫上「寸志」，收到的人沒有什麼心理壓力，學校也視為理所當然的交易。因此貧窮的家長，就會盡量避免見到老師。見老師就要送禮，這件事情本身就是種負擔。反之富有的家長，送禮的金額也比其他人多。收禮的老師對孩子的態度也會改變。這不是人之常情嗎？國小的學生，成績有些差異又能有多大呢？送禮的金額當然比成績還要重要。

學校不能收禮，是一九八七年民主化之後，由全國教職員勞動組合（全教組，即全國教師工會）發起的。當時全教組主張推動真實的教育，並且廢除「寸志」。所以，是老師，也就是「寸志」的最大受惠者，自發地廢除了「寸志」。「寸志」是從解放前的朝鮮時代就存在了。如此悠久的習慣，就被全教組老師廢除了。

送禮的金額是多少呢？如果今天我們看見老師還要送禮的話，大約要三十萬韓幣吧。說來金額不高，加上對價關係模糊，又是長久以來的慣例，因此大家都會接受。然而這對於家長而言卻不是個小數目。若是生養兩個小孩，拜訪一次老師就要準備六十萬韓幣，那是相當大的金額，尤其對照今天老師的薪水才不過三百到四百萬韓幣的話。如果大家都送禮，只有我們不送，我們的孩子就會被歧視，可是送的話，又覺得有負擔……

全教組廢除寸志運動後，學校的送禮文化慢慢銷聲匿跡。加上加入全教組的老師日益增加，所以逐漸形成收禮的老師會很奇怪的氛圍，結果送禮的習慣就幾乎消失了。再加上二〇一六年起開始執行「禁止不當請託與金錢收受的相關法律」，又名「金英蘭法」之後，更難想到送禮了。根據金英蘭法，學校老師如果收取金錢或禮物，不分理由和金額，都要受到懲處。公務員也是一樣。這是相當大的轉變。

金英蘭曾經擔任過大法官。她在擔任國民權益委員會長時期，於二〇一二年推動立法，如果送禮給公務員、教員、媒體人，不論是否有對價關係，都一律要處罰，也因此簡稱為「金英蘭法」。二〇一六年起執行金英蘭法以來，韓國傾向保守勢力的三大報紙「朝中東」（《朝鮮日報》、《中央日報》、《東亞日報》），還有一些經濟雜誌，都激烈反對。

根據金英蘭法，一餐餐費超過三萬韓幣，禮物超過五萬韓幣，婚喪喜慶禮金超過十萬韓幣，就會受到處罰。表面上，這些保守派媒體說的是，如果執行金英蘭法，餐廳就會陷入營運困境，農民和自營業者生計也會面臨困難。他們嚷嚷著說我們的經濟會遭逢危機。然而實際上，他們心裡在意的是：記者也是金英蘭法的適用對象。記者要是收禮金，接受超過三萬元以上的食物或酒家款待，打免費的高爾夫，就會受到處罰。因此這些媒體才會出現這種莫名其妙的經濟理論。

今天檢視金英蘭法施行後的情況，和當初許多人的憂慮相反，出現截然不同的結果。媒體自己證實了媒體報導不是事實，不能無條件相信。這很令人羞愧。

4 了解鼓吹競爭的現實

冀中

中學，我上的是全州東中學。當時被稱為「冀中」[1]。我進中學的時候，已經「平準化」[2]了。之前，中學和高中都要考試才能入學。全州以全州北中和全州高中最有名，全斗煥當上總統之後，說是為了去除名校的弊害，根本廢除了全州北中。從那時開始，中學、高中的入學，全都透過抽籤分配。

我上中學的時期是一九八一至一九八三年，是全斗煥政權極盛時期。全斗煥也像朴正熙一樣以軍事政變執政。韓國現代史極度的不幸，就是發生了兩次軍事政變，而且全都成功了。人們學習民主政治的機會也就跟著延後了。

五一八光州抗爭[3]的真相，今天終於得以公諸於世。一九七九年，獨裁者朴正熙被殺之後，人民要求民主化。這時被稱為朴正熙乾兒子的全斗煥透過雙十二政變趕走了形同傀儡的崔圭夏總統，掌握了政權。在這個過程中，一九八〇年五月十八日，傘兵部隊進入光州，濫殺呼籲實施民主政治的光州市民。

全斗煥用武力鎮壓光州發生的民主抗爭，成為總統之後，採取高壓統治方式維持政權。藉著社會淨化運動，也就是掃蕩不良分子的名義，將反對政權的各方人民關入監獄，或是遣送至三清教育隊[4]。另一方面，則透過強行整併媒體的「媒體統廢合」政策，控制媒體，只報導政府想要的內容。

全斗煥政權在這種高壓統治下，為了將國民的注意力轉向政治以外的方向，也展開了溫和手段，這就是3S政策。3S就是運動（Sport）、螢幕（Screen）、色情（Sex）。韓國成人電影大幅增加的時期，就是發生在全斗煥掌權的階段。此時彩色電視正式普及，職業棒球也開始登場。在執政者的意圖之下，人民開始把注意力轉移到電影、連續劇和運動上。

我也是職業棒球的狂熱粉絲。在那之前，本來是高中棒球的全盛期。一九八二年職業棒球的第一個賽季開始後，所有人的注意力都轉移至職業棒球。實際上職業棒球也有鼓吹地域感情的層面。因為各個地區都有球團。第一批的球團有湖南的海陀虎隊（Haitai Tigers）、釜山的樂天巨人（Lotte Giants）、大邱的三星獅（Samsung Lions）、忠清的ＯＢ熊隊（OB Bears）、首爾的ＭＢＣ青龍隊、仁川與京畿的三美巨星隊（Sammi Superstars）。

海陀虎隊的金奉淵、金城漢、宣銅烈等人，是由群山商高和光州一高等棒球名門高中出身的知名選手。海陀虎隊在一九八〇年代延續了韓國前所未有的優勝神話。海陀虎隊的優勝，帶給了在政治和經濟上備受排擠的湖南人極大的喜悅。

孩子之間也很流行玩棒球。我和朋友常拿著網球玩「泡泡棒球」。像玩壘球一樣，當投手把網球丟出來的時候，打者就用拳頭代替球棒擊球、跑壘。當時棒球相當罕見，球棒和手套更是珍貴。反之，「泡泡棒球」只要有一顆網球就能玩。我和朋友每天下課都要玩「泡泡棒球」之後才回家。

室內運動則流行桌球。當時韓國桌球隊戰勝了代表十億人口的中國隊，媒體報導引起了極大的回響。

1 全州東中學簡稱為東中，韓文中的東與冀發音相似，因此才有「冀中」的別名。
2 有鑑於升學競爭過熱、補習風氣嚴重影響正常教學，且城鄉差距過大，韓國一九七四年即實施「高等學校平準化政策」，目標為「促進公共教育正常化，減少私人教育費」。（參考自「維基百科」）
3 五一八光州抗爭，又名為五一八光州民主化運動，發生於一九八〇年五月十八日至二十七日期間。事件發生在韓國南部的光州及全羅南道。是一次由當地市民自發的要求民主運動。當時掌握軍權的陸軍中將全斗煥下令武力鎮壓這次運動，造成大量平民和學生的死傷。（參考自「維基百科」）
4 三清教育隊，是韓國第五共和國時期設立的矯正「不良」部隊。（參考自「維基百科」）

這些都是全斗煥的宣傳。根據政府的政策，甚至改變了中學生的遊戲文化。

中學時候，我真的走了很多路。當時全州東中的校長是軍人出身。經歷了朴正熙、全斗煥兩個軍事政府，許多出身軍旅的人占據了韓國社會的重要位置。全州東中的校長也是這種人。校長發揮了軍人精神，說我們需要推行走路運動。校長說，從學校到家裡不超過四公里，就禁止騎腳踏車上學。我在中學三年裡，每天走一趟趟三十分鐘的路。上學放學的時候，也自然就和一些走在路上的人進行走路競賽。我走得飛快，應該沒有人能跟上我走路的速度。因此現在也相當擅長走路。

全州高和高中平準化

我抽籤分到的高中是全州高中（全州高）。全州高是傳統的名門學校。校友會相當強大。全州高曾經有游泳池和鳥類飼育場，畢業生裡有許多能力出眾的人，因此收到許多校友的捐助。學校用這些錢經營游泳池，還飼養了珍貴的鳥禽。我小學時候曾經在全州高游泳池的後門觀看過學生游泳的光景，那幅景象至今歷歷在目。

等我入學的時候，全州高已經衰退了許多。全斗煥實施高中平準化政策，全州高的名聲就褪色了。校友會的捐助也被大幅縮減。游泳池面臨即將關門的命運，鳥類飼育場的鳥禽早就變賣一空。然而全州高依然維持著名門高中的強大人脈。

雖然全州高棒球隊被群山商高擠下，然而在全羅北道兩隊形成了雙傑。因為有棒球隊，所以學校有寬敞的操場。每當我看到那樣的操場，心情就會豁然開朗。

高中三年當中，就屬一年級時最開心。和同學相處融洽，都很好溝通，也沒有想擊敗對方的激烈競爭

中學一年級時和親戚在家拍攝的照片。我很少照相，這也是唯一穿著中學校服拍攝的照片。

感。那是大家都擅長讀書，也愛玩樂的愉快時期。我也和同學第一次用棒球手套和球棒比賽了棒球。

那個時期還發生了一件令人難以忘懷的小插曲。第一學期要結束的時候，從一年級全體學生中選出前一百名，在正規課程結束後留在學校上補充課程。其他學生全都回家了，這些學生還要額外留下來上課，當然不會心甘情願。大家就開始找藉口逃課，尤其討厭上那些無趣老師的課。因此有時在改換教室的途中，我們班同學會集體逃課。我們班點名簿上座號最前面的人不在，也沒有其他學生。

有一天早上級任導師來了，召集了我們，怒斥：「你們這些傢伙膽敢集體逃課！」那是個寒冷的冬天。大家全都被叫出去，用棍子打手心，痛得不得了。當時學校的暖氣設備落後，大家的手都凍僵了。別班的老師在旁邊看到，還加油添醋地慫恿我們級任導師：「這些傢伙要再多打一點」。結果，我們被罰跪趴在地上，連屁股都挨打了。

我們班就是這樣團結一致，同學也很講義氣，所以我們參加體育大會或是郊遊的時候，就會很不一樣。不管哪個學校，班上都會有些引導風氣的學生；隨著這些學生的不同，班上的文化也會有天壤之別。這麼回想起來，我應該是結交了許多好朋友。

才能和成績

升上高中後，我的功課突飛猛進，三年級時，一度來到全校五、六名。看到校門口張貼的全校前五十名名單，自己都大吃一驚。

其實入學三月底的第一次考試，也曾一度考了一年級全校第二名；有趣的是，老師們沒有任何人關注那位全校第一名，因為他是比我們大兩歲的學長，由於體弱多病，有兩次休學的紀錄，考高分那是理所當然的事。

不過，我成績進步也是有原因的。從高中開始，考試方式有了大幅轉變，只有期中和期末會考全部科目，月考只考國語、英文、數學，而期中考和期末考也會根據科別比例計分，國語、英文、數學的比例高，音樂、美術、工業等科目的比例低。這種計分方式對我非常有利，因為當時國語、英文、數學，正好都是我最喜歡的科目。從此，我成了全校數一數二的優等生。

這不免讓人思考人的才能。倘若我們的社會不重視國語、英文、數學，而是重視音樂、美術或體育，那會怎樣呢？若是更重視農業或技術呢？我恐怕就很難名列前茅了。

教育的目的在於培養社會需要的人，倘若社會需要音樂，就會把音樂才能評價得比較高，需要數學，就會重視擁有數學才能的人。關於能力的評價，隨著該社會的條件不同而有所差異。

舉例來說，假設我們墜落到無人島，眼下需要個棲息的小屋，此時最需要什麼呢？就是砍木柴、蓋房子的體力，或是捕捉動物、爬樹摘水果的本領。會需要英文或數學嗎？就連音樂或美術也沒有太大意義。

過去形成男性優勢的社會，正因為強健的男性力量是生存的必備條件。近來力氣大的男人，未必獲得好評，就在於辛苦的工作不再需要人力，而是被機器取代。職業也有這種情況。舉例來說，醫生是現代人嚮往的職業之一，但在朝鮮時代，醫生只不過是中人[5]階級，醫術不發達的當時，人命在天，並不特別重視醫術。

---

5 中人，朝鮮時代，介於貴族和平民之間的階級。

移民到美國的堂姐，1984 年初次拜訪我們家的照片。從左依序為姐姐、堂姐、媽媽和高一的我。

子曰：「三人行，必有我師焉。」三個人一同走路，其中必定有人可以當我的老師。意思是除了我以外的其他人，都有我可學習之處。若是這樣想，就算自己成績優秀，也無須抱持過度的優越感，不會因為其他人成績不好，就看不起別人，反觀自己不擅長讀書的話，也不用太失望。世界上一定會有需要我、我喜歡的工作，找到那樣的工作才更重要。我們就是要發現自己真正的才能、培養那個才能。而社會就是聚集了各種才能的人們。唯有這些人和睦共處，社會才能日益豐盛。

掉入經典的世界

高中二年級，我讀了許多書。國小時家裡沒有書，曾在朋友家讀過《唐吉訶德》。那位朋友家裡藏書豐富，我從中挑了一本，由於內容太有趣，過了幾天又去把整本書看完。朋友的媽媽還說如果想看書，歡迎隨時來玩，但事後幾次滿懷喜悅的去了，卻都撲了個空。

有一天，爸爸突然買了一大套《世界文化全集》，垂直編排，一頁分上下兩段，字體很小，也相當厚重，而且正值我中學時期，連打開來看都覺得厭煩。

時光流逝，上了高中後的某天，偶然拿起一本書來閱讀，這才發現內容非常有趣。從此我對書產生了興趣，常隨手一本《世界文化全集》帶到學校去，一下課就拿出來讀，就這樣把整套《世界文化全集》讀完了。

當時我最喜歡的作家是海明威。海明威的小說大都很有趣，《戰地春夢》、《戰地鐘聲》、《老人與海》等等。海明威從小就會狩獵和釣魚，寫了很多以自己經驗為基礎的小說，非常有男子氣概；我讀了賽珍珠的《大地》，這是以近代中國為背景的小說，赤裸裸地描述了時代樣貌，至今仍深印在我腦海中；之後閱讀五味川純平的《人間的條件》，描述日本侵略中國，人性如何為大時代扭曲的小說。除此之外，我還讀了一些托爾斯泰、杜斯妥也夫斯基等大文豪的作品。

我也讀韓國小說，最喜歡的作家是李箱，讀了他的《翅膀》和《鳥瞰圖》，沉浸於神秘主義的魅力之中。李箱給我的印象就是天才，《翅膀》中有一句話：「你知道被拿掉翅膀的天才嗎？」而今天像他說的這種人實在太多了。

李陸史的《曠野》或是尹東柱的《序詩》這些詩歌，則讓我想像奔馳在滿洲原野，滿腔抱負，同時卻又能對生命抱持敬畏之心。我也想去看看美國寬廣的西部。我還大量閱讀了朝鮮時代的大河歷史小說和近代文學。

很特別的是，當時我讀的書大都被稱為「經典」，和所謂「現代」完全沒有什麼關聯。回想起來，是因為老師紛紛推薦經典，從未介紹現代作品的關係。為什麼會這樣呢？直到上了大學，才了解箇中原因。

認真閱讀經典的後果，是熱中於書中世界，全然無視交友關係。朋友的對話都顯得幼稚可笑，只有經典優雅。

地獄般的高三生活

但，高三也是我想刪除的一段記憶。我認為大部分的高三老師都很怪異，過度強調朋友之間需要競爭，將學生明確劃分為成績好和成績差兩種，擅長念書的學生即使犯了嚴重錯誤也會被原諒；相反的，不會念書的學生再小的錯誤都可能惹來夾雜情緒的鞭打；你成績進步，他微笑稱讚，一旦退步，他大發雷霆……

真是太過分了，或許這就是高三現象。在這種氣氛下，我彷彿要窒息了。

我的級任導師就是這樣極端的人，因此和他的衝突，困擾了我整個高三。一開始，他建議我一天睡四個小時，好擠上全國第一名。我平時就愛讀書，且以文科第一名升上三年級，但就是沒有縮短睡眠時間的自信。我沒睡飽，體力會變差，隔天精神不濟，連讀書都沒效率。因此別人一天睡三四個小時，我堅持一天要睡五六個小時。我心裡想：管我那麼多，能考上首爾大學法學院不就好了嗎？

為了這件事，我和級任導師經常衝突。因為沒有好好讀書，成績不如預期，還退步，令他大失所望。問題是這份失望又往往表現得太露骨了，以至於我們的衝突日益加劇。原本以為不理會就沒事，然而一直處於壓抑狀態，到頭來無論讀了多少書，文字都無法進入腦中，嚴重時終日渾渾噩噩，書自書我自我。從未反抗過老師的我，就這樣和高三的級任導師衝突不斷，甚至還萌生轉班的念頭。

幸好還有一位真正像老師的老師，那就是當時的學年主任。我曾經多次幻想如果他是級任導師該有多好。他不會歧視學生，無論成績好壞，一視同仁，而且非常認真，週末也會來學校陪伴學生讀書，更可敬的是從不鼓勵同學之間過度競爭。很多學生也都喜歡他勝過級任導師。

由於這樣的經歷，我對一味鼓吹競爭意識的韓國教育，感到無言和悲哀。我目睹了讀書的目的不過是為了擊敗對方的悲慘現實，切身體會到這就是成績第一主義。

但這樣的廝殺場景，目前早已是我們日常生活的一部分。我們的社會，雖然過去也有這個問題，但是在一九九七年東亞金融風暴之後，接受了所謂美國式新自由主義，敵對性的競爭更成為常態，弱肉強食，不顧他人死活，只要自己能生存下來。

這是個無情的社會，有些人以為只要屬於既得利益的權力階層，就能高枕無憂，事實並不盡然如此。

這不是我們社會該走的路。我回顧過去也才發現，每當面對這種競爭的時候，我個人往往不是衝上前去全力奮戰，而是選擇躲避。

5 八七學級，夢想正義的社會

首爾大學政治學系

從全州高中畢業後，一九八七年我進入首爾大學政治系就讀。考試的成績比我預期的略低，因此我就讀的不是原來的目標法律系，而考上了第二志願政治系。為什麼要讀法律系？又為什麼填了政治系的志願？只有一個理由。我想參加公務員資格考試。無論是讀法律系還是政治系，參加公務員資格考試的時候沒什麼差異。

這就是當時的社會氛圍，高中時閱讀了中國的儒教相關書籍，朝鮮知名學者的相關書籍，我的夢想就是當個偉大的官僚，也就是成為公務員。古語說成為判書或丞相，治理好國家，就是對國家效忠。若想當官僚，就要參加公務員資格考試。然而進入大學就讀後，我重新思考了儒教思想。因為在韓國現代史上有太多對國家無條件忠誠，信奉國家主義，然而卻忽視個人生活的情況。

上大學之後，我決定把剛開始一兩個月當作沉思期。決定到底是要重考讀法律系，還是繼續讀政治系。然而我和政治系的學長相處過後，發現他們的煩惱和我相距甚遠。我的煩惱總是「我該怎麼做才能過得更好」，然而他們的煩惱卻是「我該怎麼做國家才會更好」。我頓時覺得自己很可笑，而學長看起來非常偉大。如果我去念法律系，應該只會想著何時開始準備考試……我在政治系萌生了為什麼要考試這種根本性的問題。我認為和這些人一起讀書，自己絕對不會後悔。

首爾的板屋村

上大學是我第二次上首爾。第一次是一九八五年全州高棒球隊參加黃金獅子旗高中棒球比賽的時候，

1987 年首爾大學開學典禮，和朋友、親戚、家人一起。雖然沒考上第一志願的法學系，然而並不影響公務員考試。

我去東大門運動場加油聲援。那是全州高第一次也是最後一次贏得黃金獅子旗冠軍。當時我是高中二年級。那天是下午抵達，深夜才離開，因此我對棒球場外的首爾沒留下深刻的印象。我記得那天是中秋節連假前夕，高速公路格外壅塞，回家之路異常艱辛。

上大學後，上京路上經過首爾收費站，放眼望去，高速公路附近的盤浦地區聳立著許多高樓大廈。全州最高的樓是五樓，而且還極為罕見，首爾卻有天壤之別。我搭乘巴士前往恩平區的阿姨家，經過的漢江橋也比想像中來得寬敞。不僅如此，阿姨家附近四處都是兩層樓高的洋房。這是全州見不到的景象。我看到這些不由得發出由衷的讚嘆：「啊！這就是打造漢江奇蹟的祖國啊！」我親眼目睹了過去只存在於教科書上的大韓民國的概念，由衷的感動。搭乘巴士經過第一漢江橋（現今的漢江大橋）時，我的胸口莫名的澎湃激動，有種雙手充滿力量的感覺。

上大學後，我和哥哥、姐姐一起在上道洞租房子住。我們在距離首爾大學十分鐘車程的崇實大學前面奉天洞坡頂聯合住宅區，找了間半地下室的「傳貰」[1]租屋。當時半地下室的房子相當多。在家的時候能聽見行人絡繹不絕的腳步聲。

我們在這間屋子只住了不到六個月。一九八七年夏天塞爾瑪強烈颱風來襲。下水道逆流造成首爾淹大水。我們居住的地方雖然在山坡上，然而因為是半地下的房子，因此房子全都泡湯。雨不停地下著，雨水順著牆壁流進屋內。書都濕透了，連棉被也變得濕漉漉。我們著急地換房子。當時這種事相當頻繁。之後建築法修訂，首爾經常性淹水地區不能再建造有半地下室的房屋。雖然今天仍有許多半地下室的房屋，但是有逐漸消失的趨勢。

我們之後從上道洞輾轉搬遷至大方洞、鷺梁津洞，後來又緊急搬到京畿道的義王市。房東每年都要漲押金。由於我們無力支付上漲的押金，因此當了一段時間的「傳貰難民」之後，來到義王。

在首爾上大學，我又感受到第一次目睹首爾時的那種感激和強烈的震撼。從上道洞前往首爾大學，要坐巴士經過奉天洞山坡後往下走，從奉天洞山坡到首爾大入口站，也就是到奉天十字路口，一路都是三夾板蓋的板屋村。這就是當時北韓宣傳說的：「如果去南韓，只有板屋村」那種社區。人們從山下建造簡陋的板屋，一路擴散到山頂上。後來，更是連整座山都不見了，形成板屋村。

這副景象和聳立在盤浦的高樓大廈形成極端對比。富裕社區和貧窮社區的對比太大。恩平區的獨棟住宅雖然稱不上是富裕社區，然而和全州或奉天洞相比，已經算是挺富裕的。還有，即使我在全州，也從來沒看過山上有這麼多板屋。我們曾經住過的大方洞、鷺梁津洞也是。

全州和首爾還有一個差異，那就是在首爾沒辦法騎腳踏車。因為首爾的開發沒有規劃。由於首爾是一步步吞噬山丘，蓋出房屋和道路的，所以也給首爾造成過多腳踏車騎不上去的山坡。大部分人沒有汽車就難以移動。

往後再深入了解，才知道那是一九六〇年代朴正熙政權推動快速工業化政策的產物。從農村到首爾來找工作的人，無處可居，因此有人在山下蓋了臨時房屋當作住處，之後其他人也紛紛起而仿效。房子多了就形成了村莊。山上大都是國有地，也就沒人特別阻攔。這就是韓國板屋村的歷史。

這個板屋村在一九七〇年代吹起了拆除風。尤其是進入一九八〇年代，全斗煥政權下令拆除無證照的

1「傳貰」是韓國的特殊租屋系統，房客不必每月繳交租金，而是向房東提供押金（傳貰金），通常為房產價值的四分之一至二分之一，供房東在租屋期間投資。房東可以保留投資的報酬，並在租期結束後歸還房客的押金（傳貰金）。但近來，傳貰的金額幾乎與房產價值接近或等值，接受繳交傳貰的房子數量也在下滑。

板屋村。理由是因為一九八六年舉辦亞洲運動會、一九八八年舉辦首爾奧運，屆時會有很多外國人造訪，在視覺上觀感不佳。居住在此地的人因為無處可去，只能反抗拆除。居民和聲援他們的大學生聚集在拆除現場，和丟擲催淚彈的武裝警察發生衝突。這和都市貧民的生存權攸關。然而抵抗仍然戰勝不了公權力。結果這些人全都遭到逐出首爾，聚集到都市外圍。首爾的板屋村所在地最後變成大樓社區。隨著建築物改變，居住在那裡的人也都全部改變了。

從首爾被趕出來的都市貧民，另起爐灶建造自己的巢穴，那裡也跟著產生了新都市。最具代表性的地點就是京畿道城南。城南原來是不存在的城市。一九七〇年代被驅逐出首爾的居民，開始聚集在京畿道廣州郡外圍，因而建造了城南。城南的名稱就是城的南邊，也就是南漢山城的南部。然而如此形成的城南是貧困的社區。城南老街有很多湖南人，如同前述，首都圈都市貧民中有大量人口來自湖南。從一九八〇年代後期，政府因為人口太過集中在首爾，所以根據人口分散政策打造了盆唐[2]，於是城南附近突然出現了一個富有社區。貧窮的老街和富有的盆唐並存於城南，這個城市正是韓國兩極化社會的縮影。

這樣的場景對我太震撼了。我不禁懷疑起，這就是所謂的漢江奇蹟嗎？我以為政治領袖引領國家發展的時候，會讓每個人都過上好日子。然而現實卻非如此。貧者益貧，富者益富，而且還是極端的兩極化。再加上窮人在社會上受到的輕視和嚴重壓迫，這全都讓我感到混亂不已。上大學之後看到、學習到的韓國歷史，讓我更加迷惑和憤怒。

該如何生活呢？

我上大學的那年是一九八七年。這一年民主化運動像野火般熊熊燃燒，全斗煥軍事政權降伏，接受了各種民主化措施。我自己則自然而然地捲入歷史的漩渦。

一九八七年四月十三日，當時我就讀大學才不過一個多月，全斗煥發表了護憲措施。當時的憲法，實際上是透過政府任命的代議員來進行間接選舉選出總統。那個制度可以讓執政黨總統候選人擁有將近百分之百的得票率。朴正熙打造的維新憲法，全斗煥在政變之後依然沿用，才得以成為總統。而早於朴正熙的維新政權之前，也就是到一九七一年的總統選舉之前，其實都像現在一樣，是由國民直接選出總統的制度。因此人民和在野黨想把總統選舉制度改回直選制，然而全斗煥卻宣稱經過國會協商的結果，維持間接選舉制，這就是「四一三護憲行動」。

全國的抗議運動從此展開，而當時的我對社會還一知半解，對全斗煥以軍事政變上台、在光州射殺市民的事實也毫不知情。我不清楚總統選舉制度，更甭論四一三護憲的意涵，甚至還以為朴正熙就是我國經濟發展的英雄。

高中時，老師絕口不提和政治有關的話題，因為那是軍政時期，大家總是小心翼翼地隱藏自我，否則一不小心說錯話很可能就會被逮捕，實際上就有大批人士被抓走。老師會警告我們「小心上大學被『洗腦』」，說上了大學「左傾容共」勢力會把學生洗腦，誘導學生去參加示威。如果參加示威受了傷，這一輩子就完蛋了的話，我們聽了很多很多。其實，那才是要我們別跟大學學長走在一起的「洗腦」。因此我也需要有一個逐漸擺脫洗腦的過程。

那是在四一三護憲措施頒布之後的事。那天我不曉得自己該做些什麼，只是盲目地跟隨學長在新林十

---

2 盆唐是韓國京畿道城南市南部的一個區，是韓國首都圈內的一個新興城鎮。（參考自「維基百科」）

字路口進行傳說中的「街鬥」，也就是街頭鬥爭。不曉得政府當局是如何得知的，早已事先部署了武裝警察，朝著示威隊伍蜂擁而上。正當大家拚命往小巷子裡逃跑，一邊高喊著「守秩序」、「守秩序」的時候，跑在最前面喊口號的學長突然回頭抓著我拚命跑，所謂的白骨團正緊追過來。白骨團就是戴白帽的便衣警察，由精通武術者組成的逮捕團隊。我們只管往前逃，不料卻跑進了死巷，逼不得已只好翻過圍牆，闖進了一戶人家。那戶人家有個姐姐，看見我們就說：「辛苦了，進來喝杯飲料吧！」我一方面懷疑她可能會向警察檢舉，一方面在汗流浹背、渾身散發催淚彈氣味中，思索著「這到底是怎麼回事」。我們在那裡稍事休息，那位姐姐和她媽媽非但沒有責怪我們，還唾罵害學生吃苦的政府。對我而言，這是個嶄新的經驗。之前我聽說的都是指責參加抗爭的學生左傾容共，從來不知道有人會支持學生、責怪政府。

我知道的到底是些什麼？不，應該說我到底不知道什麼？我開始有了新的疑問。在那之前，我陷入「洗腦」的陷阱，總不免懷疑學長說的話，現在下定決心要徹底了解他們說的到底是什麼。

上大學前一直把當官和參加公務員資格考試當作人生目標，學長們給了我重新思考的契機。「重要的不是你要做什麼，而是你要怎麼活」，這是當時政治系的流行語。學長酒桌上說的話，讓人難以反駁。我是要純粹做個有一技之長的人呢，還是可以引領國家改變的人？與其透過公務員資格考試只能成為一個有技能的人，何不選擇更崇高的道路呢？何況，置身軍事政權下的公務員，是否充其量不過是不法政權的爪牙？我決定先了解自己究竟置身於一個什麼樣的社會。

有一次，我和政治系的學長、學弟妹們聚在一起喝酒。酒酣耳熱之際，有一位喝醉的八七學級同學哭著高喊他要當總統。我聽到之後，心裡浮起一個念頭：「我自己從沒想過要當韓國總統，這位同學居然會有這種想法。」我這才體會到自己的思想一直多麼被動。

我想知道自己該怎麼活，於是開始閱讀哲學書籍。我不直接接納「左傾容共」學長的話，改走一條迂迴之路。首先，我從與左傾容共無關的存在主義書籍入門。弗洛姆（Erich Fromm）的《生命的展現》（*To Have or to Be*）是我初期最有共鳴的一本書。這本書讓我重新思考馬克思和社會主義。弗洛姆想把社會主義和人本主義融合，引領大家克服「紅色情結」。

另一本影響深刻的書則是《阿里郎之歌》（*Song of Ariran*），講一個名叫金山、本名張志樂的人的故事。金山是一個韓國獨立烈士，他相信中國共產主義的革命能促使朝鮮獨立，因此加入中國共產黨，跟隨毛澤東長征之後，卻含冤而死。美國記者妮姆．威爾斯（Nym Wales）寫的這本書，記錄了他的生命歷程。從此金山成了我的楷模。他為了實現祖國獨立的信念與意志，不畏逆境和苦難，活出燦爛的生命。金山雖然是真正為獨立奮鬥的人，卻因為他信仰共產主義，而始終沒有被列入獨立烈士的名單裡。

宋建鎬[3]等人編輯的《認識解放前後的歷史》一書，讓我得知許多親日派，在解放之後搖身一變成了反共愛國人士，參與李承晚政權的事實。肅清親日派建立的「反民特委」（反民族行為特別調查委員會），在李承晚和親日派的反對下解散。法國、德國等國家，二戰之後都嚴懲協助過希特勒政權的人。反之，韓國的親日派卻持續得勢，金九[4]因此慘遭暗殺，和金九一起率領義烈團[5]的金元鳳，也因親日派警察的追捕而前往北韓。另外也有許多獨立鬥士和文人，在解放之後選擇了投奔北韓。越深入了解這些如同電影情節般的史實，越是無法信賴政府。

3曾任《東亞日報》總編輯，後來成為《韓民族新聞》第一任社長。
4金九，著名的獨立運動家，在韓國本土被譽為抗日英雄，被現代韓國人尊稱為「韓國的國父」。（參考自「維基百科」）
5義烈團，是以朝鮮獨立運動家金元鳳為中心的民族主義武裝組織，在一九一九年成立。（參考自「維基百科」）

可笑的是，雖然名為政治系，我們系上卻不教授韓國現代史。說起來，高中、大學都不教現代史，真是匪夷所思。所以二〇一二年我從MBC電視台離職後，在許多大學講韓國政治的時候，我會問學生：高中的韓國歷史課，大部分在解放後到建立大韓民國政府就結束了，有關李承晚、朴正熙、盧泰愚、金泳三、金大中這些政府，都根本不教，這究竟是為什麼呢？四一九革命的時候，中學生吶喊打倒李承晚政權，上街頭示威，因為他們了解現實。然而今天的高中生卻無從了解，更不懂示威這回事。雖然二〇一六年底的燭光示威[6]，讓我們看到有些學生的發言值得注目，然而更多學生只專注於成績競爭而不是身邊的現實。學校疏於教授現代史，到底是害怕什麼？答案是，這是保守勢力在我們社會長期盤據之後所留下的遺緒。他們企圖隱藏自己黑暗的過去。

我高中只讀朝鮮時代歷史、中國經典、海明威或托爾斯泰這些近代作家小說，原因就在於此——找不到和韓國現代史有關的書籍。我不懂現代史，也不認識現代史上登場的人物，認識現代史本身就令我震撼不已。

越深刻認識現實的結果，是越頻繁參與示威，身上經常散發催淚彈的氣味。當時的示威相當多，大學入學那一年，一九八七年一月朴鍾哲[7]被拷問致死，隱匿的真相爆發，示威群眾怒不可言，尤其是進入六月，連一般市民也加入抗爭。六月十八日催淚彈驅逐大會，六月二十六日和平大遊行，過程中延世大學學生李韓烈被催淚彈擊中身亡，更擴大了市民參與。我在鐘路、乙支路、退溪路這些首爾的中心地帶奔跑著，一面挨著催淚彈，一面丟石頭。今天我之所以熟悉市區地理都要歸功於那時。最後民正黨候選人盧泰愚接受了總統直接選舉制，發表了六二九宣言。

不過這時候，我對於現實的認知依然十分落後。六二九宣言引發勞工的七八九月大抗爭，全國各地掀起自發性的罷工，組織工會，展開大韓民國建立以來最激烈的勞工抗爭，但是我不明白他們為什麼要吶喊遵守勞動法和保護勞動權等等。不是只要實現總統直接選舉制就好了嗎？為了提高幾塊錢的薪資就要罷工嗎？當時我是這麼想的。

理由很簡單，因為教育和現實脫軌，我們缺乏對社會上勞工權利、貧富差距、福利等問題的意識。西歐國家從國小就教導什麼是工會，為什麼需要工會，還有什麼是勞動權，而我們一提到「勞動」兩個字，就會被當作紅鬼子逮捕，結果就是這樣。上大學後，我連書都不念了，成天忙著示威，當然也不了解這些，更何況第一次嘗到自由的滋味，想要盡情享受一番。

初次嘗到的自由

上大學後的自由，至今難忘。高中生活，整天根據學校規定行動，一大清早起床就為了上學不遲到，終日上課聽講，傍晚回到家也是做功課讀書，然後就寢，日復一日。進了大學，我至少可以在自己想要的時間聽想聽的科目；又因為在外頭租房子住，也沒有父母在旁邊叮嚀去上學或什麼的。

我可以終日在家無所事事，也可以和朋友出去喝酒玩樂，或到漫畫店看漫畫。因為學校根本不教我如何了解我感興趣的現實社會，我前所未有地對學校課業或考試不感興趣。甚至有一次和朋友喝酒玩樂，什麼書都沒讀就去參加考試。我以前沒有過這種生活，然而一年級的我卻樂在其中。

---

6 由於崔順實事件，大量韓國民眾於二〇一六年十月二十六日起舉行遊行示威，要求總統朴槿惠下台。

7 朴鍾哲，韓國學生運動家。曾為首爾大學語言學系學生會長，一九八七年一月，警方非法逮捕首爾大學學生朴鍾哲後，在拷問過程中導致朴鍾哲死亡，這成為「六月民主運動」的導火線。

不過，缺乏自律，就會淪為放縱。我自己還是訂下幾個原則，也沒有多遠大，就是絕對不浪費光陰，要直接、間接地累積自己的人生經驗，要記得看書，等等。

即使無所事事，看漫畫、電視，也要努力找出一點想法。看過的漫畫裡，有一部是許英萬的《喔！漢江》，描寫韓國戰爭前後，在理念對立中崩壞的人性。

不論直接還是間接，年輕人最好多多累積人生的經驗，因為等到上了年紀，不得不做的事情就變多了。還有，年輕時候豐富的經驗，有助於往後的人生旅途。和朋友聊到這些的時候，有人提議去工地打日薪工，也就是當苦力，於是我們趁暑假到建築工地搬了四五天鋼筋，發現辛苦極了。兩名大人扛四根鋼筋，我們只扛了兩根就覺得肩膀疼痛，實在受不了，所以就換了其他工作。真是十分吃力的一次經驗。

另一個經驗就是旅行。我想盡可能多旅行。也是大學一年級暑假，我和高中同學從全州到南原蛇谷、智異山、晉州、馬山、釜山，最後又回到全州，來了一趟不花錢的旅行。並非故意，卻演變如此。我們旅行到智異山縱走的時候，身上帶的吃的和鈔票都用光了，只好伸手攔高速巴士搭便車前往晉州，又從晉州坐火車到馬山，向那兒的釜山女大學姐們求救。

那些學姐是五月在西江大學認識的。其中有一位正好要去大田的忠南大參加全國大學生代表協議會（全大協）的發起活動，所以就來馬山送了些車資給我們，才得以搭火車去釜山找其他學姐求救。她們找了吃的、住的給我們，還送了我們回全州的車資。由於車資不足，我們最終只能買到大田的車票，然後搭鴿子號去全州，再一大早偷溜下車。鴿子號是像地鐵一樣每站都停靠的慢車，目前已經停駛了。我們就這樣旅行了兩個星期，是二十歲才會有的難忘回憶。

旅行的愉快在於可以認識一些新人。從全州到南原，因為搭便車遇到許多好人，智異山縱走的時候，在露營地方遇見的人也很好，釜山女大的學姐們也很好。

一年級學期末的冬天，我和高中朋友喝了酒，因為小說家李外秀住在春川，就突發奇想地跑去那裡。從清涼里搭乘晚上九點四十分的末班車抵達春川，同樣沒有錢了，便前往春川市明洞的教會求宿。當時教會還讓人留宿。但是睡不到一個小時，就被清晨來做禮拜的教友吵醒了。

大二時，我當選系代表。一上任就想改變一般兩天一夜的宿營文化。整夜喝酒、唱民歌，無助於團結，也讓我相當不滿意，於是改成十二月初大芚山和邊山半島四天三夜的旅行。旅行期間大家拚命講「如果有釘鞋的話……」這句話。那是因為有個同學在爬大芚山時說了句如果有釘鞋就好了，於是一路上我們附和著說「如果有釘鞋的話，應該早就爬上山了」、「如果有釘鞋的話，應該不需要水」，大家笑成一團。很普通的一句話，當時為什麼覺得非常好笑呢？即使現在回想起來，仍然會會心一笑。

升上大三，同學們明顯地分道揚鑣了。大家對未來的規劃不同，有人要繼續走參加運動的路，有人準備考試等著出社會，很難再全體聚集。就因為這個分水嶺，對所有參加大芚山旅行的八七學級的同學而言，那成了珍貴的回憶。

總之，大學期間，我只要有空就會四處旅行。旅行能看到其他人如何生活，儘管我領悟到的事大都千篇一律……但這個領悟非常重要。

我們偶爾會自認很特別，想要找出有別於其他人的證據。然而就因為大家都大同小異，才能共同生活。每個人之間一定有些差異，但是相似之處更多，從而彼此理解，產生共鳴，形成了共同體。在相同的大範圍內，彼此尊重互相的差異，需要和而不同的精神。

舉例來說，家人間的爭吵經常如此。仔細觀察，無論是哪一家，父母和子女之間，以及兄弟姐妹之間

大學一年級暑假旅行途中，在智異山瀑布旁。大學時期只要有時間就四處旅行，讓我領悟到人們生活的樣貌都極為相似。

的爭吵，其實比和朋友或鄰居之間的爭吵來得多。這是由於家人的親密關係。人們覺得自己對的時候，相較於朋友和鄰居，對家人的堅持會更多，因此才會衝突頻繁。偏偏家人之間的事又羞於向他人啟齒，往往選擇悶不吭聲，造成彼此都不知情。事實上，所有人的生活都極為相似，甚至外國人也沒什麼不同。

年輕人旅行可以增廣見聞，參觀古蹟、拍照有其意義，主動和陌生人交流、聆聽他們的故事也相當有意思。大學時期的旅行，就是我體會這種快樂的寶貴時光。

家族和運動

我在大二對現實社會的認識加深，都拜大一寒假閱讀的書所賜，而現實的認識越深，就越常參加示威，和學運圈走得相當近。

有一種叫「家族」的聚會，是學運圈學生組成的秘密組織。大家在租屋的地方或是咖啡館等地聚集，一起學習歷史、政治、經濟和哲學等。擴大起來，可以連結到全國學生總會。

「家族聚會」無疑就是研究韓國現代史真相，重新確立價值觀的學運細胞組織。一九八〇年代馬克思主義之所以在大學擴散，家族聚會扮演相當大的作用。

全斗煥政權利用執政的優勢，力阻左傾容共勢力，社會上卻反而因為全斗煥政權而擴大了馬克思主義的傳播。其中重要的關鍵就在五一八光州抗爭，當時如果沒有美軍許可，韓國軍隊根本無法投入，因為美軍握有韓國軍隊的作戰指揮權（作戰指揮權區分為兩種：平時作戰指揮權和戰時作戰指揮權。一九九四年韓國收回平時作戰指揮權，美國則依然擁有戰時作戰指揮權）。韓國軍隊是取得了美軍的許可之後，才對要求民主的民眾採取武力鎮壓。許多人之前將美國視為民主守護者、天使之國，因為這起事件便對美國徹底質疑。為什麼天使之國會允許獨裁者虐殺良民？為什麼民主守護者會擁護獨裁者？結論就是美國並不是天使之國，更不是民主守護者，美國只是眾多為了自身利益的國家之一，只是為了美國的安保利益，才擁護韓國的獨裁勢力。

隨著我們對美國重新評價，我們也重新檢討站在美國對立方的蘇聯和東歐，還有社會主義。社會主義真的一無是處嗎？在法國、德國、義大利等西歐先進國家，共產黨或社會黨如何以民主政黨存在？從韓戰結束到一九七〇年代，一直隱藏在陰暗角落的馬克思主義，在韓國社會遲來地流傳起來。在這種氛圍中，我們也對北韓開始重新認識。我們想確認北韓是否就是一群狼揮舞著鞭子奴役人民的社會。「正確了解北韓」[8]的運動，就是這樣發生的。

當時學運圈區分為NL和PD。NL是National Liberation（民族解放），PD是People Democracy（人民民主）的縮寫。NL又再區分為主思派（主體思想派）和非主思派，PD則有反帝、反法運動PD、反獨占PD、ND、CA等各種分派。整體而言，NL勢力較強，PD則為少數。兩種力量都主張南韓應該發生革命，但NL主張從美國獲得自主性，強調南北統一；PD則以勞工為中心，將民眾權力視為優先。

我一開始隸屬的家族是NL主思派聚會，在這裡學習現代史，對北韓的歷史進行重新評價。我們研究金日成對日本的武裝抗爭和北韓主體思想[9]。

金日成的抗日武裝鬥爭是事實，除了有些地方過分誇大之外，沒什麼可質疑的。有問題的是主體思想，此時我們閱讀的主體思想書籍，大致上類似於中學水準的哲學書。打著主體思想的領袖論，才是以領袖為中心，主張整個社會用同一個思想來建設國家的核心思想理論。只有一個思想，沒有多元思想，那就是極權主義（Totalitarianism）了。所以我在這個家族沒待多久就退出了。

我也接觸、加入了其他家族。這個家族也是ＮＬ聚會，非主思派。我在那裡學習了政治經濟學。當時有個「社會結構論」的說法，以大學為中心，在各個運動圈都相當有名。社會結構論處理的是如何看待韓國社會的問題。在那個家族學習政治經濟理論雖然還算不錯，但是到了要套用在韓國的時候，我很不能接受。我不明白為什麼說韓國是殖民地、半封建社會。就算我能接受韓國是美國殖民地的說法，可是怎麼會說韓國是半封建社會？我們連半資本主義社會都不算啊……

透過家族聚會學習的這段期間，也是我最活躍的時期。首先有拒絕「前方入所」抗爭[10]，所謂前方入所，是入伍服役之前，大學一年級先到文武隊，二年級到休戰線附近接受軍事訓練。目的是為了讓大學生親眼目睹南北對峙的情況，接受軍事教育，強化反共反北意識，不過在南韓早已變質為擁護反共軍事政權正當性的手段。

這個計畫當然遭受學生極力反對，於是政府給予大學生破天荒的優惠，若參加一週的課程，未來當兵可扣減一個半月的兵役期，一、二年級參加，軍隊生活可縮短三個月。然而二年級的我們激烈示威，反對參加。我們系，和其他都是八七學級的學生大都拒絕前方入所。以首爾大學拒絕前方入所為焦點，其他大學也大舉響應，結果前方入所計畫實施沒多久就廢除了。

---

8 一九八〇年代由南韓的社運圈、左派人士、民主人士發起了立即了解北韓運動。相較於立即了解北韓，需要再次了解北韓運動。

9 主體思想（Juche Idea）是朝鮮勞動黨的思想體系和理論基礎，由金日成創立，並由黃長燁加以體系化。英文中也稱之為 Kimilsungism（金日成主義）。（參考自「維基百科」）

10 拒絕前方入所抗爭，是指一九八六年展開的大學生的拒絕前方入所抗爭。

我以拒絕前方入所抗爭為首，二年級時以系學生會為中心，積極參與接連爆發的五共[11]腐敗清算、統一運動、勞學連帶[12]等議題，在街頭示威多過於在學校上課的時間。一九八七至一九九一年，幾乎沒有一天中斷。盧泰愚緊接著全斗煥執政之後，人民對於民主化的要求與日俱增。

一九八八年二年級第一學期，我參與以逮捕全斗煥、李順子[13]的敢死隊活動。但身為逮捕敢死隊隊員，事實上也只是在隊伍前方丟火焰瓶罷了。一九八八年舉行第五共和國公聽會，我們主張逮捕全斗煥、李順子，為了要從西江大學前面前進到新村十字路口，一整天在推擠拉扯中進行示威。到了八月，我加入了南北統一運動，在還搞不清狀況之下就跟隨到板門店，最後被警察強行帶走。他們念在既沒有前科又是初犯的分上，釋放了我。還有一次在街頭靜坐示威，也遭警察逮捕，警察當時判斷學生人數眾多，帶回偵訊沒多大意義，就把我們押上雞籠車（當時是這樣稱呼警察巴士），載到蘭芝島後放下。蘭芝島雖在首爾，卻是非常偏僻的地方，巴士班次也相當少，最後歷經了千辛萬苦才回到家。那裡現在開闢為上岩洞。

我是在二年級第二學期時被推舉為系代表，原因或許是我看似隸屬學運圈，又好像不是，得到了學運圈和非學運圈雙方的支持。我當時的意識逐漸從非學運圈轉向學運圈，因此非常懂得非學運圈朋友的心理。雖然說起來我是學生會這一邊，但我認真地參加示威，卻也不是百分之百接受學生會的所有方針。當上系代表後，我想改變人們對系代表的看法。之前一般人對系代表的看法就是經常參加示威，不愛讀書，因此我開始認真上課，同時也認真參加學生示威。

雖然熱中於示威，然而我心中卻累積了越來越多無法以示威解決的疑問。

沒錯，現在我知道了社會有許多問題。許多抗日鬥士不承認南韓政府的正統性問題；歷經分裂或韓國戰爭，只剩所謂右派生存下來的政治體系問題；依賴美國實現經濟、軍事發展，淪為和殖民地沒兩樣的問題，還有南韓國內資本主義的問題。然而該怎麼辦呢？革命？到底該怎麼革命？透過革命，到底該做些什麼？計畫是什麼？不同於先前，更進一步加深的種種疑惑，鑽入我腦中。

就在煩惱之際，學長建議我加入系上的學術研討小組，一起學習。我心想，這種學習很難獨自進行，真是來得太好了。所以從三年級開始，我就認真參加學術研討小組。

對於革命和社會的煩惱

從三年級起，我對讀書的熱情更甚於示威，這都歸功於學術研討小組。成員有五名八七學級，由一名八五學級的學長協助。這些人都是個性獨特又風趣的朋友。一直到研究所，我們共度了四年多的生活，形成如兄弟般的緊密關係，現在都還是「莫逆之交」。

來自大邱，雖然有些木訥卻聰明的八五學級學長，目前是首爾大學教授；八七學級同學中，任何事都要追根究柢、固執的大邱朋友，目前在國家情報院[14]工作；唯一首爾出身的斯文朋友，則成為誠信女大的教授；我的酒肉朋友，不管三七二十一的行動派大邱朋友當上了律師；我則成了MBC電視台的記者。

---

11 第五共和國是大韓民國歷史上的政權。一九七九年十月二十六日，韓國總統朴正熙被暗殺身亡後，時任總理崔圭夏繼任總統，不久國軍保安司令官全斗煥少將發動雙十二政變，全面掌握國家的軍政大權，崔圭夏其後被迫下台，韓國進入「第五共和國」時期，全斗煥展開其近八年的獨裁統治。（參考自「維基百科」）

12 一九八〇年全斗煥軍事政權上台後，血腥的五月十七日光州鎮壓，學生活動家們將勞動實踐作為一種主要的政治戰略（勞學連帶），透過變成產業工人進入產業領域，試圖提高工人的階級意識並幫助工人組織工會。

13 李順子，全斗煥的配偶。

14 南韓最高情治單位，前身為中央情報部與安全企劃部。

最後是我們幾個當中最聰明、個子最小的光州朋友，他前往法國留學後，目前處於失聯狀態。

後來才得知，協助我們的人裡頭，除了那位八五學級的學長之外，還有一位八二學級學長。我是上研究所之後才知道有這位八二學級學長的存在。來自光州，有自言自語習慣的這位學長，具有卓越的策略性思考，是首爾大學學運圈中相當知名的人物，目前是韓神大學的教授。我們這幾個人裡頭，來自嶺南、湖南的各有三位，另一位是首爾人。我們之間，根本沒有什麼地域情結的問題。

我們分享著二十歲初期年輕人的煩惱，經常徹夜討論人生、歷史和社會，以及未來。我們延遲入伍，決定一起研究韓國社會之後，再決定要做什麼。換句話說，我們就是人生的同志。當時我們研究的出發點是韓國資本主義社會。分析資本主義，就不能錯過馬克思。馬克思是優秀的哲學家和經濟學者，率先科學性分析了資本主義社會的矛盾，提出新社會道路。英國哲學家卡爾．波普爾（Karl Raimund Popper）曾說過，年輕時若不為馬克思著迷，那就是傻瓜；上了年紀後，若還是馬克思主義者，那更是傻瓜。

馬克思發表「共產黨宣言」之後，不計其數的人擁抱共產主義，以共產主義為目標的國家，曾經占有全世界一半。以西歐為首，共產黨或社會黨幾乎在所有國家都排名第一或第二，具有強大的基礎。韓國在經歷韓戰後，共產黨幾乎被殲滅殆盡，然而在韓戰之前也是勢力強大。

我看到的共產主義，一言以蔽之就是烏托邦社會的夢想。烏托邦的夢想無論古今中外都存在，最具代表性的是托馬斯．摩爾（Thomas More）的《烏托邦》（*Utopia*），《洪吉童傳》[15]中提到的栗島國，基督教或伊斯蘭教提到的神政社會也如出一轍。因為現實社會總有過多的歧視、特權和不平等，人類總是嚮往這種沒有歧視，彼此尊重的社會。現今韓國經濟的兩極化現象加劇，可想而知存在著多少不平等。在這個過程中被壓迫、壓抑的人們，無法放棄自己也能過得好的新社會夢想。

1989 年大學三年級時，和學術研討組員們，一起前往春川紹陽水庫附近的 平寺進行研討會。我坐在正中間。上了研究所，為了籌措學費，我也曾在此地翻譯小說。

為了實現這個夢想，有許多革命家登場，雖然大部分無法戰勝既得勢力，最後像顆露珠般消失在刑場上。從羅馬時代想脫離奴隸制度的斯巴達克斯（Spartacus）的奴隸叛亂，到俄國革命；想脫離嫡庶歧視和地區不平等的洪景來[16]之亂；挑戰朝鮮貴族制度，賤民出身的義賊林巨正和奴婢出身的萬積；主張剷除外亂，建設自主獨立國家的東學農民革命[17]等。我認為，這些夢想如果不能在現實中實現，就會呈現為期許在來世實現的宗教。

馬克思的共產主義也是如此。在資本主義社會中，為什麼資本家和勞工都是主人？馬克思就是從這個出發點，站在受壓迫的勞工立場來思考如何建立一個新社會的夢想，並且很科學地分析了這個夢想。後來，馬克思的思想轉換為德國的批判哲學、法國的存在主義、結構主義、後現代主義等。跳過馬克思主義，就很難討論現代哲學。在學術研討小組裡，我們也分析了與韓國社會有類似處境的拉丁美洲，進行和我們社會問題的比較研究，以及如何克服。

我們將研究結果在四年級暑假前寫成文章發表，即使正值期末考期間，仍得到熱烈的回響。我們租借了大教室，因為爆滿，有些學生甚至還坐在樓梯上，充分表現了大家對我們社會結構性矛盾和如何克服的極大關注。

我們發表的是，將那段期間很多人常提出的論點，整理得更具學術架構。結論可以摘要如下：在以美國為代表的外力影響之下，韓國的政治、經濟、軍事地位雖然都處於附庸狀態，同時卻也已經達到資本主義發展的最高階段，國家獨占資本主義，也就是國家和獨占資本勾結的階段。社會以財閥為代表的獨占資本壓抑著多數民眾，創造出獨占利潤的結構，是最大問題。成為美國的附庸也是嚴重問題。為了解決這些問題，要建設可代言民眾利益的民主國家，也需要有從美國附庸中解放的革命性過程。

我夢想的社會

從這時開始，我有了由真實世界而發生的夢想。過去我的夢想沒有什麼特別的理由，小時想當法官或檢察官，都只是出自於父母親的期望罷了；當行政官僚的夢想也是儒教忠孝思想深植腦海之故。這都是「被洗腦」的夢想，不過是一些被拿掉翅膀的夢想。

而我此時的夢想，是大學四年內經歷認真思考的結果，是和哲學家、歷史人物分享、深入對談後取得的，既純粹又珍貴。這個夢想是什麼呢？就是讓我們的社會變得更自由平等，而且是充滿人性之美的社會，創造出正義可以像江水般流動的社會。以目前來說，打造這樣的社會最具體的方法，就是民主政治。民主體制可以反映多數民眾的利益，又保護少數人。不知道宗教是否能承諾幫我們在來生實現這些，但我想在此生就可以多少致力於協助建立這樣的社會。也不用談革命。只要能稍微接近這樣的社會，我就心滿意足了。

司馬遷在《史記》的列傳中提到天道是非論。名叫盜跖的山賊，殺死無數人命，奪走財產累積成巨富，最終卻享盡榮華富貴，壽終正寢；相較之下，伯夷和叔齊，這兩位恪守仁義的儒生，義不食周粟，辭官離開，最後卻餓死首陽山。所以司馬遷問：是否有天理？有理的話，理是否正確？

閱讀《史記》，發現兩千多年前司馬遷的煩惱套用到韓國社會依然成立。參加獨立運動的人，子孫三

15《洪吉童傳》是朝鮮文學史上較早出現的文人國語小說，也是朝鮮首部反映農民起義以及反映社會改革理想的小說。作者許筠。

16洪景來，朝鮮王朝平安道人，曾在一八一一年發動兩西大亂，由於叛變失敗，在定州城被火繩槍射殺。

17朝鮮稱甲午農民戰爭，韓國稱東學農民運動或東學革命，是十九世紀下半葉在朝鮮發生的一次反對兩班貴族和日本等外國勢力的農民武裝起義運動，是中日甲午戰爭的導火線。（參考自「維基百科」）

代窮困潦倒，親日派子孫，三代大富大貴。實在太淒慘了。怎麼會這樣呢？都已經過了兩千多年，為什麼人類社會沒有改變呢？我想創造出不再有這種苦惱的社會、正義的社會。

我調整了生命給予的條件以實踐這個夢想，從未放棄，也從未遺忘。希望盡早實現這個夢想。希望未來的社會不再需要這種夢想。

現實共產圈的崩壞

學術研討小組的發表結束後，我們繼而思考是否要正式做些什麼。結論是若想改革韓國社會，革命或相當於革命水準的改革是不可避免的，必須尋找相符的工作。可是當下沒有立即可做的事，便決定先念研究所，至於兵役問題，留待以後再考慮。

一起讀書的五位朋友當中，確定有四位要念研究所。我和光州那位朋友進入首爾社會科學研究所。首爾社會科學研究所是金俊進教授主導創立的研究所，是有進步傾向的少壯派學者群集之處。

我上研究所那年是一九九一年，此時蘇聯解體。對蘇聯共產黨總書記戈巴契夫（Mihail Sergeyevich Gorbachov）的經濟改革，爭議雖多，但沒有人料到蘇聯會突然解體。

我們雖然研究馬克思主義，但並不支持蘇聯，反而對史達林執政後維持「鐵幕」[18]，偏離馬克思主旨的蘇聯諸多批判。蘇聯解體帶來更大的衝擊是，隨著東歐共產圈接二連三的解體，我們社會重新引進馬克思主義也不過才十年，馬克思主義卻一下子連它自己所批判的資本主義社會的矛盾問題，都熬不過去。

我們轉為研究法國哲學家路易・阿爾都塞（Louis Pierre Althusser）。阿爾都塞在一九七〇年代初就宣布馬克思主義有危機。所有思想都一樣，馬克思主義也必須持續與時俱進。僵化淪為教條而失去生命力，正是蘇聯馬克思主義的命運。阿爾都塞是不斷重新解析、改革馬克思主義的哲學家。

社會主義國家的崩解，也為我們社會帶來重大影響。尤其在一九八七年六月的抗爭之後，民主化加速，一九九二年金泳三當選總統，民主化成了不可逆轉的潮流，社會追求革命的力量急速削弱。社運圈內也在此時產生新變化，主張勞工革命的力量，現實上既然不可能，於是轉而追求新的政治路線，就此產生分裂。部分進入體制內的政黨，部分傾向獨立組黨。我們社會也出現了類似西歐政治模式的可能：不必透過革命，而以改革來追求社會的改變。當然，這無法解決我們社會一直存在的矛盾，只是改變了如何解決的途徑。

要做什麼呢

研究所畢業在即，我開始考慮未來的出路。大學六年來思考的社會問題，似乎沒有任何一項獲得解決，政治環境則快速地變化。

首先，軍事獨裁的勢力，以及稍微往上追溯一點的親日勢力，在民主化之後依然占據政治核心。一九九二年金泳三雖然當了總統，但他是透過和過去軍事政權的殘餘勢力進行三黨合組，才得以成功執政。軍事政權的力量也因而存活下來。

金泳三執政後，民主化雖然有部分進展，然而經濟層面依舊沒有太大變化。財閥集團和政治權力勾結如舊，實質上占據了支配我們社會的地位。勞工和農民等儘管是社會多數，仍然屈居劣勢，他們的環境毫

18 鐵幕（Iron Curtain）指的是冷戰時期將歐洲分為兩個受不同政治影響區域的界線。

無變化，一旦高聲疾呼，就會被貼上「紅鬼子」和「左傾容共」標籤。雖然也有一些想替他們代言的新生政黨，但都不足以成為有意義的力量。

這種情況下，我能做什麼呢？在民主化和改革進行的過程中，如果打倒以民主方式選出的政黨、進行革命也太魯莽了。只能順應現實，慢慢改變。一九八七年六月的抗爭勝利，帶來革命勢力的消退，和改革的一般化。進入一九九〇年代，我們社會發展出的公民運動，也是由於經歷了這個契機。

我也要走這條路。

研究所一畢業，面對拖延已久的兵役問題，在還沒決定做什麼的情況下，當兵也是不錯的選擇。一邊擔任國防工作，一邊思考出路。我不想參加公務員資格考試或司法考試，也不想進入企業追求金錢生活，若要繼續讀書，則要留學，然而家境並不允許。因此我選擇了新聞媒體。記者一方面可以冒充知識分子，又可以到處活動，我認為是理論和實踐兼備的職業。

如果說我人生的第一個轉捩點是，上了大學後不再煩惱自己該做什麼，而是煩惱怎麼活，那麼我人生的第二個轉捩點，就是苦思如何實際付諸行動的這段時期。

結束軍旅生活，準備考新聞記者之際，父親過世了。不同於先前健康惡化的情況，這回是突然倒下。他在學校工作，因為身體不適獨自搭計程車前往急診室，就在途中昏迷了。彷彿青天霹靂。父親雖然在重症室撐了一個星期，最後卻決定出院，回家不到幾個小時就與世長辭。如同我被診斷出罹癌當下的感覺，一切彷彿不是真實，然而現實卻嚴肅地逼近。

辦完父親葬禮，我著手整理家務。長期以來，我從未對家務花過任何心思，現在是第一次面對。要整理的東西出乎意料的多。從遺物開始，父親名義下的存摺和房子，甚至還有父親管理的宗族資料，所有東西都要逐一找出、變更。後來還搬了家，我無法讓母親住在父親過世的房子裡。也領取了父親的退休金，借給他的朋友，不料那個人後來事業面臨困難就此失蹤，再也沒消息了。

就這樣過了幾個月，我再次準備就業。這時，母親和姐姐提議我去美國，紓解一下父親過世後累積的壓力，也順便拜訪定居在芝加哥的嬸嬸。我倒是想趁機好好鍛鍊英文，因此決定赴美三個月。

造訪美國

我在金泳三執政後提倡國際化的一九九五年三月初次前往海外，不過，一開始還真不曉得該怎麼去。當時去美國要持簽證，我不曉得如何取得簽證，因此選擇了註冊美國的英文補習班，以進修語言的名義，委託我國補習班處理，目的地是嬸嬸定居的芝加哥。

第一個月居住在芝加哥的美國人家，支付昂貴的寄宿費，學習美國生活。美國人在家也穿鞋子，相當特殊。有一天東西文化融合的話，會不會也像我們一樣脫鞋子呢？

有一天和美國家人一起到電影院觀賞《刺激一九九五》。那部電影後來也在韓國上映。這是我第一次看沒有字幕的外國電影。雖然不至於百分之百明白，但大致看得懂。看完電影，和美國那家人聊天，他們知道我幾乎了解內容，顯得相當吃驚。相較於口說，我的聽力似乎還不錯。這讓我體認到，就算我們無法完全聽懂談話，但如果能掌握全體脈絡和狀況就能溝通了。大家常說肢體語言（body language）是最好的溝通方式。這就和小孩子即使不學習，也能自行說外文的能力類似。

還有一件有趣的事，是美國家人的親子關係似乎不大好。孩子正值高中青春期，和父母相處更困難。當時我是認為，人們的生活無論到哪裡都大同小異。

在美國補習班學英文，和在韓國沒有太大差別。學生擠在一間教室內，機械性的上課，完全沒有幫助，因此我上了一個月就離開了。實際上這類型的英文補習，有許多免費授課的地方，只是當時並不知道這些資訊。

搬到嬸嬸家後，我申請旁聽芝加哥大學的政治系課程。課程和我們也沒有太大差別，教授在講台授課，學生聽課，但學生參與度似乎比韓國稍高。

堂姐的先生，也就是堂姐夫告訴我，美鐵（AMTRAK，美國鐵路客運公司）有旅行券，價格低廉，二十多天內任意搭乘美鐵的火車票，行程自由調整。於是我買了美鐵在美國旅行。從芝加哥出發，經過紐約、華盛頓，再到南部的邁阿密、紐奧良，返回芝加哥，再從芝加哥出發，路過西部大峽谷附近的弗拉格斯塔夫，前往洛杉磯，由洛杉磯回韓國。

在美期間最有趣的就是這次旅行。我本來就喜歡四處趴趴走，搭乘美鐵，更感受到另一種樂趣。美鐵在頂層有可供飲食的桌椅，任何人都可以坐下來聊天。一趟美鐵要花好幾個鐘頭，我就這樣更換著交流對象，和各種人閒聊。

我遇見許多曾經擔任駐韓美軍的人，還有美國大學生、退休人士，以及待業中的人……聊天內容比補習班或大學教的還實用，加上他們的英文都非常流利，就算只是模仿他們說話，也能大幅提升英文實力。

比較不同的一點是，他們對 Korea 的認知。當我說來自 Korea 時，通常會被反問：「South or North?」我原以為只要說 Korea，大家自然會聯想到南韓。美國人卻非如此。美國人想的和我們不一樣，對美國人而言，Korea 僅只是偏遠的一個開發中國家罷了。

這趟旅行讓我對英文產生了自信，並且領悟到一些事。第一，外文學習最好採沉浸式教育，而且一定

美國旅行到大峽谷拍攝的照片。旅行時，遇見各式各樣的人，和他們對話，英文實力大幅上升。

要經歷許多實戰，團體坐在教室上課根本毫無意義。和使用母語的人相處，自然熟悉他們的表現方式是最好的學習方法。模仿他們就能讓英文實力大幅提升。

第二，學習不能單靠書本，而是以親自觸摸或體驗作為基礎。舉例來說，若想學習農業，不要只看著書上圖片背誦，而是實際栽培農作物，才能徹底理解；讀自己國家的歷史或世界史，如果能同時看電影或有博物館體驗，會有更大幫助；數學或邏輯，則需要這些科目的其他體驗；英文不是看書背文法，是在對話中反過來熟悉文法。

我透過美鐵旅行大幅提升英文實力，也增廣見聞。除了美國西北部之外，還參觀了大部分的主要都市。以九一一恐怖攻擊倒塌前的世貿大樓為主的紐約風景、華盛頓的觀光地和史密森尼（Smithsonian）博物館、邁阿密寬廣的海邊、紐奧良的小酒店、西部沙漠地帶的大峽谷、洛杉磯的景點……由於在邁阿密的行程緊迫，很可惜沒能造訪海明威死前曾居住的奇威斯特（Key West）。

印象最深刻的就是大峽谷。在火車上遇見兩名美國大學生之後，我們一起租車開過去，並在大峽谷過了一夜，當時雖然已經是五月了，卻冷到睡不著。雖然沒有在寬闊的沙漠中騎馬，不過開車繞了一圈已經心滿意足。看到華盛頓或紐約等美國大都市能把傳統的建築完整地保存下來，也相當有意思。這和我們把過去的建築物全都拆除，改建為現代建築的模樣有極大差別。這該說是他們知道把過去和現代融合嗎？

還有，美國的國民，沒造訪過首都華盛頓的占總人口的三分之一，因為貧富差距嚴重，許多人無法離開自己居住的社區。他們對於我造訪華盛頓感到有些羞愧。

旅途中，我都住青年旅館，一晚大約十美金左右。看到許多上了年紀的大叔，也和我一樣在那裡吃飯睡覺。美國每個都市都有青年旅館，希望我們有朝一日也能形成這種文化，只要一個輕便的背包就能旅行的系統，讓旅人沒有太大的經濟負擔就能輕鬆成行。我經常以五塊美元的漢堡解決午餐，漢堡比韓國的來得大，有時甚至吃不完。在各個觀光地點，我都是步行，畢竟本來就擅長走路。

6

轟石逢釘

1

進入MBC

結束美國旅行、告別了全州的生活，事隔一年返回首爾。此時各家報社都在招聘新進員工，在我返京後，第一個發布公告的是《中央日報》[2]。我沒做好考試準備，卻幸運通過了筆試，甚至還實習了一陣子，來到最終面試。可惜面試的時候卻落榜了。實在難以理解，拿錄取的人和落榜的人比較一下，落榜的許多人看起來明明更優秀。其他人也同意我的看法。

為什麼會這樣呢？為了找出原因，我和落榜的人交談，自己也苦思良久。

我的推測是：「《中央日報》不想要太過重視原則的人」。面試我的是洪錫炫會長，問題是大學時期是否上街抗爭過。一九八七年的大學生，大家都知道有著不得不抗爭的環境，所以我毫不猶豫地回答那是不得不的時代使然，接著他又問我想成為怎樣的記者，我也直言不諱。結果落榜了。

《中央日報》的招聘包含了實習過程，期間相當長，為此我也沒報考其他報社。隔年，SBS最先發布聘試公告，由於是民營電視台，我其實不太想去，然而還是想報考看看。通過第一階段筆試後，第二階段是各部門經理的集體面試，很巧地又被問了之前類似的問題，大學時有沒有抗爭過等等。我也像在《中央日報》的面試那樣理直氣壯地回答。結果還是落榜。我越來越相信我的推測是真的。這些企業表面上說是想要聰明的人，實際上是不想要對「原則」太聰明的人，而是「擅長遵守上級指示」的聰明人。

MBC[3]面試也問了同樣問題。但我這次事先準備了答案，假裝聰明又適當的答案。譬如，說一九八七年沒參加過抗爭那是騙人的，那是大家都會做的事，但我說升上高年級後就不參加了。於是，我考進了MBC電視台。

我原本想報考的是報社，畢竟在那之前一想到記者，不會聯想到電視台，而是報紙。然而我和報社似乎沒有緣分。電視台曾考慮過KBS，但花了一年時間才進入MBC，我不想再考試，因此就放棄了。而那以後，電視台的影響力比報紙越來越大，說起來也是好事吧？

透過入社考試，我領悟了兩件事。第一是私人企業不想要「聰明且遵守原則的」人，人若是太耿直，就不會在公司有不當方針時也全盤接受，反而會像崔圭碩[4]的漫畫《錐子》[5]一樣，加入工會和公司對抗，公司沒有工會，還會親自創立。企業需要該低頭的時候就低頭的人，不計較原則，就算非法或不當的事，只要上級指示就會去做的人。

---

1 棒打出頭釘，槍打出頭鳥之意。

2《中央日報》（JoongAng Ilbo）是一九六五年由三星集團會長李秉喆創立的南韓大報，後來交由曾任內政及法務部長的洪璡基經營。洪璡基的女兒洪羅喜嫁給三星現任會長李健熙；而當時面試李容馬的《中央日報》會長洪錫炫，則是洪璡基次子、李健熙的小舅子，曾在盧武鉉執政時擔任駐美大使。《中央日報》以精湛的商界動態報導著稱，與《朝鮮日報》、《東亞日報》並稱南韓三大報，立場皆偏向保守派。

3 MBC，韓國大型傳媒企業之一，與SBS、KBS及EBS並稱韓國四大全國性廣播機構。創立於一九六一年，初時為商營傳媒機構。最初只營辦AM廣播業務，而電視業務則於一九六九年開始營辦。

4 崔圭碩，韓國漫畫家，作品以真實刻畫社會黑暗為內容，憂鬱中有詼諧，在韓國漫畫界開創迥異於一般生活爆笑漫畫的另類風格。（參考自「維基百科」）

5 在Naver Webtoon連載的崔圭碩漫畫家的漫畫。內容敘述韓國的勞動現實和勞工運動。（參考自「維基百科」）

實際上韓國的財閥，幾乎沒有不觸法的。三星的李健熙、李在鎔，現代汽車的鄭夢九，SK的崔泰源，樂天的辛東彬等財閥掌門人，都因瀆職、貪汙、違反金融實名制、提供賄賂、非法政治獻金等嫌疑，被處以拘留或不拘留起訴。大部分都留下前科。

將他們的非法指示付諸行動的人會是誰呢？連聲譽還不錯的財閥集團都幹出種種非法勾當。財閥的影響力大，因此無法斷絕政商勾結的現象，一而再再而三發生胡亂帶過的事。對財閥進行改革，是我們社會永遠的話題。

這也是我們想成為先進國家仍有遙遠路途要走的證據。何謂先進國呢？先決條件，就是正直行得通的社會。這是先進國家的一個共同點。對說謊或是欺騙他人的行為，予以嚴懲。舉例來說，假造原產地，或是企業做假帳，就處以重刑，才能形成值得信賴的社會。可是我們的社會，那些領頭羊的企業本來應該帶頭示範，結果卻是帶頭犯法，還想要瞞天過海。不，是想透過政治遊說來違法解決。矗石逢釘的諺語，很少有地方像在我們社會這麼通用，這樣的劣跡在整個社會蓬勃發展。

入社經驗，也讓我體會到韓國社會的保守。世代輪替，未來雖然會有重大轉變，然而目前保守勢力還是占上風。保守勢力獨占了大韓民國的高層，從解放以來支配著我們的社會。這也是我們社會不會輕易改變的最大理由。此外，人本來就有上了年紀就和現實妥協，越來越趨於保守的傾向。因為想得到比較保守的高階層的信任、升遷，就要表現出同樣的保守。因此，任何組織的最高階層，大都是保守傾向的人士。這就是面試的時候，報社社長都會詢問是否曾經上街抗爭過的理由。如果勞動法沒有禁止阻礙勞動行為的條款，這些人或許還會詢問進了公司之後是否會加入工會。

支配韓國社會的保守勢力，從親日派到軍事獨裁，到最近的新右派[6]，延續到「最佳網文日報儲藏所」[7]。

他們和李承晚一起建立南韓的單獨政府，經歷過韓戰，變身為親美派，和朴正熙一起進行軍事獨裁。韓戰犧牲無數人命之後，結果在國民間培養出只要是共產黨就一律槍斃的意識型態。軍事獨裁利用這種反共、反北的心理，合理化自己的執政。這個過程中，因為借助美國的支援實現了經濟成長，就把美國視為神明，把自己的國民當作豬狗的統治對象。這就是朴槿惠總統的支持者高喊反對彈劾，高舉太極旗和美國星條旗的背景。

除了國家的層峰級人物，掌握著社會上重要組織的既得利益高層，大部分也都是這種人，只是彼此程度有些差異而已。政府部門就不用說了，報社、企業、法院、國會等，幾乎所有組織都大同小異。這是因為從過去開始，所有對政府或社會抱著批判態度的人，都被這種組織徹底排除在外。對政府或社會抱著批判態度的人，也拒絕進入這類組織。這和我拒絕參加公務員資格考試的理由有些類似。當然，隨著民主化，我們社會已經產生了變化，預估未來也會有重大改革。我是希望這些進展能夠更大一些。

問題是這些保守勢力長期支配我們社會，他們的心理早就不知不覺地深刻影響我們。這可以說是已經形成每個人「自己心中的法西斯」嗎？舉例來說，以前大人常說「朝鮮傢伙就該打」，其實，這是日本殖民時期對我們韓國人說的話，但是即使日據時代已經結束了三十五年，當初日本人貶低我們的用語卻悄悄成為我們日常的用語。直到最近，社會上各個領域的上司對下屬都常說「叫你剁什麼就剁什麼」。其實，

6 新右派是保守主義思想的一支，它反對戰後國家干預的轉向，也抗拒自由主義式或進步主義式社會價值的擴散，因此可以說是反革命的一個派別。

7 最佳網文日報儲藏所（簡稱ilbe）是韓國的一個網路論壇網站。原本是收集DC INSIDE這個論壇網站中因偏激或有害而被刪除的內容進行保存的網站。後來漸漸轉變成擁有獨自內容的極右派社群網站。以歧視韓國女性、歧視外勞、歧視韓國某些地區、批評攻擊及惡意抹黑左派人士、貶低世越號事件而聞名。（參考自「維基百科」）

這本來是軍隊用語，叫士兵用生殖器去剝栗子，意思是上司的命令再不合理，都要無條件服從。軍事獨裁的期間和日本殖民時期一般長，這些話都滲透進我們的生活，變成常態。配合著語言，我們的想法、行動和習慣，也都軍隊化了。相較於多元性，我們要求所有人動作一致地行動；相較於注重內容，我們要求事情在規定時間內處理完畢為優先。

這是軍隊的文化，也是極權主義的一個面向。

我常想，為了真正的改革，現行一個個階段往上升遷的人事系統是否恰當？現在的組織都是論資排輩，根據舊有系統架構而設計的話，只更換幾位高階人士就可以產生改變嗎？如果沒有以政府部門為首，各部門大破大立地革新，改革並非那麼簡單。

我在大學雖然認真研讀了韓國政治經濟的特徵與理論，對於生活的現實並未充分認知，倒是透過入社考試得到非常寶貴的經驗。然而就人際關係來說，我的經驗還是相當淺薄，以至於進了公司之後又引發諸多衝突。

凌駕和卑屈共存的社會部

實習記者的矛盾

一九九六年進入MBC後，我以在警察局打轉，展開記者生涯。實習期間，我在警察局記者室混雜的房間裡，和其他公司的實習記者一起生活了六個月。實習記者最晚要從早上五點起床，一直工作到晚上十二點到凌晨一點。我們要去三四個管轄警察局的刑事課、交通意外調查班、警察廳和法院等地，收集案件並報告。除了查看案件簿，我們也目擊了強盜、殺人、暴力、性暴力、交通意外和詐欺等各種亂七八糟案件的現場。

這類案件的嫌犯，總歸一句就是雜犯。這種案件裡萬一包含了名人，或是什麼高層人士等，那才算得上新聞。當然，碰上連續殺人等野蠻的案例，就更是新聞了。但這些事情通常都不會對我們的生活產生重大影響，或給予社會特別教訓，或特別敲響什麼警鐘。因此相較於警察或檢察官處理這類刑事案件的地方，記者都更喜愛處理重大案件的部門。那也是出人頭地的捷徑。

身為記者，到警察局可以擺擺架子。記者前輩向我們強調，在警察面前絕對不能弱勢，因為記者是國民的代表，無論見到什麼人都可以高姿態大聲說話。我對這句教誨深有共鳴。一般人幾乎不敢面對警察，見了面也會覺得羞愧，就算沒有罪也莫名地膽怯。面對這樣的警察，堂堂正正詢問、追究對方，這件事本身就是厲害的經驗。透過這個經驗，我也養成了往後不論去任何地方見任何高層，都能堂堂正正面對對方的習慣。這就是身為記者，遇強則強、遇弱則弱的基本原則的重要一步。

但實習記者有個矛盾的地方。我們對警察，雖然除了有時候會叫一聲「大哥」之外，講話時並不需要什麼特別的尊稱，面對自己公司的前輩記者，卻是他們有什麼指示都得絕對服從。他們吩咐清晨六點要報告，就要在清晨六點報告，吩咐早上十點報告，就一定早上十點報告。過程中就算聽到他各種辱罵，收到各種離譜的指示，也照樣得執行。

去現場報導的地方可以呼來喚去，面對自己公司的前輩卻唯唯諾諾不敢吭聲。實習期間習慣這種矛盾情況的人，和無法適應的人，過了一段時間，人生道路就會有極大的差異。在強者面前可以展現強大一面的人，在公司無法卑屈；做不到的人在公司會變得卑屈，同樣也會屈服於強者。

當記者跑警察路線沒多久，就知道警察比記者還弱勢。一開始是因為前輩的教誨，才對他們大呼小叫，久而久之成了習慣，時間再久一點，就因為知道了警察是弱者，所以更對他們大呼小叫，而從那一刻起，也就熟悉了凌駕弱者的方法。到了此時，本來應該懂得自重才好，但大多數人做不到。凌駕弱者，是不必學習就能形成的習慣。

逐出社會部

我以不錯的評價完成了實習記者的生涯。

這六個月裡，我在鐘路警察局揭發了警察隱藏暴力犯罪等小小的頭條新聞。一九九七年六月我收到正式命令，擔任社會部警察記者。記得沒多久，我做了一條獨家報導。有一名小女孩被誘拐殺害了，不久警察逮捕到犯人。被抓到的犯人是女性，大家推測有共犯。當時距離晚間九點的《新聞平台》（News Desk）[8]播出，還剩下四十多分鐘，我從刑警系統的長官那裡確認此案是那個女人單獨犯案，立刻向電視台的警察線長官報告。本來我們所有的報導都是以有共犯而準備的，緊急變更為單獨犯案。

當時MBC正在轉播足球，《新聞平台》播出二十分鐘前，畫面跑馬燈預告字幕就打出單獨犯案的頭條新聞。這是我們電視台的失誤。其他電視台新聞記者看到後，蜂擁至警察署長面前，追究是否屬實。警察署長九點緊急召開記者會，正式公布此案是單獨犯案。由於MBC已經確認是單獨犯案並準備了《新聞平台》，因此直播記者會順利結束。

然而KBS是在認定有共犯的情況下準備的節目，《九點新聞》一播，警察表示單獨犯案，節目立刻亂了套。往共犯方向準備的報導沒了，新聞開了天窗，因為也沒時間準備單獨犯案的報導。

警方單獨犯案的報告，與KBS推測有共犯的報導背道而馳，KBS之後也以有共犯的推測繼續追蹤報導。當時正逢中秋節連假，KBS在連續假期獨自延續尋找共犯的報導。這個新聞對他們的打擊有多大，可想而知。

身為警察線的記者，雖然我也創造了這些成果，然而接到正式聘書還不到十個月，我就從社會部被驅逐到一九九八年的地方選舉廣播企劃團。為什麼會這樣呢？

一九九〇年代後期，是KBS和MBC展開激烈競爭的時期。KBS刪掉1TV的廣告，九點新

8 MBC的晚間新聞，原本於九點播出，同時段競爭者是KBS《九點新聞》；長期以來，《新聞平台》相較於他台的晚間新聞，擁有更高的批判色彩；二〇一二年底提前至八點播出。

聞收視率超越了MBC的《新聞平台》。在那之前MBC的新聞可是經常穩坐第一名。KBS想逆轉情勢，全面分配了「事件與事故」新聞（包括社會案件或車禍等內容）的報導，MBC也不甘示弱，追隨他們的腳步。因此事件與事故的新聞比重拉大，甚至占了整體四十五分鐘新聞的三分之一到二分之一。但在競爭之下，許多無意義的事件與事故新聞占據了所有畫面，變成令人心寒的狀態。

事實上，新聞可看，是民主化之後的事。畢竟，在那之前，媒體只能單方接受政府提供的新聞，民主化之後才開始出現批判性的報導。

此外，金泳三時期實施公職人員財產公開法，再加上準備清算過去司法官的黑暗面，新聞就更有趣了。這和金泳三為了推動他要做的事，有意地利用媒體也有關係。到一九九〇年代中半，電視節目的影響力漸漸大過報紙新聞。一九八八年電視直播「五共」公聽會，已經證明了自己的力量；一九九〇年代之後的總統大選或是各種重要選舉過程中，電視的影響力更是越來越明顯。結果就造成電視台的壯大。

然而，真正的公共電視台，卻因為收視率競爭，把貶低記者價值的事件與事故新聞當成主力。我非常不滿。我還因而自責，問自己是為了做這種工作才當記者的嗎？上級給我的採訪指示，經常不過是些雞毛蒜皮的生活新聞而已。拒絕做這種報導的話，會引來各種咒罵，為此我和前輩們有過一連串爭執。

更麻煩的是，警察線的記者逐漸形成一種軍隊組織，社會部長官底下有案件編輯部，這個編輯部底下有首爾市警的組長（負責選跑警察線記者）。各個警察廳有一線、二線記者。身為老么的二線要接受一線指揮，一線接受市警組長指揮，市警組長又聽命於案件編輯部。這是一個難以進行合理對話和討論的組織。

在這種情況下，身為警察記者的我，新聞貢獻度逐漸變得低落。大家對我的評價，也從一個有才能的傢伙突變為不服從前輩指示的傢伙。

於是，我在一九九八年四月被趕出來，到地方選舉轉播企劃團。

酒駕通行證

我在跑警察線的某一天，十多名警察記者收到前往鐘路警察局的指示。上級要我們在鐘路警察局翻個底朝天，尋找可以批判報導的線索。這個命令的目的，是要叫局長下台，展現ＭＢＣ警察記者的力量。進一步了解後，才知道是有人酒駕的緣故。前一天晚上，有一位採訪鐘路警察局的前輩，因為酒駕被警察攔下，爛醉之下被帶到鐘路警察局，那位前輩大聲嚷嚷說不能隨便對待ＭＢＣ採訪記者，引起騷亂。惱怒的警察將記者戴上手銬，暫時關進拘禁室，於是起了進一步摩擦。竟敢把記者關起來！記者要求警察道歉，警察拒絕了，最後發展成組織對組織的衝突。最後是警察局長親自道歉收場。

這個事件可以反映當時社會的樣貌。當時是記者飲酒駕駛會被輕易放過的時期。尤其是跑警察局的採訪記者，都是一家人，自然要睜一隻眼閉一隻眼。就算不是採訪記者，一般記者打電話來關說，警察也難以拒絕。這種風氣下，許多記者都會放任飲酒駕駛。不僅僅是記者，警察或國情院人員、檢察官、法官等，我們社會裡有權力的人士，幾乎可說是都擁有酒駕通行證。這是軍事獨裁時期的遺緒。

這些人不僅在飲酒駕駛，在交通裁罰、刑事案件上也得到不少優待。被警察舉發的時候，他們會高喊：「你是誰啊？」「你知道我是誰嗎？」這就是此時的語言習慣。過去的軍事政府，給予我們社會的權力階層這類小小特權，藉以換取他們的忠誠。當然這些特權也會反過來造成惡果，ＭＢＣ記者當中，就有許多人因酒駕死亡或受傷。

然而權力階層的特權也逐漸崩塌了。金大中政府當權後，社會變得更加縝密。隨著民主化，這些小小的社會特權開始瓦解。過了一兩年，我從警察局案件簿看到某家報社的法務組組長因酒駕被收押，還嚇了一跳。我們的社會開始順利地運轉了。

成為契機的首都圈記者

一九九八年六月，兩個多月的地方選舉報導成功落幕，但我無法回歸社會部，而是收到全國新聞部所屬的京畿道城南市採訪記者的派遣命令。我被驅逐為首爾圈記者，負責城南、河南、光州、楊平、驪州、利川等京畿道十多個市、郡的報導。所謂塞翁失馬焉知非福，對我而言，這種驅逐其實是好事，成了我可以寫出更出色報導的契機。

首先，到全國部可以說脫離了軍隊式組織。全國新聞部記者直接向編輯部報告，是報導的結晶池。編輯部的次長級人物都上了年紀，對話相當輕鬆，而且所有報導都由我自行彙整，上面也沒有人會要求到處打聽根本不值得報導的資訊，加上廣大的京畿道就只由四名記者涵蓋，報導資料相當多。

這段期間，我寫了大大小小或輕鬆或困難的報導，有很多和法律收賄有關，也批判京畿道一帶的地方檢察官，譬如水源地方檢察廳的檢察官，因為對製藥公司賄賂的馬虎搜查，錯過最大嫌疑犯。水源地檢在報告自己的搜查成果時，或許因為無可爭辯，對我的報導並未特別反駁。

我也質疑過首爾地方檢察廳議政府支廳（二〇〇四年升格為議政府地方檢察廳）的一名檢察官，他對暴力組織和官商勾結未進行徹底搜查。告發報導一出，該檢察官的上級檢察官就打電話來，詢問我是否有後續報導，還威脅我最好就此罷手。我第一次聽到這種威脅，根本沒有因應的準備。如果我年資再深一點，就會把那位檢察官的威脅也寫進報導裡。

我還對水源地檢城南支廳的檢察官提出雙重起訴的事實，寫了批判性報導。我質問他：同一罪已經被處罰之後，又再次被檢舉，接受調查進行裁判，該當何種心情？可是報導後，該檢察官藉詞其他案件拘捕了本案的檢舉人，我也曾被當作該案證人調查，數次被通知出庭。我在義憤填膺下公布了該檢察官的實名，還進行後續報導。原本是只要該檢察官認錯就能結束的事，對方卻暴跳如雷，想要折騰人到底。當檢察官的長時間以來沒有面對過媒體，又加上自己的傲慢，造成事情一發不可收拾。後來這位檢察官從城南支廳離職，轉而開業當律師。但他也對我提出了五億韓幣的損害賠償訴訟，為這件事我四年多來訴訟纏身。

我連續三次直接批判檢察官的報導，把檢察廳鬧得天翻地覆。那個時候，大家很難想像怎麼會有人緊咬著檢察官做這些報導。也因為這些事件，我在檢察官之間成了風雲人物，大家都想知道究竟是哪個「不知好歹的」記者。後來在首爾地檢採訪時，不少檢察官說是當時就知道了我這個人。

除了現職檢察官的問題外，我也曾三四次報導了律師的不當行為。有一位律師收取委託費後卻不出庭，訴訟當事人當然敗訴了。這位律師知道事實若被報導出來，將遭受大韓律師協會（大韓律協）的懲戒，因此跑到我辦公室下跪求情。這是和不實辯論同樣驚人的謝罪。雖然後來我沒報導這名律師的實名和長相，但對於有些律師毫無責任感到如此嚴重的地步，覺得很驚訝。對很多律師來說，逃稅是最基本的。至於不出庭的律師，只顧著賺錢的律師，也不在少數。光是我自己報導範圍就看到這些，實際恐怕更嚴重。雖然相較於過去，這些不當行為可能已經算少的了，可是誰又知道呢？那是當時的我難以想像的事。

我在首都圈記者時期的壓軸報導，是批判一名被稱之為「韓國的盧金河」（讓人聯想到清貧的代名詞的曼谷市長）的歐姓城南市長。此人以清貧形象聞名，隸屬當時的大國黨。

這位歐市長利用自己的職位做出各種貪腐的事，卻偽裝成一副清官模樣。除了自己拿賄賂，還給予親朋好友各種特權。歐市長的問題簡直沒完沒了，因此最後被檢察官收押監禁。我報導歐市長腐敗的題材，得到一個名為「城南市民聚會」的公民團體極大的助力。這個聚會的核心成員，就是現今的城南市長李在明和自由韓國黨的申相珍議員。這兩位目前已分道揚鑣，分別代表執政黨和在野黨。

由於住宅公社（住公）總公司位於城南，我也撰寫了要求住公大樓公布出售成本的報導。這是媒體首次提到大樓出售成本的報導。我本來準備了兩個議題，然而由於當時的上級長官介入，報導並不順利。第一個議題是要求公開出售成本的核心報導，第二個是後續報導。然而核心報導在收視率低的晨間新聞播出，後續報導也只在《新聞平台》播出。是所謂的跛腳報導。

寫完這篇報導後，公司的前輩邀約我吃晚餐。我去赴約，發現有住公的員工在場，感到相當不知所措。之後住公的員工追到我家來，要求撤銷報導。這是我第一次面對強力的遊說。對方千拜託萬拜託一定要我撤銷報導。然而我考慮到不動產問題的嚴重性，認為是一定要播出的報導。公司因為外來的遊說而阻攔報導，讓才剛當記者不久的我初次感到失望。

除此之外，我還批判了當時執政的新千年民主黨副總裁建造了豪華非法墓地，也報導了發生在全北扶安蝟島，宛如現代版奴隸般的漁民生活。

首都圈記者生活不到八個月，然而這期間跨足了政治、經濟、社會各部門，也堅持記者相信的價值來進行報導，對我而言是深以記者身分為傲的時期。這不是警察記者常寫的那些事故和意外，而是針對社會上有背景有靠山的人，盡情撰寫的報導。

前輩們對我的評價再次改觀。持續的頭條報導，諸多優良新聞，加上一些擅長做事的評價，讓我占了優勢，才八個月我又回社會部當警察記者了。

再次回到社會部

社會部依然沒變，追逐著沒有報導價值的事件和事故，重複著每一天。要說有點意思的，就是和檢察總長金泰政夫人的衣服關說有關的補充取材。我帶著隱藏式攝影機，在江南的高級服飾店穿梭，挖出貂皮大衣等高級服飾的交易實態。雖然是偶爾來一次也值得的報導，然而衣服關說的本身並沒有特別根據，因此不是多愉快的事。

我也曾經和江南一家很大的酒家老闆來往過，這個老闆只是掛名，實質上是暴力集團的頭目。這是因為當記者的人，除了殺人、犯罪的事之外，什麼都要經歷一下，所以得有一種結合傲慢和天真的氣勢。我和這個暴力集團的頭目有時會在酒桌上進行氣勢對決，然而確實難以輕易喝倒對方。有一次，我記得喝到凌晨四點，只好以上班當藉口溜掉。

在社會部工作，對我最有助益的事是一連串的水災播報。在首都圈採訪時，由於「像游擊隊一樣的暴雨」，我經常搭乘直播車；回到社會部，只要淹水的日子，就搭直播車直播。是這段時間的連續報導，讓我克服了原先心底對直播車的一種恐懼。此後，我就可以很自然地進行直播了。

其實，不論是全國部還是社會部，都是在一個大社會部之下。只是報導的內容有很大的不同。我在全國部的時候可以自由報導自己想要的新聞，但是到了跟軍隊一個模子的警察記者線上，我幾乎做不出任何有意義的報導。

這其中的一個原因，是當時兩個公營電視台之間為了競爭收視率，報導了太多事件與事故這一類新聞；但另一個更根本的原因，就是從軍事政府的時期就持續過來的慣性。軍事政府時期，政府部門就不用說了，連檢察官、警察這些社會權力機關的議題，也沒人敢寫。大家只能用單純的事件或事故等意外，或是話題性題材等軟性新聞，來填滿新聞時段。以雜犯罕見的竊盜手法，或是刺激觀眾眼淚的報導，來替代批判擁有權力的人的問題。在這個情況下，討論報導品質的本身，無疑就是件奢侈的事。

經歷金大中政府和盧武鉉政府，隨著民主化進展，輿論本身的思考加深了，並且開始改善。為了提升報導品質，方向逐漸轉為強化政治、經濟、國際新聞等。社會部新聞也排除單純的事件與事故，容納公民團體的問題意識，進行提升水準的作業。然而進入李明博政權，卻再次崩塌淪陷了。一些報導人的保守或進步可以從肌肉的大小看得出來的新聞，或是夏天在柏油路上煎蛋等愚弄觀眾的報導，又登場了。

從社會部的經驗，也讓我體認到一件事。那就是：至少，首爾的情況要比過去穩定許多了。首爾之前被稱為伏魔殿，是各種腐敗橫行之地。然而，現在已經淨化許多。隨著輿論自由蓬勃發展，採訪記者逐漸增多，公民團體也積極參與，不當腐敗已沒有立足之地。反之，地方上即使以京畿道來說，因為中央新聞公司記者不足，有很多假記者。且隨著地域偏袒主義，也有許多記者和當地的地方自治團體掛鉤。因此，至今京畿道地方自治團體的腐敗依舊。其他地方是不是也有類似情形呢？

重啟社會部警察記者生活六個月，一九九九年秋天，我收到經濟（新聞）部的派遣命令。對我而言，能脫離警察記者這件事本身就足以雀躍不已。

在劇變的韓國經濟中

經濟部和出頭鳥

收到派去經濟部的喜悅，在報到之後立即消失殆盡。當時負責經濟部的姜部長，主要是曾擔任過社會部記者的人，後來當上經濟部的部長。即使是今天，想要一直在一個部門當主管都不容易，當時更是一個人要在社會部、經濟部、政治部各部門主管的位置上輪調的時期。部長不懂經濟，將所有經濟部的報導像社會部一樣處理，對我這種菜鳥記者，更要求社會部性質的報導。因此我們自嘲為「經濟部的警察記者」。

不能指望報導深奧的經濟內幕，只要求我們做些百貨公司或市場這類流通業的新聞。部長認為，和金融或經濟政治有關的報導太死板無趣了，不希望收視率下降。實際上是他本人不太懂這些內容。部長對於晚輩記者，就像使喚社會部新人記者一樣呼來喚去，因此晚輩和次長級的前輩會一起批評部長。因為有個離譜的部長，部門員工便越加齊心協力。

但這也只不過是表面假象。經濟部十五名成員當中，有四名次長級的前輩。等他們見到部長的時候，又會和部長一起辱罵晚輩，赤裸裸地跟蝙蝠一樣。根本找不到會向部長直言的前輩。

有一天，我們和姜部長一起喝酒，後來只剩下和我同屬金融小組的一位姓文的次長三個人。我趁機向部長建言，說經濟部不能用這種方式運作。不料部長聽完勃然大怒，轉頭跟文次長說，那你來說說看法。當時我還以為太好了，若是文次長也能提出一些建議，那就可以成為部長重整經濟部經營方式的契機。然而哪知道暫時想了一下的文次長卻回答：「部長，我哪有這個膽子呢？」我聽了受到相當大的衝擊。我太天真了，直言不諱、忠心耿耿的部下，只有在書中或是連續劇中才會出現。

文次長在日後的政權交替之後生存下來了，還當上部長、報導局長，在朴槿惠政府時期也外放出去擔任關係企業的社長，還聲稱有一天要回MBC總公司擔任社長。姜部長後來升上報導局長，因「CUGGI包事件」爆發醜聞而引退。

在社會部時，我也曾經和後來擔任社長的金在哲（李明博執政後被任命的親保守派MBC社長）短暫共事過。金前社長在李明博政府時期解雇了以我為首的十名員工，是讓MBC電視台崩壞的關鍵人物。金在哲在當社會部長時，即使對菜鳥警察記者，也絕對不說難聽的話，看到晚輩會吹捧著說：「誰誰誰，昨天的報告寫得很棒！」這並非針對專業能力的肯定，只是純粹對晚輩說說好話，藉此博得好印象。他對晚輩很好，也多虧這樣的處世之道，雖然沒有才能，卻成了負責《時事雜誌2580》[9]等新聞節目的報導製作局長，還曾擔任關係企業的社長、MBC總公司社長。

這些人的共同點，是他們擁有無論任何人執政都能成為同夥的卓越能力。這就是現實。許多前輩也很相似。前輩當中，身懷使命感進入公司的人究竟有幾位呢？大部分人都是在全斗煥當政，媒體完全被政府掌握時期進的公司。他們只不過是上班族，只不過想要分配好一點的新聞採訪對象，想要升官罷了。因為如此，他們遇見部長或局長就低聲下氣。尤其採訪或報導的能力越差，就越會在待人處事上下工夫。他們無法光靠實力來爭取自己想要的位置，只能在能力以外的層面一決勝負。於是他們在強大的前輩面前就示弱，在弱小的晚輩面前就作威作福。

令人難過的是，這在現實社會居然行得通。就上司立場，服從命令的晚輩，比起凡事都要追根究柢的晚輩更討人喜歡。這種方式最後就膨脹成積非成是的文化。組織不會發展，反而停滯或退步。然而大部分的組織都是這樣。

今天情況有多大轉變嗎？我進公司的一九九〇年代，記者們又是如何呢？他們是真的具有記者的使命感嗎？還是由於電視台記者的待遇優渥，加上看起來很威風，所以才進來的？如果是以後面觀點進來的人，就有可能把心思都用在人際關係上，而不是強化自己的實力。我們社會上，關於待人處事的書籍都熱賣，理由就在於此。

這段時間，當了警察記者又到經濟部工作，我真正開始了解了公司運轉的情況，以及前輩晚輩的工作型態。不過，由於年輕，血氣方剛，不懂得和現實妥協，所以和在社會部的時候一樣，我和次長、部長等前輩的衝突不斷。

我不善於隱藏意見，對於前輩那些卑微的模樣也相當反感，因此再次成為不聽話又沒禮貌的傢伙。大學時期，我和學運圈與非學運圈都相處融洽，大家說我個性好。進入MBC電視台之後，卻成了出頭鳥。你問我後悔嗎？這個嘛！究竟如何待人處事才是正確的呢？老實說我還不曉得。

9 MBC的著名調查報導節目，與同台播送的《PD手冊》齊名，不同的是，《PD手冊》一集只播送一個主題，《時事雜誌2580》則以新聞雜誌方式呈現，每回都有三至四則不同領域的報導。

韓國銀行的橫禍

當時有個採訪韓國銀行（韓銀）的女前輩，無知的部長因為覺得銀行圈的新聞相當無趣，不斷找這位前輩麻煩，以至於這位前輩以生病為由請了長假。對我而言，這簡直是飛來橫禍。對經濟是門外漢的部長，看不起韓國銀行，把年資還不到三年的我分派過去。其他媒體都會安排至少十年年資以上的次長級記者去跑這個路線，是相當有分量的採訪出入場所。而我們的部長卻把自己討厭的傢伙派去跑這個他認為無趣的路線。換句話說，是無知的人事調動。

身為期貨經濟的門外漢，要在韓國銀行採訪相當難適應。韓國銀行和金融監督委員會（金監委，目前的金融委員會）、金融監督院（金監院）、股票交易所等，是金融小組的核心採訪路線。於是我和先前提到的文次長等兩名前輩一起組成金融小組，然而文次長也是完全不懂金融。如前所述，他只是個對人際關係下工夫的人物，並沒有因為同組，就拿出責任感和晚輩一起工作，反而讓我獨自負責，將韓國銀行丟給我。

所有一切都要獨自摸索。從每個月的經常收支相關報導，到金融通貨委員會（金通委）的拆款利率是否調升，我都要自行掌握撰寫的方法，為此買了幾本和期貨經濟有關的書籍閱讀。當記者後，這似乎是我第一次買書。我還很認真地研讀。

優良領袖的條件

過了四、五個月，我好不容易適應韓國銀行的時候，卻換了部長。新的部長是畢業於首爾大學經營管理系，有很多在經濟部工作經驗的李前輩。對於李部長的評價，前輩與晚輩之間相當兩極化。前輩說他沒教養，晚輩則覺得他相當有能力。實際相處後，就能領會這兩極的評價。
這位前輩主修經營管理，比起任何人都能正確了解經濟問題。不懂裝懂，做出莫名其妙的指示的那些前輩，遇上了他當然免不了挨罵。
社會部的報導，任何人都能插上一句話，經濟部則是需要專業的領域。就當長官的立場，他如果不懂裝懂，卻碰上可以一一反駁他的屬下，相當煩人。像我這樣凡事都要追根究柢的屬下也一樣。因此我這位前輩雖然是經營管理系畢業，卻沒有擔任過多久的經濟部記者，因為他的長官、前輩都受不了他。
反之，這位前輩當上經濟部的部長後，晚輩當然都認為是最高水準。因為他的指示不拖泥帶水，也會簡潔地修正大家的報導。大部分的部長都會因為沒什麼判斷能力，總是指示屬下到處採訪什麼都要寫到，然後到很晚又抽掉這個抽掉那個，偏偏抽掉的又常是重點。這位部長絕對不會發生這種事，更不像之前的部長那樣，只追求社會部類型的報導。他喜愛高水準的經濟報導。我們晚輩都喜歡這位新部長。
此時，我們之間流行著所謂的職場上司論。上司有四類：聰明又勤奮的聰勤、聰明卻懶惰的聰懶、愚蠢卻勤奮的愚勤、愚蠢又懶惰的愚懶。其中最受歡迎的上司是聰懶，擅長業務，卻不催促晚輩，且適當的引導。最糟的是愚勤，也就是說不懂又愛訓斥屬下的類型。前任部長被歸類為愚勤，新部長被歸類為聰懶。我們在地獄與天堂間走過一趟。此時我才深刻體會到：公司最好的部門，並不是大家喜歡的部門，而是有好上司的部門。
職場上司論適用於包含總統在內的所有社會領導人。領導者要懂得宏觀的掌握大方向。但不能因為自己很了解，就訓斥底下的人。要了解他們的特性和能力，適當地分配工作，適當地帶領他們前進。這樣才不愧稱之為領袖。無論自己的能力有多強，如果對屬下能力不足或不適合的人卻強求，肯定會出錯。

當然，如果自己握有人事權的話，首先要懂得挑選適當的人。不擅長的領域，就要運用比自己懂的人，懂得傾聽那個人。領導者沒有必要也沒辦法知道所有事。總統該如何詳細掌握所有領域呢？因此必須在既有的資源內，做適當的安排。適才適所這句話，自有其道理。身為領袖首先要擁有眼光，人事即萬事。擅長人事，其餘的系統就能順利運轉。

金融資本主義和現代集團的聯盟分離

更換部長後，我在經濟部的生活迥然不同。我成為有模有樣的經濟部記者。一九九七東亞金融風暴之後，接著來的是大宇集團的解體餘震，於是從一九九九年底到二〇〇〇年初，我們面臨第二次經濟危機。這期間金融圈發生許多重大事件。為了避免第二次金融危機，金融監督委員會長李憲宰主導的金融、企業、公共、勞動等四大部門，進行第二次結構調整。我成為名副其實的金融小組一員，和韓國銀行的人一起在金監委進進出出。這段時間，李憲宰又從金監委的會長轉調為財政經濟部（財經部，目前的企劃財政部）部長，握有調整經濟結構的主導權。檢視這段時間進行的經濟結構調整過程，可以切實體會到目前的資本主義是金融資本主義的事實。所有的作業始於金融，也終於金融。

這麼嚴峻的時期，MBC經濟部全體人員有十名，但金融小組卻只有兩名，一位姓宋的前輩和我。經濟部的人員短少，是由於當時的報導局長重視政治，小看經濟的緣故。幸好宋前輩是延世大學經濟系畢業，也有經濟部經驗，相當懂經濟問題。政治系畢業的我，可以宏觀的角度看待問題，宋前輩則是連細節都精通，我們兩人完美互補。

從此，我和宋前輩有了遠比兄弟還親密的關係。

進行第二次經濟結構調整，是為了把韓國帶進一個新的方向，因此陣痛很大。一天內股價下跌超過一百點的日子早已成為常態。這段期間，我經歷了許多其他人在經濟部待了十年也未曾經歷的事件。儘管工作量超大，肉體很辛苦，卻是快樂又充滿成就感。

二〇〇〇年初，我們遭遇了三月的現代家族「王子之亂」。鄭周永會長安排繼承人，造成現代集團的三位兄弟產生衝突。鄭周永會長讓鄭夢憲繼承現代集團，將現代汽車交給長男鄭夢九，現代重工業則交給鄭夢準。過程中，鄭夢準試圖反彈，卻以失敗告終。

王子之亂以後，現代建設面臨危機。現代建設身為現代集團的母體，卻發生了周轉問題。一直到年底為止，現代建設進行了六次自救計畫，然而屢次失敗，結果年底第一次跳票，引發債權團主導的整頓計畫。現代建設的跳票，將造成現代集團全體的連鎖跳票。這個危機會波及到他們的主要交易銀行，也就是外換銀行[10]，也會波及到整個金融圈，會讓好不容易才起死回生的韓國經濟再陷危機。在大宇集團才剛解體不久的背景下，我們的經濟勢必無法承擔。因此大家的注意力都集中在和現代的往來銀行——外換銀行身上。當然，真正的主導權還掌握在金融當局手中。

大家期待兄弟集團的現代汽車和現代重工業能伸出援手，不料兩位兄弟都很無情。我邀約了兩個集團表示要採訪，出乎意料的，鄭夢九的現代汽車集團爽快答應採訪，明確表示不支援。鄭夢準的現代重工業集團，則說是不便表示是否拒絕支援，也不接受採訪。

代表現代汽車集團接受採訪的一名主管反問我：「我們該怎樣才能明確地表達自己的立場呢？」我當

10 英文名稱為KEB，南韓的代表性銀行之一，過去是南韓唯一可兌換外幣的銀行，現已與韓亞銀行合併為KEB韓亞銀行。

場給了個建議，說現代汽車集團最好從桂洞的現代辦公大樓遷出。當時現代汽車集團和現代集團共用由鄭周永會長建立的桂洞辦公大樓，如果現代汽車集團離開桂洞，就沒有人可以否認現代汽車和現代集團已經完全斷絕關係。

現代汽車集團之後果真聽從我的建議，迅速搬離桂洞，將辦公大樓遷至良才洞。傳言說，桂洞辦公大樓過去曾有義禁府[11]，風水的氣勢太強，如果不是鄭周永這樣的人，其實會有反效果，反之，良才洞的地基則非常好。倘若屬實，那麼鄭夢九應該感謝我。遷移到良才洞的現代汽車集團，事業蒸蒸日上，留在桂洞的現代集團的鄭夢憲會長，則在盧武鉉政府時，因匯款北韓等相關事件，在接受檢察官調查之際自殺身亡。

現代建設的危機更加速了第二次經濟結構調整。企業被要求，負債比例都要降至百分之兩百以下，做不到的一概列入清理債務對象。在金融圈裡，則是利用所謂先進金融技法，清理各種不實債權。連經濟版記者也初次聽聞的陌生債券，如雨後春筍般登場。

那年夏天，金融圈進行合併的同時，全國金融產業工會（金融工會）展開了大罷工。金融工會是韓國勞動組合總聯盟（韓國勞總）旗下的團體，委員長是李龍得。此時的金監委會長是李容根。金融工會罷工當時，由我報導的畫面，字幕上每天都會出現李容根金監委會長、李龍得工會委員長、李容馬記者。金融工會罷工後，有些地方的中堅銀行消失了。第二金融圈的儲蓄銀行和新協等也逃不過結構調整。

在第二次經濟結構調整之下，二〇〇〇年至二〇〇一年間共有五十五家不實企業遭到清算，國民銀行和住宅銀行也進行合併。引起九七年金融危機的三星汽車出售給法國雷諾，大宇汽車則賣給美國GM。現代建設第一次跳票後，終究歸為債權團所有，身為他們主要往來銀行的外換銀行，後來也變賣給外資。

許多證券公司和投資銀行等第二金融圈企業，也遭到清理。政府拿出相當於一年預算的三分之一，超過一百兆韓幣，用來解救金融圈。

現代資本主義就是金融資本主義。資本主義高度發展的美國，金融產業也發達的原因就在這裡。韓國銀行透過拆款利率增減通貨量，也因而擴張或縮小宏觀經濟的局面。企業透過股票或債券籌措經營資金，因此國家若統治金融，就能統治企業。這是我們經濟結構的調整為什麼以金融機構為媒介來進行的理由。想徹底了解經濟，就要了解金融。

叢林式資本主義和經濟結構調整

一九九七年東亞金融風暴之後，二〇〇〇年第二次經濟結構調整大幅改變了韓國的經濟體質。許多不實企業和不實銀行都遭到清理。所謂不實企業，是指負債過高，自己又產生不了經營利潤的沒有收益的企業。這樣的企業，之前還能苟延殘喘，只要遊說銀行或政府繼續借錢就行。但這些殭屍企業會攪亂市場秩序。不實銀行也一樣。他們把錢借給不實企業，害自己陷入可能收不回錢的險境，因此大家都希望在他們倒閉之前進行清算。

然而，細看不實銀行發生的情況，各有不同。大部分不實銀行是認真的把錢借給企業的銀行。友利銀行的前身是韓光銀行，韓光銀行是在一九九九年由韓一銀行和商業銀行合併而誕生。這些銀行都是很認真地把錢借給企業。過去銀行收到存款，把錢借給企業是理所當然的事。企業用銀行借來的錢投資，製作商

11 高麗王朝時所設立。是高麗王朝及朝鮮王朝的調查機構，隸屬兵曹（兵部）。（參考自「維基百科」）

品出口賺取美元。這是企業和銀行共存之路。因此相較於零售業務的銀行，也就是以不動產為擔保借錢給一般人的銀行，批發業務的銀行，也就是貸款給企業的銀行，是越能貸款給企業越優秀。

然而東亞金融風暴發生之後，一個個企業經營出了問題，貸款給企業的銀行也一家家倒閉了。這個情況下，套用市場原理清算不實銀行的結果，只有做零售業務的銀行才能存活下來。過去在銀行評價比較低的國民銀行或住宅銀行，突然變成優良銀行。我對「人生之事，塞翁失馬」這句話有了深刻的感觸。

因為公家資金注入而得救的韓光銀行，或變賣給外資的第一銀行等，他們之後都是不動產擔保貸款要遠多於企業貸款，就是基於這個背景。銀行切斷了對那些風險比較高的創投企業或是中小企業的金流。因此，那些一時雖然沒有績效、然而有未來可能性的創投企業，紛紛失去了成長的基礎。換句話說，銀行貸款給企業的公共機能垮台了。

扮演企業資金流作用的銀行崩壞，反之股票市場卻在此時起死回生。我們的股票市場百分之百開放給外國人，外資開始源源不絕地湧入，企業也轉變資金流，透過股票市場增加資金，而非向銀行借貸。從此，韓國股票市場面臨了被外資左右的情況，全體股票中有三分之一左右，基於經營權的防禦層面上不能流動，另有三分之一是由外國人持有。所以外資是否購買股票，就影響股價的震盪。

經過經濟結構調整之後，清算了不實的殭屍企業，存活下來的企業變得更健全。然而弱肉強食的叢林式資本主義文化，開始在我們社會蓬勃發展。存活是至高無上的價值。銀行與其為國家著想把資金貸給企業，不如增加以安全性為主的不動產擔保貸款，便是一個明顯的例子。企業也是，看不到利潤就不投資。因為失敗一次就再也沒有機會。

在這些情況下，勞工的處境變得更加艱難。不實企業和不實銀行被清算，相當多的勞工被公司解雇。

無論如何都不會被公司裁員的人，和那些相較之下沒那麼幸運的人，就成了天堂與地獄的兩極對照。隨著經濟情況好轉，有些人得到復職的機會，但他們不再是正職，而成了非正職員工，身分差異變得很明顯。無法復職的人就轉而去經營烤雞店等，成為自營商。我國自營商的比例一下子增加到百分之三十，為了生存，他們之間必須展開激烈的競爭廝殺。

本來，韓國一般都是正職員工，像日本一樣保障退休和終身雇用。然而經濟結構調整之後，非正職員工漸漸超過了正職員工。就企業的立場而言，多雇用只要支付相當於正職員工一半的薪資，又難以組成工會反抗的非正職員工，當然非常有利。同時，增加非正職員工也有壓迫正職員工的作用，企業再也不需要認真處理正職勞工的工會了。這些結果鼓動了正職員工提早名譽退休（優退）的風氣。

我們社會變成了為生存不得不殺死對手的無情社會。向強者屈服的社會。不體諒弱者的處境，反而要凌駕他們的社會。只把自己的存活當作唯一目的的社會。

韓國銀行和財政經濟部

二〇〇〇年，我在經濟結構調整的最前線觀看了這一切，也寫了大大小小的頭條，此時累積的經驗成了我一輩子的資產。採訪韓國銀行，熟悉了如何了解宏觀經濟動向的方法；採訪金監委，掌握微觀經濟的動向；在財政經濟部，目睹了應該如何帶領經濟的政策。

韓國銀行金通委的拆款利率決定，左右了宏觀經濟的動向，一如美國的聯邦儲備委員會也是藉由調整利率來影響經濟的動向。每個月聆聽韓銀總裁說明和金通委利率相關的決定，有相當大助益。光看那些資料也可以。因為當時他們做的決定，都是根據可以反映我們經濟實際狀況的指標。當然這裡的前提是沒有財經部等外部的施壓。若是財經部施壓，情況就不同了。

財經部和韓銀存在的理由不同。財經部基本上是追求經濟成長的單位，目的是要提升GDP（國內生產毛額）、經濟成長率。因為長官的任期有限，在這個壓力下，就要在短期內提升通常以GDP顯示的成果。若想提升GDP，市面上就要有很多錢，因此他們喜好低利率。反之，韓銀的最高目標是物價穩定，想要穩定物價就要回收流到市面上的錢，因此要提升利率。當然財經部和韓銀的利益，並非總是相互衝突。然而雙方存在的理由基本不同，衝突的可能性也不低。因此中央銀行要脫離經濟部門的影響獨立。

財經部若對中央銀行施壓，經濟邏輯就會被扭曲。過去韓國的經濟規模小，這類經濟邏輯的扭曲並不足以構成重大問題。實際上，過去韓銀也為了財經部的經濟成長政策執行過從屬性機能。然而韓國經濟規模在二〇一七年時已經排名全球第十二，以這種程度的規模來說，財經部如果扭曲經濟邏輯，採行一些強加的經濟成長政策，反而極可能造成反效果。

朴槿惠政府時代的不動產景氣上揚政策，就是一個代表性例子。朴槿惠政府壓迫韓銀降低利率，並且讓不動產擔保貸款變得容易，想讓不動產景氣好轉。他們是以為：不動產景氣上揚，建築業就會變得活潑，相關產業也就跟著好起來。

然而只要是經濟學者就知道，這種循環理論早就被打破了。建築業存活，並不表示其他產業也能跟著活。李明博政府實施的四強產業等，早已證明了土木建築業是個填不滿的無底洞。不動產景氣上揚，反而會阻擋資金往有生產力的領域移動，只是鼓吹不動產的投機，造成社會貧富的兩極化。擔心房價上升的庶民借錢買房子，家庭負債增加到天文數字的水準，結果造成購買力下降，內需衰退，經濟變得更困難。

韓銀透過利率調整控制經濟動向，財經部則是透過財政控制經濟動向。韓國一年預算超過四百兆韓幣。一年能賺這麼多錢的企業根本就不存在。政府是最大的經濟主體，可以一下子擴充財政，讓經濟上揚，也能縮減財政，讓經濟停滯。美國經歷了一九三〇年代的經濟大蕭條之後，透過羅斯福新政[12]大量紓解財政；二〇〇八年世界金融危機後，進行量的鬆綁，都是這個政策。韓銀或財經部都是重要的經濟管控機關。如果說韓銀和財經部是採取間接管控，那麼金監委就是直接管控一些主要的金融機構，透過對他們的管控來調節經濟趨勢。這三個單位執行互補的重要機能。

經濟官僚的財閥中心邏輯

無論任何職業，都需要掌握經濟的大動向。未來，我們選總統的時候也該挑選有清楚經濟思維的人。總統如果不懂經濟，就只能將所有一切交給經濟官僚。然而身為記者，我看到的就是大韓民國的經濟官僚，沒有人思考為庶民著想的經濟政策，都是根據過往的習性來建立經濟成長政策。

現在這個階段，要提升經濟成長的政策很簡單。如果移動體型龐大的企業，那麼經濟成長率、投資率或雇用率等經濟指標就會明顯提升。舉例來說，相較於支援數千家中小企業，提升投資率，如果政府支援三星和現代汽車等幾家財閥集團，提升他們的投資率，那就不僅更有效率，時間也短。就任期有限的經濟官僚而言，他們會做何選擇呢？只要針對幾家財閥集團，就能取得亮眼成果的話，為什麼要去支援那些不

12 羅斯福新政（The New Deal）是指一九三三年富蘭克林．羅斯福就任美國總統後所實行的一系列經濟政策，其核心是三個R：救濟（Relief）、復興（Recovery）和改革（Reform），因此有時也被稱為三R新政。（參考自「維基百科」）

會有立即成效的中小企業呢？因此經濟官僚不得不和財閥勾結，何況和財閥打好關係，還能保障自己退休後的位置。

觀看歷代總統，一上任就一定會召集所謂的財經人士到青瓦台，一起用餐談論如何拯救經濟。還有，在座的財閥也一定異口同聲地承諾增加投資和聘雇。我始終無法解開因這幅景象產生的疑問。總統一定要跟財閥一起用餐，打個招呼，財閥才會增加投資和聘雇嗎？如果不這麼做，財閥就不會增加投資和聘雇嗎？怎麼就從沒見過有哪一任總統在當選之後，和勞工相關的人士齊聚一堂，聽聽他們的說法呢？

這全都和經濟官僚的認知有關。財閥和官僚越是互相勾結，就會更加強化以財閥為中心的經濟結構。為此，官僚不得不給財閥優惠，財閥於是成了市場的強大捕食者；反之，官僚都排斥勞動界，在他們眼中，經濟就是由財閥和政府帶領，勞工只不過是應該服從的存在罷了。在官僚的眼裡，勞動團體光會罷工或抗議，是妨礙經濟成長的勢力，因此勞動政策的主調就是強硬地壓制他們。表面上說是勞動部，其實是執行勞動壓榨的部門。

更大的問題，是經濟官僚會獨善其身。他們因為從朴正熙政府以來推動了一連串經濟成長政策，讓國家發展來到今天，所以會產生很自負的心理。這就是涓滴效應[13]理論。以少數大企業為中心來帶動經濟，透過連貫的產業效應，也帶給其他中小企業好處。經濟官僚，尤其是屬於主流的官僚，都是這種主義的信奉者。

由經濟官僚而走上政治之路的人，無論執政黨或在野黨都毫無二致。他們只是財閥中心的經濟成長論者。前財政部長官康奉均，長期以來屬於在野的民主黨，二〇一六年卻改屬執政的新國家黨，就是明顯的例子。其他官僚，會有差別嗎？

可惜，以財閥為中心的成長體制已經結束了。三星電子或現代汽車賺大錢，和他們有關的中小企業或是勞工也一起賺錢的時代，已不復存在。今天是大企業和中小企業間的兩極化，企業和店鋪的兩極化時代。隨著產業結構升級，大企業和中小企業、勞工之間的許多連結已經斷線了。有些大企業還是會賺大錢，但也就如此，別無其他。換句話說，不論政府如何支援這些大企業，他們不會在整體經濟上產生如同過去的助益。大企業就是接受了給他們的優惠，然後，結束。

然而，我們的經濟官僚卻沒有足以替代財閥為中心發展經濟的思維。他們不懂得脫離過去行事的方式，因為他們既不曾嘗試、也不曾思索過其他方式。即使再有理論根據的構想，也絕不冒險，這就是官僚習性。我們常說的所得主導經濟成長，或是透過分配和福利來提升經濟成長、基本所得等，對經濟官僚而言，無疑就像伸手抓浮雲。

這種情況下，將所有一切交給經濟官僚，國家會往哪個方向前進呢？這就是盧武鉉政府之所以被稱為「左派新自由主義」的背景。說好聽是為了庶民，然而由於總統的經濟思維不足，只能完全仰賴經濟官僚，結果是仿效原來的財閥中心經濟成長政策，讓社會的兩極化加劇，庶民生活變得更加艱苦。不僅盧武鉉總統如此，構成盧武鉉政府的那些所謂「三八六」[14]政治人物也如此。他們在大學時期曾在街頭激烈地抗議獨裁者，然而對社會改革計畫，尤其對經濟問題的理解並不深入，因此誠如崔章集教授所說的，反而被經

13 涓滴效應是指在經濟發展過程中並不給予貧困階層、弱勢群體或貧困地區特別的優待，而是由優先發展起來的群體或地區通過消費、就業等方面惠及貧困階層或地區，帶動其發展和富裕，這被稱作是「涓滴效應」。這樣的主張認為，只要財閥發展被帶動起來，連帶也能跟著讓中小企業受惠。

14 指的是一九六〇年代出生、在一九八〇年代、街頭運動蓬勃發展時約為三十歲左右的世代。

濟官僚捕獲。當然，文在寅政府上台之後，已就這部分做了些反省，也努力想要改變經濟政策，然而仍嫌不足。

經濟官僚和財閥勾結，財閥和他們支持的媒體結為同盟，這是從朴正熙以來延續的三頭馬車，也就是韓國社會的既得利益體制。真正支持這個既得利益體制的，是極右派保守政治勢力。韓國社會要改革，唯有打破這個體制才能實現。首先要做的，當然是更換支持既得利益體制的政治勢力。再來，新的改革力量必須能夠提出新的經濟思維，以便取代既得利益體制視為典範的經濟模式。這需要透過人民福利的改善和經濟民主化等，全面改變經濟運作的系統。這樣，才有可能打破既得利益的體制，我們的社會才能實現真正的民主化。

這麼說的話，有人可能會說：那不是只要廢除給財閥的優惠，全部都交給市場機制，就能把問題都解決了？然而這又是錯誤的方向。東亞金融風暴之後，我們在民主政治的名義下，一直減少國家的介入。然而，財閥和中小企業之間，企業和勞工之間，存在著相當大的差距。在這種情況下，如果像市場主義者的主張，把政府的限制一律視為毒瘤剔除，一切交給自由競爭，會發生什麼事情？而這就是近來經濟官僚奉若金科玉律的路線。

這條路走下去，只會幫助那些從軍事政府時代就得到各種好處而壯大起來的財閥，進一步吞噬一切，反而把既得利益體制合理化。把一個重量級的拳擊手和一個小孩放到擂台上，讓他們在相同條件下交手，能說是自由競爭嗎？一切交給市場機制，無疑就是坐視這樣的打鬥發生。這是站在社會最高階的財閥最想要的事情。這樣還能稱為國家嗎？這不是民主社會，而是金權社會。

發生在一九三〇年代的世界大蕭條，已經讓我們目睹如果把一切全部交給市場，會發生什麼事。二〇〇八年世界金融危機，也有同樣的現象。

市場本身會崩壞，我們生存的共同體也會被破壞。人民的福利和經濟民主化，不僅是政府用來保護社會弱者的手段，也是用來維持社會共同體最底線的機制，不可或缺的要素。

世界經濟體制的變化

這個章節我們可以談談資本主義世界的經濟動向。經歷了十六至十八世紀的重商主義，資本主義經濟發達後，世界掀起了根據亞當·斯密[15]《國富論》所主張的自由主義經濟。這就是所謂的古典自由主義時代。當時世界最強大的國家是英國，以英國為中心，國家間的所有商品交易在市場上自由進行，國家重視自由放任的自由貿易，國家間的商品使用黃金支付的金本位體制。

企業想在市場上生存，就要銷售許多商品，為了大量銷售商品，技術得比別人優秀，或是價格便宜。然而技術發展的速度畢竟有其限制，因此若想立刻在競爭上獲勝，就不得不降低商品價格；調降商品價格，就要減少成本投入。成本就是原料和勞動力，因而必須尋找便宜的原料，開拓殖民地，或是減少薪資剝削勞動力。開拓殖民地要花時間和費用，因此只能盡量壓榨薪資，勞工變得難以生存，也就加深了貧富差距。

降低薪資，勞工就會減少消費，消費減少，商品就賣不出去，累積庫存，商品過剩，就會造成價格下

15 亞當·斯密（Adam Smith），英國哲學家和經濟學家，著作的《國富論》是第一本試圖闡述歐洲產業和商業發展歷史的著作。本書發展出了現代的經濟學學科，也提供了現代自由貿易、資本主義和自由意志主義的理論基礎。（參考自「維基百科」）

跌。這就引起世界大蕭條。世界各國為了解決大蕭條，嘗試把更多商品賣到其他國家，貶低自己的匯率，造成人為性調降商品價格的匯率競爭。又為了尋找低廉原料，擴張自己原來的殖民地，就引發了各國之間的衝突。這就造成世界大戰。

世界大蕭條和兩次世界大戰，讓古典自由主義崩壞。世界各大強國體認到將一切交給市場會帶來多糟的情況，開始積極介入市場。為了不讓資本主義過度降低薪資、壓迫勞工，國家開始保護工會。政府也放鬆財政，積極主導公共事業，透過各種福利政策增加有效需求的政策。凱因斯主義才得以擴張，福利社會才得以引進。

世界貿易也被管控。有別於古典自由主義，自由貿易受到限制。尤其是金融資本，各國可以適當地限制移動。國家間的交易手段雖然是金本位制，實質上是使用美元。根據馬歇爾計畫[16]，黃金匱乏的歐洲各國可以先由美國提供美元當作貿易貨款來使用。等美元累積到一定金額，美國會以事先規定的匯率來兌換為黃金。

在這個有限制的自由主義時代裡，世界各國的經濟快速發展起來，甚至有人說是資本主義的黃金時代。福利國家的概念，讓許多國家的貧富差距降低到有史以來的最低點。然而經過一段時間之後，這個體制也遭遇了瓶頸。

首先，歐洲經濟復興，美元交易量暴增，美元增加之後，造成美元價格下跌。歐洲強國爭先恐後將美元兌換成黃金，美國面臨了黃金枯竭的危機，以至於在一九七一年宣布停止兌換黃金，並壓迫中東各國接受石油交易只能使用美元。不得不仰賴中東石油的世界各國，只能無可奈何地接受以美元為主的通貨體制。

資本主義的發展也開始停滯。技術的革新一旦到了某個界限，企業的利潤就會降低，資本家認為這是福利國家的體制所造成。他們全面攻擊國家對市場的規範，再次主張市場主義，並且攻擊國家的福利政策，主張刪減勞工薪資。

隨著美國的雷根，英國的柴契爾政府登場，新自由主義時代正式到來。新自由主義實際上和古典自由主義雷同。為了區分新舊，只是在名稱加上「新」而已。這個體制將一切交給自由市場，將國家的規定或控制當作癌症一般攻擊，因而造成福利國家的解體。國家為了阻止工會抵抗，積極介入。

國家間的貿易管制也開始解體。由世界貿易組織（WTO）帶頭，主張自由貿易，放寬金融資本的移動，並施壓其他國家開放市場。

隨著新自由主義的時代到來，貧富差距又開始惡化。勞工因為薪資的調降，減少消費。但是由世界貿易組織帶頭，要把更多商品賣給國外市場的壓力卻升高。尤其資本市場面臨的開放壓力增大。勞工階級因為薪資的降低而產生負債，政府拉抬不動產的政策卻上揚，進一步加大他們的家庭負債。金融資本的自由移動，頻繁地造成各國金融危機。一九八〇年代南美的外債危機，一九九〇年代後半的東亞金融風暴，最後是二〇〇八年發生的世界金融危機。世界經濟面臨崩壞。

歷經了世界金融危機後，世界各國由美國帶頭，再次開始控制金融資本的移動。為了增加勞工消費，大家也再次提出調升薪資等福利政策的必要性。

16 馬歇爾計畫（The Marshall Plan），官方名稱為歐洲復興計畫（European Recovery Program），是二戰後美國對戰爭破壞後的西歐各國進行經濟援助、協助重建的計畫。

世界經濟體系從古典的自由主義到有限制的自由主義，接著來到新自由主義，現在又再次往新的方向前進。沒有人知道到底會前往何處，然而有一個趨勢是確定的，那就是在新自由主義下全面開放的金融和貿易自由，以及對勞工的打壓，都將逐漸遠去。這和我們社會近來強調的人民福利，以及經濟民主化的趨勢有點類似。

高麗在元、明交替之際被李成桂奪走王朝；朝鮮在明、清交替之際引發了丙子胡亂。如果對時代的動向沒有理解，就會在關鍵時期面臨危機。尤其和國家命運攸關的時候，這件事格外重要。

三星共和國

三星是韓國最大的財閥集團，是無人能撼動的至尊。我來到經濟部後，開始和三星結下緣分。那時剛從社會部轉調過來，還不太懂經濟。有一天，經濟部的一位前輩把有關三星李在鎔的非法繼承資料拿給我看。我覺得這是很棒的報導素材，充滿感激。後來我寫了關於三星的第一篇報導。當時我那位前輩為什麼自己不寫，而要把報導的機會讓給我，實在不明白。可能是由他本人來寫的話會感到壓力吧。

總之，我因而了解了三星李在鎔的非法繼承事實。目前李在鎔副會長的財產超過八兆韓幣。這些錢如果全部繼承自李健熙會長，那就要繳將近一半的繼承稅或財產稅。這是相當龐大的稅金，因此李健熙會長以旁門左道的方法將財產過繼給李在鎔。

首先，李健熙會長給了李在鎔六十多億韓幣，繳了十六億韓幣左右的贈與稅。李在鎔用這些錢，賤價購買了未上市關係企業三星愛寶樂園的債券。這些債券是過了一定期間可轉換為股票的可轉換公司債（Convertible Bond, CB）。三星愛寶樂園是一家控股公司，用來控制三星電子等其他核心關係企業。因此李在鎔用數十億韓幣就輕鬆掌握了三星集團。李在鎔購買的股票往後暴漲了數百倍或是數千倍的價值。這是非常輕而易舉的手法。

我在經濟部時，李在鎔的非法繼承開始蔚為話題。二〇〇〇年，以前首爾教育監[17]郭魯炫為首的四十三名法學教授，向檢察官告發了李健熙、李在鎔父子。然而經濟部記者並沒完整地撰寫報導。三星威脅說，有任何對三星不利的報導，他們就不給廣告，成了所有媒體的甲方。媒體要賣廣告才能賺錢，訂購占報社收入的比例越來越少，電視台更只能依賴廣告。因此就媒體而言，批判三星的報導是相當敏感的議題。現代集團的王子之亂以後，幾乎完全沒人報導三星不法繼承案了。

後來我的採訪路線轉為檢察廳時，再次遇見三星。事實上，如果以李健熙會長為首的三星愛寶樂園主管，沒有把可轉換公司債賤賣給李在鎔，造成損害公司利益的背信行為，那麼李在鎔根本沒有非法繼承的問題。這些人應以背信罪受到懲處。當時的法律規定，瀆職金額超過五十億韓幣的公訴時效是十年，不到五十億韓幣的公訴時效則是七年。至於瀆職金額到底有多大，需要法院判定。檢察官以最短的公訴時效七年處理了此案。三星的不法繼承案是從一九九六年十二月初爆發的，因此二〇〇三年十二月之前要決定是否起訴，檢察官卻刻意拖延到二〇〇〇年提出告訴，並且也沒有認真搜查。我轉去跑檢察廳時，三星的公訴時效已經快過了。

報導三星相關的事，對我而言是理所當然。檢察廳面對公訴時間快過，仍然只是重複表示無法決定立場。他們不說無論如何都會在公訴時效內處理，而是說還不知道如何處理。這太離譜了吧？負責本案的檢

17 教育監，韓國各道、特別市及直轄市教育委員會的執行長，執行教育委員會的決議，並在其監督之下執行道教育行政事宜。

察官即可發表意見，然而他卻在等上頭的指示，上頭則在看三星和媒體的風向。這不能不令人懷疑檢察廳裡有拿過三星「獎學金」的人在作怪，因此不得不批判檢察廳。

但令人匪夷所思的是，這麼大的新聞，其他報社採訪檢察廳的記者中，沒有任何人報導。這不只一兩次的事。就連檢察廳正式發表對三星案的立場也不寫，幾乎只有我一個人報導。我太納悶了，於是把坐在我旁邊的韓聯社記者叫過來，問他們為什麼不報導。韓聯社[18]是政府和KBS、MBC等出錢創立的媒體，記者最多，報導的領域也最廣，扮演著向報社收費供稿的角色，可稱之為報社中的報社，因此就算報導價值很低，韓聯社也有義務要盡可能多發報導。

韓聯社的記者面有難色地回答：「你是明知故問嗎？寫三星的報導，三星就會打電話來，長官也會打電話來，編輯台會追問這是否值得寫成報導。都這樣爭吵過之後，就算寫了報導會發出去嗎？當然最後就不發了。那為什麼還要寫呢？不寫的話，大家都方便。」對，這就是現實。令人難以置信。然而這些荒謬事情就發生在我眼前。

說實話，我身上的壓力也早已來自四面八方。這我從經濟部就習慣了。寫關於三星的報導，公司長官和身邊認識的人都會打電話來關切。但是連部長和編輯部都還沒看到我的報導，這些人怎麼會知道呢？我不禁懷疑有人把還沒審過的報導，整篇拿去交給別人，因此有好幾次我故意延遲交稿時間。還有一次，我寫了批判檢察廳的報導寄給公司，不久三星的公關部門就打電話來，質問我為什麼要批判檢察廳。當下我覺得離譜，還失聲笑了出來。我批評的是檢察廳，當事人還沉默以對，反而是三星打電話來抗議。何況報導都還沒發表出來……

還有一次，是為了京畿道安養的超大型都更案（五千戶），檢察廳曾經搜查三星物產公司。由於這起案件，都更業者的負責人被監禁。事情還沒結束，檢察廳要搜查三星負責此案的課長，掌握上線。結果這名課長居然移民到加拿大了。這像話嗎？負責的課長帶了全家逃到海外？檢察廳到底在做什麼？我寫了這篇報導之後，當時公司的新聞中心長官親自打電話給我，仔細追問檢察廳對三星擴大搜查的消息是否確實，搜查進行到什麼程度等等之後，說了句三星是公司最大的廣告主，報導的時候要注意。說得很直率。

每當我告訴部長要寫和三星有關的報導，就要在晨間編輯會議內報告，那時會在《新聞平台》名列前茅。早上八點半結束編輯會議，我的報導通常被排在《新聞平台》前十名以內的新聞排序。四十五分鐘的《新聞平台》，通常會排二十五至二十六個報導。下午兩點編輯會議的時候，我的報導會退到前二十名以內。到了五點的編輯會議，變成二十名之後。等到《新聞平台》播出之前，變成倒數第二。因為所有的新聞報導都難免會超出規定的時間，每則十至二十秒，所以最後總會有一兩個當天準備好的新聞沒法播出。我永遠在漏播的新聞中排第一。《新聞平台》電視台會在隔天六點至六點半晨間新聞時段，播出前一天遺漏的報導，但那是收視率只有百分之一至二的時段。

我跑檢察廳路線是二〇〇二至二〇〇四年。當時已經進入保障媒體自由的盧武鉉政府時代，但是和三星有關的報導仍然會遭到這種待遇。相較於其他媒體，MBC已經算是經常批判三星了，但也只是這種程度。

有一次，我一如往常寫了篇批判三星的報導交到公司，就等社會部的主管在編輯台看過。然而過了晚上八點，部長完全沒看。一般來說，主管想看稿的話，電視台就要有人把稿子影印一份出來給他好做修正，

---

18 韓國聯合通訊社，簡稱韓聯社、YNA，是韓國的官方通訊社，也是韓國最大的通訊社。（參考自「維基百科」）

一查竟然也沒影印。快到節目播出時間了，我去問部長那是否就照我報導的播出，部長叫我在他身旁坐一坐。他表示：這份報導會直接播出，只不過是否可以由別人代替我念稿。三星願意給ＭＢＣ浦項分台價值兩億韓幣的廣告，前提是不要由我播報。我認為只要報導能順利播出，沒有必要一定由我來，因此就爽快答應了。

之後才得知，那是因為三星的公關部門被李健熙會長責怪，說他們怎麼連區區一名記者都無法阻攔，每次都是這位記者在寫批評三星的報導。三星的公關部門判斷很難不叫我們報導，就用小手段來更換播報的記者。實在太誇張了。至於其他媒體的報導，則是徹底消失。

聽三星公關部門的人說，我早被判定難以對付，列入了黑名單。當時三星負責我們公司的公關小組主管出身嶺南地區，因此他們特別把我安排給公關室電子媒體部部長來負責，因為他是湖南地區的人。三星發現這沒法討好我、讓我作罷之後，就把我分類為需要特別注意的記者。如果我能「適當地」跟他們喝喝酒、收收禮金，該說說好話就說說好話，那我或許也會拿到三星的「獎學金」。

採訪其他路線後，我才知道三星不僅掌握了檢察廳，連政府部門、報社、國會等也都在他們的掌握之中。三星運用人脈，不斷擴大能掌握的人，在「說說好話」的文化中擴大影響力。最後的結果是，連政府部門的人想要升遷，都要討好三星的可笑現象，日趨普遍化。這就是我們社會會有「三星共和國」這句話的源由。

被稱為學緣的黑手黨

經濟部那位姓李的主管，不到六個月就被更換，調去當《時事雜誌 2580》部長。這是極大的震撼。

顯然他主修經營管理，是個經濟通也沒用。當時更換報導局長，也波及了部長級的人事。但是當時政府在進行急速的經濟結構調整，經濟部的部長卻才到六個月就又要更換，這種人事政策實在令人不解。此外，李部長和我的默契相當好，因為和上司溝通良好，我的工作自然順手，也因而寫了許多獨家報導。我們部門其他同事也相當惋惜。雖然我曾想過，如果哪天李部長能當上報導局長就好了，但他後來離開公司，去盧武鉉政府主管媒體公關部門了。

經濟部人事更替的內幕很簡單。有一位高麗大學畢業的主管當上報導局長，就要把重要的主管都更換為高麗大學的學弟。我上班工作以後，發現有所謂的高麗大學「族譜」。高麗大學畢業的人進了一家公司，會以最資深的學長為頂點，然後在他底下一個個串連起來，形成一個族譜。在某些公司裡發展順利的話，可能會出現兩個高麗大學的族譜，彼此之間競爭。不過大多數時候他們都是和其他學校的校友競爭，只維持一個族譜。

高麗大學的校友講究學長學弟的前後輩之分，對出身地區或是血緣則沒人在乎。有一個笑話說，首爾大學校友見面，會問對方是哪個科系畢業的；延世大學的校友會問哪個學院；然而高麗大學的校友，在確認對方是高麗大學畢業的瞬間，就會追問學級。首爾大學至少要同科系畢業，才會追問學長學弟，形成人際關係；延世大學是同學院畢業的才問；高麗大學卻只要是同校畢業就可以形成紐帶。

有一次，MBC的一位記者前輩把他要寄給「MBC之虎」群組的電子郵件，誤傳給全體職員。這封郵件是通知MBC裡全體高麗大學畢業的員工聚會。公司裡不分部門，只因為是畢業於同一個大學的校友就全部聚會，相當罕見。還有，採訪檢察廳時，高麗大學畢業的檢察總長會特地找高麗大學畢業的記者聚餐。至今為止，檢察總長只找和自己同校畢業的記者聚餐，除了高麗大學之外，未曾聽說過有別校。

問題是，這類裙帶意識，在公司組織內產生相當封閉的作用。首先，在進行人事安排的時候，就先把能力或適合與否等因素排除在外。高麗大學的學歷成為最重要的考量。一個單位裡握有最高人事決定權的人一旦是高麗大學的校友，那這個單位所有重要的職位就都會被高麗大學的校友掌握。ＭＢＣ也常發生這種事。高麗大學畢業的人一坐上報導局長位子，連末端跑警察線的記者都會受影響。

不僅ＭＢＣ，企業、政府、國會、學界、檢察廳、法院、媒體等單位，高麗大學的人脈寬廣，發揮了韓國頂級黑手黨的作用。因此有人開玩笑說，若想出人頭地，一定要累積高麗大學的人脈。我們常說韓國有三大組織：湖南同鄉會、高麗大學、海軍陸戰隊戰友會。湖南同鄉會的影響力從金大中上台之後就逐漸衰退。而高麗大學是至今仍然呼風喚雨，最大的黑手黨組織。想想李明博當上總統的前後，高麗大學校友們扮演的角色就知道了。

高麗大學校友之間的紐帶，不是理念或是民主政治這一類的價值觀，只是以學歷為基礎，因此這個組織基本上就帶有保守傾向。當然，有些人也有進步或是改革的意識，但畢竟是例外。至少在ＭＢＣ內，高麗大學的校友和湖南鄉友常有摩擦。湖南鄉友的情況，是從軍事政府時代就一起聚集，共享民主政治和進步改革的價值。雖然也不是所有湖南鄉友都如此，但整體情況就是這樣。

如果說金大中上台後，湖南鄉友掌握了權力的組織，追求進步改革的價值，那麼高麗大學校友就以對比組登場。檢視ＭＢＣ報導局的人事，有一段期間是進步傾向的湖南和保守傾向的高麗大學輪流掌握主導權。連我個人的人事也難以脫離這個潮流。

逐出經濟部

經濟部新上任的金部長也是保守派人士，不，跟保守也不太一樣，他有自己獨特的傾向。金部長擔任經濟部主管之前，曾經是社會部主管，屬下之間盛行一句話：「金某某的好奇心天國」。這句話是套用當時流行的一個電視節目名稱，來反映社會部的真實樣貌。金部長主導之下的社會部會選什麼當題材，可想而知。更大的問題是，金部長是個非常「認真的」人，他不太有晚上的約會，經常一個人獨自留到深夜，尋找題材來指示屬下製作。套一句媒體界的用語，就是對屬下「開槍」。他自己找出可以滿足好奇心的題材，不斷指示屬下去執行，就屬下而言實在難以承受。

有一天，我完成經濟部的工作，晚餐時偶遇金部長。我問金部長知不知道自己的綽號，他完全不曉得。我告訴他關於「好奇心天國」的事。我是出於善意，希望他聽完晚輩的反應，能夠當作部門營運的參考。不料，金部長大發雷霆。

當時「好奇心天國」有一則和地鐵座位有關的報導。報導說，地鐵的座位，七個人坐起來相當寬敞，八個人就顯得有些擁擠，因此建議加寬座椅，讓八個人也可以乘坐舒服。地鐵公司對這個報導的回應是，「地下鐵是為了混雜的上下班時段提供大量運輸的交通工具。平時乘客較少，加上每個人體型不同，目前若要變更座椅也需要花費龐大的預算」。無論如何，我都覺得地鐵公司答覆得很得體。

我問金部長，MBC社會部是不是該有些最低限度的公民問題意識，又進一步詢問他，是否處理更大一點的議題會比較恰當。然而金部長完全不願意接納，一味堅持自己的主張，讓我不得不就此打住。

後來金部長突然調來經濟部。他一上任，我的經濟部生活又開始變得不順遂。

然而，更讓我驚訝的是現代建設第一次跳票時候的事。

當時《新聞平台》二十五至二十六條報導，有將近二十條是關於現代建設第一次跳票的新聞。真是詭異，看新聞排序表，不知道是以為我們國家的經濟要垮台了，還是希望我們的經濟垮台。第一次跳票就只是第一次跳票，距離最終倒閉還有一段時間，這要由金融機關組成的債權團決定。為了讓現代集團的影響最小化，現代建設脫離集團作業也已經歷時一年。然而整個經濟部的新聞都是現代建設倒閉和其餘波，就連正常企業也會倒閉等等。如果是前任部長，他不會用這種方式報導。

我在經濟部期間，觀察《朝鮮日報》、《中央日報》、《東亞日報》等保守派報紙的新聞報導，常想這不是媒體。我們的經濟已經如履薄冰，朝、中、東三家報紙的報導更把困難的經濟現實不斷誇大，形同在薄冰上不停跳躍，和金大中政府對立，一心只想著如何讓他垮台。

當時有許多一天內股價就下跌一百點以上的日子，然而我們的經濟其實是能承受的。這些保守派報紙大作文章，造成股價大幅下跌之後，等大家了解那些報導太過誇張時，股價又再次回升。這種情形反反覆覆。然而，現代建設第一次跳票時，連這些保守派報紙都沒有像我們那樣亂烘烘地報導。現代建設如果當真倒閉，其影響之大，誰都不敢大意。但是我們公司只知道急著增加報導數量。

我怎麼跟部長說，都毫無用處。我們之間的摩擦也不斷延續。部長對不聽命行事，凡事都要打破砂鍋問到底的我感到疲憊，只是苦於沒有立即的替代人選，不能在缺乏有經驗的人接手的情況下把我趕走。部長和我的不愉快持續了好一陣子，後來他一找到替代人選，就立刻把我從經濟部驅逐到文化部。當記者不到五年，我被驅逐兩次。之後，金部長雖然也有些迂迴曲折的路，但最終還是長驅得勝，當上總公司社長。

戒菸

在經濟部期間，我成了工作狂。電視台的加班、熬夜是最基本的，尤其是年輕記者，晚上幾乎沒時間睡覺。在社會版加班的時候，不論跑哪個路線，都得把一整夜裡發生的所有事件處理好。早上九點以後才下班，到中午以前又要上第二天的班。這種夜班，每兩個星期就會輪到一次。

我在經濟部加班的時候，早上九點以後下班，會到公司前面的三溫暖小睡片刻，梳洗過後再趕回公司上班。因為金融小組只有兩個人，就算想找其他人支援，情勢緊急之際，他們不理解內容，也很難幫得上忙。夏天也根本不可能挪出一個星期的時間，離開工作崗位去休暑假。

午餐和晚餐約會多得數不清。記者的工作就是做人的生意。尤其像經濟部這種需要專業的部門，更是如此。你得了解誰是專家，才能取得正確資訊，需要的時候也才能安排採訪。因此和人家吃一個小時的飯，不只得多了解他這個人，還得挖掘情報。當然也有一些情況是不碰面，只用電話採訪。印象最深的是韓國金融研究院研究員李東傑博士，和他交談之後發現，他是具有改革視野的人物，學問也相當深厚。後來，李博士在盧武鉉政府擔任金融監督委員會副委員長。

因此，我常喝酒、抽菸。平均一天兩包，整天都叼著香菸。大學時曾經戒菸過三四天，所以一度以為戒菸是相當可行的，但最後放棄了。我都買兩三條香菸放在家裡。真沒有菸抽的時候，我是真可能會在路上找菸蒂來抽。對我而言，禁菸是難以想像的事。

可是我卻在二〇〇〇年十二月戒菸了，但不是憑我的意志。十二月的第一個星期四，我的身體突然很不舒服。忙碌了一整年，剛好隔週沒什麼特別的行程，因此我跟部長說暑假沒休假，想要休一個星期。部長當然爽快答應了。不過查看行事曆，發現那週一、三、五三天晚上都有約會，改期又實在太麻煩了。所以就決定假還是照休，反正晚上去喝酒，第二天再休息就好。不料每天晚上酒喝得越來越多，喝酒的時候連抽菸也無限量地兇起來。本來抱著休假來調養身體的打算，結果卻反而搞壞身體。

就這樣過了一個星期，星期六早上起床後，伸手找菸來抽，但是菸味噁心到令我作嘔。我以為這是前一天抽太多引起的短暫現象，但這種噁心感卻持續了近四天，連我自己都覺得很神奇，我怎麼可能四天不抽菸呢？到了第四天早上，我下定決心繼續遠離香菸。之後過了一週、兩週、一個月、兩個月，最後過了六個月，我才正式宣布戒菸。

很晚才發表戒菸宣言也是出於沒有自信。我怕抽了一根菸之後，又會再次開始抽菸。因此當別人問起，我都會說正在暫時忍耐中。六個月後，我才正式宣布戒菸，也拜託別人阻止我抽菸。

進入二〇〇〇年代，身邊戒菸的人越來越多。MBC 辦公室禁菸，也有人要求另外設置吸菸場所。我心想，幸好已經在那之前戒菸了。不過，有天我發現戒菸的人裡，又有些人開始抽起來了。這些人有個共同點，就是大部分都是憑意志戒菸。成功地戒過一次菸，會產生一種莫名的自信，以為自己隨時都能再次戒掉。像我這種不是出於意志力，而是身體需要戒菸的人，反而能持續戒菸。因為我知道：如果再開始抽菸，是絕對戒不掉的。人真是可笑的動物。由戒菸問題就可以知道，不必要的自信，有時會毀掉一個人。

7 什麼是好的媒體

媒體是為了誰而存在

反《朝鮮日報》運動和被抹紅

二〇〇一年七月我轉調文化部。我做夢都沒想過會前往文化部，因為自認文化素養不足。我外向好動，喜歡有音樂和故事的音樂劇，對於古典樂或芭蕾幾乎等同門外漢，美術或陶藝這些領域，更是距離遙遠。因此我主要負責宗教和媒體。

文化部要供應新聞給《新聞平台》相當困難。一天頂多只會穿插一篇報導，並且大部分製作成晨間新聞。其他電視台也大同小異。在文化界，電視台記者的影響力比報紙來得低落。因為播出不太順利，因此連要掏名片給人家都不容易。我認為，大家應該重新思考如何對待文化新聞，最好是在晨間時段另闢文化單元，這是轉調到文化部，我跑文化新聞之後的心得。然而當時的社會氛圍，還沒法讓人持續想這麼多。

在我調到文化部的前後，「反《朝鮮日報》」運動一路擴大。《朝鮮日報》是韓國極右派報紙的代表。《朝鮮日報》歷經一九七〇年代朴正熙的維新政權，正式成為政權的諂媚者；一九八〇年代因全斗煥政權與媒體勾結，成了所謂第一名的報紙，也成了韓國既得利益的代言人。民主化之後，因為力挺他們的保守勢力遭逢危機，於是就傳播既得利益的理論來左右輿論；也傳播反共思想和反北意識型態，擴散財閥中心的經濟成長理論。也因為這些背景，長期以來，《朝鮮日報》一直批判以金大中為首的民主人士，不分青紅皂白地以把這些人「烙印為紅鬼子」為能事。

被《朝鮮日報》視為紅鬼子攻擊的金大中，於一九九七年當選總統的執政初期，並沒有對這些保守派報紙有積極的對應。當時為了克服外匯危機，需要和保守勢力攜手同行。《朝鮮日報》在金大中執政初期姿態也擺得很低，這是大韓民國政府第一次政權交替，他們這段時間做了不少壞事，生怕有一天會被反攻，因此小心翼翼。

然而，二〇〇〇年第十五屆國會選舉中，金大中的執政黨確定沒有過半，加上和金鍾泌的DJP結盟[1]破局，新千年民主黨在國會轉為少數黨。在這個過程中，《朝鮮日報》對金大中政府的批評聲浪就日益高漲，比什麼人都激昂。二〇〇一年，金大中政府初次對保守派報社出手，對他們展開稅務調查。反《朝鮮日報》和報社稅務調查的新聞同時接軌，一路擴大。當時我正好負責媒體，這件事就成了我的主要業務。一位從俄羅斯當特派員歸國的尹次長和我組成搭檔。我負責採訪每天發生的反朝鮮運動報導，尹前輩則進一步做深度分析。

當時的MBC社長金重培希望我們積極報導反《朝鮮日報》運動，工會也是同樣的立場。然而公司裡保守傾向的長官都反對，報導局長不希望太過積極，只選擇某些條目。即使有反《朝鮮日報》運動的報導，也都放在後段。《新聞平台》後半段是所謂的地方台新聞時間。全部四十五分鐘的新聞中，從二十五分鐘起，首爾總台以外的地方台可以隨時切斷，只播放他們自己在當地製作的地方新聞。反《朝鮮日報》

1 指金大中（DJ）與金鍾泌（JP）的政治合作。

運動的新聞就配置在這個時段，如此一來，他們向社長和工會可以說已經報導了反《朝鮮日報》運動，對反對報導這些的保守派人士，則說是已經冷卻為首都圈新聞。

我平時就意識到《朝鮮日報》的目空一切和冷戰思維的問題，因此積極報導反《朝鮮日報》運動。當初報考記者的時候，也沒寄履歷給《朝鮮日報》，然而這成了公司裡保守派長官盯上我的切入點。有一些長官散布不實謠言，說在MBC掌握主導權的湖南地區人士，為了報導反《朝鮮日報》運動才將我特派到文化部，否則在經濟部表現良好、湖南出身的我，沒理由轉調到文化部。尤其，我後來才知道，和我一起負責報導反《朝鮮日報》運動的尹次長也是湖南人。尹前輩本來是俄羅斯特派員，三年後回國，為了適應國內情況才來文化部，卻躲不掉這類陰謀論。

反《朝鮮日報》運動持續了一個月，我因而認識了民主媒體市民聯盟（民媒聯），從此成了會員。而我在MBC內卻是傷痕累累。大部分人都不知道我們做了報導卻被安排到新聞後半時段，保守傾向的長官更將我視為敵人。

我只是根據理念報導反《朝鮮日報》運動，尹前輩對於把我拖下水不斷表示歉意。當時還不太懂MBC的我，並不了解他為什麼要抱歉。在保守傾向長官占多數的組織裡，積極報導反《朝鮮日報》運動的我，臉上被刻下永遠都洗不掉的紅字。

我和尹前輩從那時開始就情同手足。尹前輩是MBC最會寫報導的人之一，也有優秀的新聞嗅覺，而且有人情味、不貪圖名位、尊重晚輩。他唯一的缺點就是喝太多酒，還有對其他人無法殘酷。我們社會應該讓這種人得以有所發揮才對，但事實並非如此。

媒體和客觀性

媒體是觀看社會的窗口。每個人從裡面可以看到外面，都是因為有窗。如果這扇窗是黃色的，外面的世界看起來就是黃色的；如果這扇窗是紅色的，外面的世界看起來就是紅色的；如果這扇窗很小，我們就只能看到很小的空間；如果窗很大的話，那麼就能看到寬廣的世界；如果不把頭伸出窗外，那麼就看不到窗底下；沒有窗，我們就會與世隔絕。

沒有人能得知外界發生的所有事。可以告訴我們這些事的就是媒體。我們透過媒體間接了解世界發生的情況。近來影像文化發達，可以栩栩如生地重現現場，然而許多內幕則必須透過媒體說明。舉例來說，畫面上雖然看到失火，但為什麼會失火，造成多少傷害等，就需要由媒體轉達。然而，萬一說明中帶有偏見該怎麼辦呢？失火死了三個人，有些媒體報導人命死傷嚴重，其他媒體卻說幸好只有三個人死亡，那麼誰說得正確呢？

媒體常說要有客觀性，不能有任何偏見，要有平衡的觀點。然而究竟什麼是客觀呢？每個人觀看的角度不同，客觀這句話能成立嗎？有把世界看成紅色的人，還有把世界看成藍色的人，那麼紫色就客觀嗎？執政黨和在野黨在政治上相互攻擊的時候，什麼是客觀？是把雙方都各打五十大板嗎？還是機械化地把兩種立場都一起報導呢？勞工發動罷工的時候，又該如何報導呢？

世上最常被濫用的詞彙，就是客觀或中立。嚴格來說，媒體的客觀性是假的。《朝鮮日報》和《韓民族新聞》的論調完全不同，但他們都認為自己客觀，那麼誰說的才對呢？

或者根本沒有客觀這回事？不是這樣的，我們至少有辨別客觀與否的基準。那就是以社會多數和社會弱者為中心，看待世界的角度。首先，我們看待少數掌握權力的人的角度應該是嚴格的。總統或政府、國會、財閥、法院等，對我們社會有極大影響，他們若是錯誤使用權力，遭受損害的人將超越想像。這些握有權力的人雖是少數，但是受他們影響的人是多數。媒體的第一作用，就是監督和批判這些掌握權力的人，是多數弱者對少數強者的牽制。媒體應該牽制的少數強者，也不只政府和執政黨，還包含了在野黨和其他媒體，因為他們也是重要的權力機關。同時，媒體也要關懷社會弱勢。

方濟各教宗在世越號慘案當時造訪韓國，朴槿惠政府和執政的新國家黨不希望教宗和世越號遺族見面，即使見面，也不要在胸口別上象徵世越號的黃絲帶。一名地位崇高的神父，以政治中立的名義，向教宗傳達這份要求。教宗的回答是：「在人類的痛苦前，沒有中立。」

媒體，以及我們所有人，基本上都代表社會多數，要具備關懷社會弱勢的視角。這樣，社會才得以維持下去。這就是可以拿來判斷客觀與否的指標。媒體為了讓自己的看法合理化，會不斷找出一些事實（fact）來牽強附會。然而如果真正想讓這些看法具備客觀性，那就必須代表社會多數，或是讓社會多數有同感，或是照顧到社會弱勢。

從叛國者到掌權者

如果媒體是我們觀望世界之窗，那回顧我們的媒體歷史，不免感到悲哀。解放之後，從軍政時期開始，媒體便已經受到控制。李承晚政府就把《首爾新聞》收歸政府所有，又關閉《京鄉新聞》，做出種種壓制媒體的事。然而，壓軸的還是朴正熙政權。

朴正熙政權通過維新憲法，建立絕對權力後，企圖掌握輿論。他用緊急處制權，讓媒體無法批判政府。

甚至威脅廣告主不得提供廣告給當時批判政府的《東亞日報》，引發廣告開天窗的事態。之後《東亞日報》和《朝鮮日報》大量解雇記者，改以政府機構自居，換取政府給予各種利益，在商業上急速成長。這就是所謂的鞭子和紅蘿蔔，懷柔與威逼的兩手策略。

全斗煥政權繼承了朴正熙政權的輿論掌控政策。雙一二政變後，透過媒體整合，大幅減少報社數量，順應政府政策的報社就提供各種好處，反之就被視為紅鬼子，加以打壓。透過「報導方針」（設限的規範），連報導的單字都要逐一審核。

存活下來的媒體，就和政府一個鼻孔出氣，維持極右的保守論調。最具代表性的就是《朝鮮日報》、《中央日報》和《東亞日報》這三家報紙。他們被扶持為媒體界的強者，但是他們對人民隱藏真相，政府要他們寫什麼就寫什麼。

問題是，除了這些媒體外，當時沒有足以代替的媒體。人民可以取得資訊的窗口，只有這些極右的保守媒體罷了。這種情況持續了數十年之後，人民已經習慣他們的論調。就像每個人都有自己熟悉的衣服或髮型。突然改變服裝或髮型會怎樣呢？會不舒服、陌生，難以適應。由於人民的這種慣性，加上朝、中、東這三家媒體從獨裁政府時期累積的財力，所以在民主化之後，他們仍然在媒體市場占了最大分量。對那些保守報紙而言，這是幸運；對我們國民而言，這是嚴重的不幸。

一九八七年民主化之後，媒體發生重大變化。軍事政府時期被政府收編，擔任政府馬前卒，也得到政府優待的那些媒體，本身變成了巨大的權力象徵。

民主化最重要的是輿論，而輿論可能被那些壟斷資訊的媒體所影響。所以像朝、中、東這樣的報紙既然擁有這麼大的市場占有率，當然也就對輿論擁有巨大的影響力。尤其在民主化之後，因為政府已經逐漸沒法再對媒體伸手，所以那些勢力已經龐大的保守派報紙，也就變成媒體市場誰都動不了的恐龍。

保守派報紙利用這一點，變身為權力的擁有者，開始反過來對政壇行使影響力。他們成為所謂的「造王者」[2]，就是這個原因。媒體可以培養那些想當總統的政治人物，也可以反過來攻擊他們，左右政治的走向。當然，他們希望的政治走向，不外乎可以保持自己的既得利益。因此，我們社會的既得利益體制，就是從朴正熙政府以來日益鞏固的財閥、媒體、官僚三位一體的舊制度（ancien régime）。

保守派媒體的論調，為什麼經常站在財閥和官僚那一邊，原因就在這裡。發生勞資衝突，就說工會是被北左派或是別有私心的人收買；不然就站在企業主那一邊，誇大罷工造成的經濟損失。還有，他們也經常誇大北韓的威脅，持續引發人民的反北情緒，讓南北關係陷入緊張。一有任何造成美國不高興的事，必定先站出來抨擊說這會破壞韓美關係。他們這麼做，才能利用北左派或是「紅鬼子論」來影響人民，也才能打壓自己反對的政治力量。

韓國的媒體要走上正途，還有段險峻的路程。今天雖然資訊科技發達，打破了少數媒體的壟斷，也使得他們沒法像過去那樣隻手操弄輿論，然而只要那些既得利益的勢力還盤據在那裡，我們要走的路就依然很漫長。

採訪與國際報導的現實

在飯店採訪戰爭

反《朝鮮日報》運動後，我在文化部安靜的記者生活，到二〇一一年九一一恐怖攻擊之後再次動搖。美國指控九一一恐怖攻擊的幕後人物是賓拉登，並攻擊了阿富汗。MBC為了採訪，選拔去巴基斯坦的記者，宛如要在MBC組成中東精銳記者團，還逐一在新聞中介紹。

我也想加入那個行列。身為記者，自然想去這種激烈的現場採訪。不管是阿富汗還是中東，不可能去不了。然而第一個採訪團派出去的時候，局長和副局長是自行挑選記者，我沒法加入。畢竟，我是從經濟部被趕到文化部的人，還能懷抱什麼期待呢？

然而戰爭比想像中漫長。美國預測阿富汗會立刻垮台，然而塔利班的抵抗不容小覷。被派遣到巴基斯坦的記者開始抱怨連連，因為他們不是自願前往，只是被挑選出差，加上巴基斯坦的環境條件又不好。報導局決定以兩週為單位更換記者，開始接受新的申請。我當然申請了。

2 意指具有幫別人登上王位的政治力的政治界實力者。

二〇一〇年十月出發前往巴基斯坦，我掩不住激動之情。一抵達巴基斯坦首都伊斯蘭瑪巴德的飯店，先抵達的前輩歡呼迎接我，因為他們可以離開巴基斯坦，實在太好了。我聽著在巴基斯坦的工作說明，覺得有點奇怪，而且越來越奇怪。我甚至還接收了第一個小組留下來的高爾夫球手套。我以為自己要去類似戰場的地方奔逐，怎麼會有高爾夫球手套……

但實情就是如此。戰爭發生在阿富汗，而我們位於距離阿富汗數百公里外的巴基斯坦。我們在巴基斯坦和阿富汗接境的白沙瓦市雖然另外配置了一名記者，然而還是距離戰場遙遠。這就像日本發生戰爭，外國人卻為了採訪而來到韓國，既無法在戰場取材，也無法去戰場考察，無從得知實際發生的事。

要去採訪現場，門路有兩條。第一是直接深入阿富汗首都喀布爾採訪塔利班，還有一個是加入美軍隨軍記者。美國記者縱橫無阻，組成大規模的採訪團，分布在美國本土、美軍司令部、航空母艦上，有些還跟著美國陸軍前往戰場。美國在巴基斯坦等周遭國家也派遣了記者。但我們上述兩條門路都不行。進入阿富汗之路已被封鎖，美軍也沒有理由接受韓國隨軍記者。不，我們也沒有這種念頭。當初只派一兩名記者到戰地取材，本身就不可行。然而我們說的卻像是派遣了隨軍記者。這是虛假廣告。

事實上，我們就是一整天坐在飯店上網，查詢美聯社（AP）、法新社（AFP）、合眾國際社（UPI）、路透等四大通訊社和韓國的韓聯社新聞。倘若嫌麻煩，只要看韓聯社的海外版就行了。因為韓聯社會持續翻譯四大通訊社的報導，雖然他們也有派遣到巴基斯坦的新聞記者，然而這名記者也只是每天早上看巴基斯坦的英文報紙，挑些消息來寫而已。

結果是，不論身處首爾或巴基斯坦，採訪內容都沒有差異，全是把國外的通訊抄下來而已。要說有什麼差別的話，大概就是《新聞平台》節目會要我們記者穿上看起來像是防彈背心的背心，找個有巴基斯坦軍人的地方當背景，拍個十秒左右看得到我們臉的畫面寄過去，其餘的，他們就會使用美國隨軍記者拍攝的畫面。我就這樣，在距離戰地數百公里之外的鄰國，抄著外電，讓自己像在戰爭現場一樣地播報戰爭消息。

這種現實很令人震撼。韓國的親朋好友不知底細，以為我被派遣到戰場，還擔心我會吃苦。飯店費用中電話費占了相當比例，因為網路設施不佳，我得用國際電話連線。

隨著戰爭出現拉長的情況，要報導戰況的必要性越來越低。我決定有空的時候就在當地看看有什麼可報導的。有一次，我去巴基斯坦的外媒記者簡報室，採訪巴基斯坦公務員。不過意義也不大，因為發生戰爭的地方是阿富汗。阿富汗駐巴基斯坦的大使館做簡報的時候，我常去聽，然而也沒什麼特別內容。

後來終於有了去現場採訪的機會。

普什圖人和塔利班一樣反對巴基斯坦的美軍，武裝占領了巴基斯坦北部的高速公路。這條高速公路是連結中國的唯一道路，是以前絲路的支線。一開始，我想找一起派來的晚輩攝影記者去採訪，然而導遊說危險，拒絕了我們。無可奈何，我只好拿著六mm的相機，自己前往現場。這是去巴基斯坦的第一次現場採訪。

由於已經沒有必要報導戰況了，因此我決定正式報導當地新聞。我去巴基斯坦邊境的武器走私現場，啟動隱藏式攝影機，也到巴基斯坦和阿富汗接境地帶的部落自治區等地採訪。即使在戰爭中，部落自治區的人力、物品流通依然相當頻繁，我以大約三十萬韓幣的價格買了一把M16手槍。新來的晚輩攝影記者也很喜歡做這些當地報導，因為總比被關在飯店房間來得好。

我們就這樣在巴基斯坦度過了一個月。那裡的食物不合胃口，也吃了很多苦。過沒多久，對當地報導產生興趣的晚輩攝影記者想繼續留下來，而我已經厭倦了。又不是戰場，來到鄰國做現場報導，很難找到什麼重大意義。實際上，前往巴基斯坦前，我遇見了未來的妻子。巴基斯坦把我們分隔兩地，因此想盡快回去。公司派遣我過來，從原本說好的兩個星期變成一個月，也沒有再派其他記者來接替的想法。攝影記者都有依序派新人過來接手，但是採訪記者則毫無動靜。等其他媒體記者都紛紛離開了之後，我們終於也從巴基斯坦撤退了。

撤退沒多久，阿富汗的喀布爾被美軍攻陷。美國記者隨軍進入喀布爾，但是沒有一個韓國記者。這是因為我們一開始就不是真正想要去報導阿富汗，只不過想關心宗主國美國進行的戰爭罷了。阿富汗戰爭就這樣慢慢被遺忘。

遲來的阿富汗當地報導

可是新來的報導局長倒是對阿富汗很感興趣。這位在一九八〇年全斗煥政權時期被解雇過的記者，堅持要現場報導阿富汗。局長希望國際部記者過去，然而國際部沒人想去。不對，他們是直接說這個計畫太恐怖了，沒法去。當時有幾名西方記者在阿富汗遭到山賊的攻擊而死亡，那裡的治安處於相當脆弱的情況。於是局長從國際部以外的部門尋找去阿富汗的人，哪知道我們部長就把我抬了出來。因為我去過巴基斯坦，加上隸屬文化部，還可以去報導被塔利班破壞的巴米揚大佛[3]，等等。

接下計畫之後，我告訴自己不用猶豫了。治安不好的國家，免不了有山賊，至於生死，就聽天由命吧。再說，阿富汗也是人住的地方。上次美國攻擊阿富汗的時候，我也申請過要去阿富汗，因此這次沒有不去的理由。決定再次前往阿富汗之後，我打聽了門路，先找到曾經在巴基斯坦當過我導遊的人，那個導遊說

阿富汗戰爭時期，在駐巴基斯坦塔拉班大使館取材的模樣。我因想在激烈的現場取材申請成為隨軍記者，然而卻只能待在距離戰場數百公里外的地方。

他會介紹可以幫我進阿富汗的人。

在巴基斯坦和先前的導遊、司機碰面後，我們一起來到邊境都市白沙瓦，在當地和協助我在阿富汗境內採訪的司機、導遊會合。二〇〇二年一月，我終於拿到阿富汗簽證進去。戰爭期間封閉得那麼緊的邊境，不知怎麼也就輕易開啟了。

進入阿富汗境內沒多久，就在荒涼的土地上看到許多帳篷綿延相接。我決定就從這裡開始採訪。那是阿富汗戰爭的難民，為了逃避轟炸想逃到鄰國，不料邊境被封鎖，因而就地定居下來。帳篷裡什麼行李都沒有。他們到底吃些什麼，如何生活，簡直令人太好奇了。看來如果沒有聯合國的糧食支援，他們一天也撐不下去。

朝著喀布爾深入，來到傳說中西方記者被山賊襲擊的地方。外表看來只是平凡的山岳地帶。不知是否因為我們通過的時候是大白天，完全感受不到山賊出沒的氣息。但我們還是急忙地離開了那個地方。

車開了五六個小時，出現了通往喀布爾的道路。雖然說是道路，但充其量只是整頓得比較好的泥路。沿路都有小孩向經過的車輛乞討。韓戰當時，韓國想必也有過這種情況。不同的是阿富汗的孩子在乞討的時候，有一種像是在工作的樣子。一進入喀布爾市區，這類孩子變得更多，甚至在手工製造地毯的工廠，也有四五歲的孩子在工作。因戰爭而衰退的國家，為了賺錢，連童工都派上用場了。

喀布爾市區沒有任何一棟完整的建築物。所有的建築物都有子彈或是炸彈碎片的痕跡。甚至有的和蜂巢沒兩樣。博物館也變成一片廢墟，不遠的古蹟地區也大同小異。由於沒人照顧，只剩下一片荒涼。在連吃飯都有困難的局勢下，還要他們保存過去的遺跡，顯然太不實際了。

市場倒是人群絡繹不絕。不知道那麼多人是從哪裡來的，賣東西的人和買東西的人全都鬧烘烘。我在阿富汗沒看到田地，即使山岳地區也被砲擊轟得沒剩什麼樹木，不曉得市場販賣的食物究竟從何而來。但喀布爾畢竟是人住的地方，比起外界的擔憂，這裡實際上安全得多。

我在市區行走時，意外發現了跆拳道場，實在太驚奇了，就進去看看。赫然發現這是北韓傳授的跆拳道。在阿富汗，同時共存著來自南北韓的跆拳道，不過北韓跆拳道更普及一些。北韓和阿富汗先締結了外交關係，拓展了跆拳道。和南韓的跆拳道比起來，北韓的跆拳道更著重攻擊。戰爭結束才沒多久，跆拳道場居然還能繼續經營，真是太神奇了。

出了喀布爾市區不久，可以看到有人在引爆美軍遺留下來的地雷或未爆彈。要拍攝爆炸場面，唾手可得。阿富汗境內的地雷和未爆彈多達一千萬顆，每天都有小孩因為在未爆彈附近玩耍受傷，被送往醫院的場面。

我動身前往據說是賓拉登最後負嵎頑抗的托拉波拉（Tora Bora）。這是阿富汗眾多山岳地帶之一。一路上草木不生，隨處可見壞掉被遺棄的坦克車和貨車。托拉波拉四處都是洞穴。雖然也有人造洞穴，但大部分是自然形成的。塔利班解放軍就駐兵此地。

我最後放棄去找巴米揚大佛了。因為是一月，去那裡的道路都結冰，沒有適當裝備，根本不可能抵達。

我在喀布爾四處採訪，不知不覺過了二十多天。這裡的飯店連韓國的旅社都不如，一天卻要價五十美

3 巴米揚大佛是曾經坐落在阿富汗巴米揚谷內山崖上的兩尊立佛像，建於公元六世紀，是希臘式佛教藝術的經典作品。這兩尊佛像在二〇〇一年被塔利班炸毀。（參考自「維基百科」）

元。算是一種戰爭現象吧。在巴基斯坦，自從阿富汗戰爭爆發後，外國記者團爭相湧入，飯店費用比平時漲了三四倍。汽車司機和導遊的費用一天分別要一百多美元。那裡的一般上班族，一個月薪水都還不到一百美元，由此可知那是多高的收費。韓戰的時候，應該也有人用這種方式賺錢。

採訪到某種程度後，我們就回國了。從阿富汗回巴基斯坦，原本想搭飛機安全離開，可是不容易買到機票，畢竟可以搭載乘客的飛機本來就不多。歷經曲折買到票，抵達機場，看到飛機的那一刻，我嚇了一跳。那是有螺旋槳的小型飛機，包含機長可搭十個人。我們一行三人，機長和副機長，還有一名美國人，總共六個人上機，就出發了。螺旋槳轉動的聲音異常嘈雜。

飛機起飛，迴轉的時候就像搭兒童樂園的遊樂設施一樣。螺旋槳的怪聲加上機身的晃動，害我精神不濟。我在極度緊張之下，連怎麼抵達巴基斯坦的都不知道。應該不會再有機會搭乘那種飛機了吧？

回國後，我們製作了五篇阿富汗當地報導，播了一星期。就我個人而言，是很珍貴的經驗，但不曉得觀眾對當時已經結束的阿富汗戰爭，以及戰後的阿富汗情況有多少興趣。畢竟我們雖然名列世界第十二名經濟大國，卻還是有很多人煩惱著眼前的生計。在這段期間，我轉調到了統一外交部。

隨軍記者的假象

韓國真有隨軍記者嗎？首先，隨軍記者是怎樣的人？所謂隨軍記者，是跟隨軍隊到戰場，報導戰爭情況的記者。世界最早的隨軍記者是《泰晤士報》的W．H．拉塞爾（William Howard Russell）。他在克里米亞戰爭隨軍報導了戰爭的慘烈，讓看到報導的南丁格爾決定前往現場。許許多多的戰爭裡，都可以看到隨軍記者的身影。那麼韓國呢？韓戰或越戰的時候，應該有隨軍記者，但不知道為什麼現在都身分不明。

也有可能是因為當時的獨裁政府要求只能寫國防部片面發表的內容，所以無法容忍隨軍記者的存在。

隨軍記者的具體工作是什麼？簡單地想像一下吧！美軍和阿富汗作戰的時候，兩國都會各自就戰況向記者做簡報。美國在哪裡，進行了何種攻擊；阿富汗如何對應，結果如何。兩國的國防部這樣報告。在哪裡簡報？各自的國防部。那麼，這兩個國家聽了國防部發表報告的記者，就可以稱為隨軍記者了嗎？雖然說也算是隨軍記者，但仔細追究就不是了。

兩個國家的報告裡，究竟是誰的正確，又該如何驗證呢？那就是隨軍記者的第一個作用了。美軍如果攻擊阿富汗的某個區域，記者就要跟隨美軍去現場採訪；同樣地，記者在阿富汗這邊的話，就要跟隨阿富汗軍隊，前往美軍攻擊的戰場。倘若美軍成功占領那個地區，美軍就會積極協助採訪；失敗的話，則是阿富汗軍隊會協助採訪。隨軍記者至少要讓人聯想到這些，不是嗎？

隨軍記者的第二個作用，是跟隨軍隊四處行走，把戰地現場的情況用報導的方式告訴大家。如果那個地區被美軍占領，應該報導該地區遭到破壞的情況如何，阿富汗軍方是否反擊，該地居民的反應如何，平民死傷到達何種程度，等等。這些事情都是只有隨軍記者才能直接確認。比起取得美軍或阿富汗軍的協助，更要聽聽當地居民的心聲。這個作用的重要性，可能比第一個還大。

由這兩種意義來思考隨軍記者的話，至今為止，我沒有看過韓國有這種隨軍記者。我們將記者送到離戰場幾百公里之外的地區，讓他們做些留在首爾也能進行的戰況報導。好不容易表現些誠意，讓記者稍微接近戰場的時候，又常叫記者在現場念些其實是首爾這邊的人寫下的稿子。這種事情要比我們想像中的還多。這些人可以稱為隨軍記者嗎？韓國有哪個記者在戰場拍攝過軍人開槍的場面？大部分的槍戰或是爆炸場面，甚至是對當地居民或軍人的訪問，都是購買外國拍攝的影片。

國際間的戰爭，是否需要韓國派遣隨軍記者，值得我們從根本來思考。如果和我們沒有特別利害關係，為什麼要派隨軍記者去冒生命危險呢？至今為止，我們媒體報導戰爭，都只是作秀的心理。把記者派遣到戰場附近的地區，也是同樣的思路。明明是美國和伊拉克的戰爭，為什麼把記者派到約旦或科威特呢？不過就是為了裝出比較有真實感的場面。

這些問題不只限於戰爭，也適用於所有國際報導。說是派人去華盛頓報導美國相關事情，但大部分還是把海外通訊社的內容抄一遍來播報。請想一想：一家電視台要派去華盛頓做什麼報導，最多只有兩三位記者，突發新聞的話還大都是一位。區區這麼點人，在美國能做些什麼？採訪些什麼？光看現實就知道是不可能的。許多時候，相較於美國華盛頓的特派員，在首爾的國際版記者反而能更快速、準確地得知美國的訊息。重要案件可透過CNN等直播，透過四大通訊社即時接收報導。這是情報通訊技術帶來的變化。

然而我們的新聞社卻花高額費用將特派員派往海外。所有一切都是延續過去慣行的作秀形式。反正和CNN或ABC等美國媒體都有簽約，買他們採訪的畫面和報導來使用就可以。就算沒有特派員也完全沒問題。

當然不是說完全不需要特派員。因為有時候需要有人到現場去確認那些國際媒體提供的新聞，也有必要從我們的視角來報導當地的情況。像現在這樣直接採用主要來自美國的媒體內容，就擺脫不了偏向美國的視角。他們報導有問題的地方，我們不能全盤接收。

中東伊斯蘭圈半島電視台[4]之所以登場，就是想擺脫偏向美國的視角，想要發出伊斯蘭世界自己的聲音。

可是，大部分韓國記者早已整天浸泡在美國的視角裡，偶爾想用自己獨特的角度報導，又擔心會被批評為好出鋒頭，因此就又回頭照過去的習慣行事。所以，媒體並不只是因為被政府控制，才乖乖地臨摹文章。許多媒體是因為已經在共同的大染缸裡泡久了，所以不是自己識趣，就是下意識地一寫文章就要臨摹。

媒體就經常把一些臨摹的新聞提供給讀者或觀眾或聽眾。韓戰都過去七十年了，還始終把美國吹捧為天使之國，我們的思考模式不知不覺中就偏向美國或其他先進國家。隱約中，我們出現把亞洲或非洲等地的國家、國民，視作野蠻人對待、貶低，同時把歐洲和美國捧高的傾向。我們體內植有將白人視為優越民族，將黑人或黃種人視為劣等民族的ＤＮＡ。

近來菲律賓的杜特蒂總統拒絕川普總統的邀約，蔚為話題。在過去，美國總統說一聲，都得像是等候召喚般地積極回應，但這次卻不同。尤其菲律賓過去是美國的殖民地，這回他們總統說是要和中國、俄羅斯會談，等於拒絕美國總統的邀請。現在連這些國家都以自身利益為優先，面對強國提出自己的主張，我們卻還是把自己當作美國的殖民地，實在太悲哀。

比美國人更親美的外交部

從阿富汗回來後，我轉調到統一外交部，把外交通商部（相當於今天的外交部，在二〇一三年劃分為外交部和產業通商支援部）當作主要採訪路線，附帶協助統一部。此時是金大中政府末期的二〇〇二年，外交部難以主動推動事務，反而是統一部承接二〇〇〇年南北高峰會談的成果，做了許多事。

4 半島電視台是一家以卡達首都杜哈為基地的國際電視媒體，開播於一九九六年，由卡達王室出資的半島媒體集團擁有。除了阿拉伯語之外，並同時以英語、土耳其語等多種語言，向全球播出以新聞為中心的節目內容。（參考自「維基百科」）

在外交部進進出出，最先在腦子裡想到的是：外交部真的是韓國的政府部門嗎？一些一般人會覺得很震驚的事，卻發生在外交部裡。我要說的是：我們外交部的公務員比美國人還親美。不過，或許因為他們自己人整天聚集在一起，所以並不知道自己有多親美。他們陷入自己的組織倫理，在其中彼此較量誰更親美。

外交部公務員的習性，就是什麼事都從美國觀點出發。倘若某件事對韓國有利，卻對美國有害，他們就會優先避開。這些公務員根深柢固地認為，和美國衝撞得不償失。和美國好好地談判，設法把我們的利益極大化這種念頭，根本不在他們腦子裡。即使他們的心態被批判為「崇美、事大主義[5]」，但在他們自己的組織倫理中根本不成問題。

二〇〇二年六月，發生了駐韓美軍裝甲車輾死女學生事件，又名孝純與美善事件。人民要求修訂不平等的「駐韓美軍地位協議」（Status of Forces Agreement, SOFA）的聲浪高漲，在全國展開燭光抗議。就常識而言，這是重大事件，加上考慮到國民情緒，外交部應該出面，為了修訂這個不平等協議全力以赴。即使長期以來不敢在美國面前抬頭挺胸，這次也應該把握機會發聲。

然而，我們的外交部只是把孝純與美善事件當作交通意外處理。就像朴槿惠政府把世越號慘案比喻為交通意外一樣。他們說，難道一有交通意外就要修訂駐韓美軍地位協議嗎？他們把要求修訂協議的民眾看得很愚蠢。這些人預先想好了美國最糟的反應，所以他們想的對策就是以不變應萬變。在這種情況下，我們能指望修訂駐韓美軍地位協議嗎？就算我們費盡力氣也很困難，因為這些外交部公務員只會故步自封，消極對應。

回想一下，當年李明博政府跟美國談判韓美自由貿易協定（ＦＴＡ）的時候，有關牛肉的談判是怎麼談的。儘管人民反對的聲浪高漲，但外交部就是一句話：和美國的談判已經結束，要再談什麼也沒法談了。因為他們的面子比人民的安全來得重要。可是等後來李明博政府危急到要垮台的時候，他們頂不住了，才又重啟談判。從這種情況來看，他們就算和美國談判，能真正守住國家的利益嗎？

外交部裡不只公務員，連去採訪的記者也是。跑外交部的記者，在報社裡都是極受肯定。因為這些記者打交道的對象是政府裡負責外交、國安單位，因此有很多是資深的次長級，偶爾也有部長級。這類記者在報社隸屬政治版，是報社的主流要角。跑外交部的記者不常更動，一待就是很久。

依我來看，這些跑外交部的記者的思考方式相當守舊。聽他們向外交部提問，很像是美國一些具有鷹派傾向的記者為守護他們國家的利益而發問。他們經常使用假設句，詢問如果美國這樣做的話，那我們會怎麼做。總是以美國為主體，我們則是附屬的存在。一旦外交部公務員對美國採取比較強硬的態度，這些記者就像是大禍臨頭一樣地大肆批評。

外交部的公務員和記者都是這種狀態，美國要對付我們有多麼輕鬆，就可想而知了。

為什麼會這樣呢？這是韓戰之後我們的外交倒向美國，事實上，不論政治或經濟都從屬於美國的產物。軍事政府長期執政，讓從屬關係更加嚴重。朴正熙或全斗煥都是以政變執政，需要美國的認可。還有，如果想發展經濟來爭取人民的支持，也需要美國的幫助。長期下來，除非事情太大條，不然他們已經習慣對美國讓步，順從美國。他們生怕主張韓國利益，大聲疾呼的話，會威脅到軍事政權的存在，因此必須有意、無意地避開。

---

5 事大主義指的是古代朝鮮半島上的新羅、高麗和朝鮮王朝三王朝的外交政策。

這和經濟官僚以財閥為中心來思考一切的道理相同。對經濟官僚而言，財閥就和美國沒兩樣。為了避免有什麼政策會違反財閥的利益，遭到財閥的反撲，他們從一開始就事先迴避。不，應該說他們的思考方式就和財閥一模一樣。因此，他們打從一開始就不會構思任何可能違反財閥利益的政策。外交部也一樣。他們把美國的利益化身為我們的利益了。

再看看最近薩德（THAAD，終端高空防禦飛彈）的紛爭。連許多美國專家都認為薩德在軍事上對南韓的國防幾乎沒有任何幫助，然而外交部、國防部、保守派媒體全都站在美國那一邊。更嚴格地說，他們是站在製造、販售薩德的洛克希德馬丁公司的那一邊，硬要主張配置薩德。不管中國做何反應，我們會因此受到多少損害，都把美國要做的事無條件地當作自己的事來做。就像過去的朝鮮對中國進貢，我們也該為美國做出犧牲的事大主義，已經深植在他們意識之中。

外交系統的崇美事大主義，也直接反應在他們內部的組織上。外交部設有各局，其中最高、最大的部門當然是北美局。北美局形式上是以美國和加拿大為對象，實際上就是專門對應美國的組織。韓國的外交，一門心思都在美國身上。在進入金大中政府之前，歷屆外交部長全都是北美局出身。想在外交部出人頭地，一定要透過北美局。

外交部北美局之下，是東北亞局，以中國和日本為對象。本來是日本比較重要，然而隨著中國急速竄升，東北亞的地位也提升了。此外，還有歐洲、亞洲、非洲、南美等局，然而在外交部的地位都不高。如果說過去韓國的外交只知道跟美國和日本來往，那麼隨著外交關係的擴大，現在是美國、中國、日本、俄國等周遭四強，稍微增加了一點。但是我們的外交依然是凡事只知道要看美國眼色的水準。倘若說美國外交占我們百分之八十的比重的話，中國和日本還不到百分之二十，其他國家都微不足道。

採訪外交部的時期，通商交涉本部是外交部旗下的單位。就字面而言，通商交涉本部是負責通商的部門，主管是次長級。外交部公務員有一半以上是首爾大學外交系畢業生。他們手中握有主導權。

接收陽光的統一部

統一部和外交部則大相徑庭。相較於外交部，統一部是脫離事大主義的組織。說得稍微誇張一點，就是以對北韓的主導權和美國競爭的立場。這就是統一部存在的理由。

以北韓為對象的政府部門，有統一部和國家情報院兩處。簡單來說，國情院是在「暗地」裡工作，統一部則在「檯面」上。國情院做的事情，包括對北工作，難以正式公開；統一部則是代表南韓政府發揮正式功能。

然而過去軍事政府時期，統一部什麼都不能做。南北的官方關係沒有來往，彼此敵對情況下，哪能做些什麼呢？統一部剩下的功能只有發表威脅、恐嚇，或說是要制裁他們等等，純粹只有鬥嘴的功能。

相較之下，國情院派遣對北間諜，執行包含所謂「人工情報」（HUMINT）[6]的南北間檯面下對話等非正式功能。最壓軸的就是金泳三政府時期的「銃風事件」。國家安全企劃部（安企部，國情院的前身）在選舉前提供北韓鉅款，拜託他們在非武裝地帶進行武力恐嚇的案件被揭露之後，當時的安企部長權寧海被收押。國情院在這類對北關係中掌握各種資訊和主導權，統一部則因為無所事事，名列最受冷落的部門。

然而金大中政府之後，舉行了南北高峰會議，隨著南北關係改善，軍事政府時期經常被國情院壓抑的統一部，開始充滿活力，迎向陽光。統一部長官升格為副總理，擔任外交安保部門的首長。反之國情院則減少非正式的作用，地位相對衰退。這種情況下，即使到了金大中政府晚期，統一部仍然充滿活力，為了改善南北關係竭盡全力，因為這就是統一部的活路。

相反地，當時的保守派媒體和在野黨則拚命找麻煩，把南北韓政府合在一起罵。因為南北關係越改善，他們在南韓以反共、反北意識型態為基礎的政治地位就越縮小。尤其是實際掌握國情院、統一部和國防部主要位置的人，都還沉浸在冷戰思維裡。他們和保守媒體、在野黨緊密結合，批評金大中、盧武鉉政府是屈從北方，把政府對北韓的支援批評為「隨便亂花錢」，刺激南韓人民世俗的小心眼。對於正受貧富兩極化折磨的南韓來說，這類批評非常奏效。

採訪統一部的時期，我最常做的是報導離散家族重逢的活動。二〇〇二年接連舉行第四次、第五次重逢活動，我也連續訪問了金剛山[7]，見到許多北韓工人。見面時的感覺很矛盾，他們大部分都相當純樸誠實，跟南韓的鄉下人很像。然而有一部分人也已經被金錢汙染了。有些想法和他們接受的教育裡誤解了資本主義有關，也有些想法是我們自己的錯。結果他們以為南韓是資本主義國家，所有一切都由金錢來運作，因此想做任何事，就會很露骨地要錢。這也可能和北韓勞動黨一黨獨裁久了，一些腐敗習氣都自然上身有關。這是沒有監督和制衡的機制就會產生的現象。絕對的權力就是絕對腐敗。

二〇〇二年釜山亞運會的時候，北韓加油隊過來的活動，很有意思。北韓加油隊搭乘北船，也就是以「綁架船」稱號聞名的萬景峰號來訪。她們表演的團體舞有獨特之美，尤其是把我們傳統歌曲發揚光大的加油歌，令人愉悅。北韓加油隊具有世界頂級的水準。

然而南北間活絡的交流，在盧武鉉政府之後大都中斷了。統一部雖然有比較活躍的舉動，但幾乎沒有新的斬獲，僅存的成果只有延續開城工團和金剛山觀光，以及盧武鉉任期末的第二次南北高峰會談。進入李明博、朴槿惠政府階段之後，更是全面中斷。照耀在統一部的陽光又不見了，他們再次淪為紙老虎。國情院則重獲主導權，開始意氣風發。

6 指透過間諜、工作員或線民蒐集而來的情報。

7 金剛山，位於朝鮮江原道的山峰，四季各有不同名稱，夏稱蓬萊山，秋稱楓骨山或楓岳山，冬稱皆骨山。自然景觀以瀑布著稱，人文景觀有為數眾多的佛寺。（參考自「維基百科」）

二〇〇二年的兩大變化

我生活的變化，結婚

二〇〇二年三月二十三日，我和妻子結婚了。那是結束阿富汗採訪，調任統一外交部不久的事。我三十五歲，妻子三十歲，以當時來說，兩人都算晚婚。和妻子交往一年，雙方父母都是圓佛教教徒，我們也是透過圓佛教介紹認識的。

我在狎鷗亭洞的一家咖啡館初次見到妻子，還記得妻子面帶微笑出現的模樣。臉頰上有明顯的酒窩，那是我們家沒有的。見面後聊得很自在，之後的交往也有相同感覺。我覺得非常開心。

但她的身體柔弱。我從二十來歲的生活一路就很辛苦，將來也不知如何，所以擔心這位柔弱女子是否承受得了。然而優點蓋過了缺點。我雖然也說明了自己往後的人生可能會很波折，妻子並不介意。可以說她是愛上了社運圈的模範生吧。

妻子非常喜歡我。雖然她不清楚記者的工作，但是對新聞還很敏感。我經常吹噓記者的工作本來就忙碌，和她約會的時候，也經常是她先來等我。見完面，她都先載我回家，再大老遠地開車回她位於盆唐的住處。我很後來才知道，那段時間她常在回家的路上把車停在路邊小睡一下。

妻子是那種晚上九點的《新聞平台》還沒完就會睡著、一早五點左右就起床的清晨型的人。所以晚上為了和我約會，沒法準時睡覺，回家路上會打瞌睡，也是理所當然的。

二〇〇一年十二月三十一日，我和親朋好友一起去江村的別墅做二日遊。很晚才出發的我，因為下了大雪，便搭火車抵達別墅。那天晚上和大家促膝長談了一整夜。

隔天，二〇〇二年一月一日，我們在磚瓦建的韓國傳統房屋內享用早午餐。從這個地勢較高的地方，看得到下方一片皚皚白雪的世界。就在此時，有一台紅色 Nubira 轎車從雪地上開過來，在身後的雪地上劃出一條道路。那是妻子開的車。朋友看到這副景象，都不由得發出讚嘆，簡直像圖畫一般。直到今天，朋友們還常談起這件事。兩個月後，我和妻子舉行了婚禮。

我一直相信可憑自己的力量開拓人生，但有幾件事辦不到，我將其歸諸於命運。那就是生與死，還有結婚。活得好端端的人，有一天突然死了；彷彿將死之人卻很長壽。生命的誕生也一樣，我想生孩子，不一定就生得出來；相反的，不想要孩子時偏偏懷孕了。結婚也是，有人談了十年戀愛最後卻分手，也有人交往不到一個月就結婚。全世界七十億人口，要有姻緣誕生才能遇到自己的另一半。

我們在鷺梁津洞的聯立型住宅開始新婚生活。在 MBC 入社當時身無分文的我，存了六年的錢，用「傳貰」方式租了一個二十六坪的連排公寓。

聯立型住宅的巷子狹小，停車不便，有一天不知是誰還偷偷刺破了妻子的車輪胎。這麼折騰了一陣，我們改搬去新吉洞，再移奉天洞，最後運氣很好地有機會分期付款買了驛三洞的二十二坪大樓公寓。房價持續上揚，不接受分讓[8]的話，很難買房子。現在也是。

一般來說，建築物周遭地區的市場行情和自己房子的分讓價格會相互影響，拉抬房價。建設公司會配合

新婚蜜月旅行在羅馬拍攝的照片。我認為人生當中有些事，單靠人力是辦不到的，結婚就是其中之一。

周邊房價定出分讓價格。等到蓋好可以入住的時候，新房子的房價會立刻上升一兩億韓幣。新大樓的價格上升，周邊的房價也跟著上漲。然而到了重建時間點的老房子，價格又反而會比新大樓還騰升許多。這就是至今為止大樓公寓的房價循環結構。因此只要聽說有新樓可以抽籤得到分讓的機會，大家就會爭先恐後。

之前我們也是去抽了好幾次分讓的籤，都沒中。最後抽到的驛三洞二十二坪大樓，本來當地是一棟棟連排公寓，但重建為三棟大樓，一百五十戶。歸為普通分讓類的房子有：二十二坪的二十來戶，三十二坪的只有一戶。二十二a型的共十四戶，有十五戶報名，我們幸運地抽中了。那棟大樓公寓是我們夫妻第一次擁有的住宅，搬進去的隔年，玄載和敬載就出生了。

我們社會的變化，盧武鉉當選

除了我的生活，二〇〇二年的社會也產生重大變化。盧武鉉掀起所謂的「盧旋風」，進而當選總統。當時執政黨新千年民主黨的東橋洞系[9]，推派從新韓國黨離職的李仁濟。支持率只有百分之二的盧武鉉，借助於「公民參與競選」[10]的口號，一舉擊敗李仁濟，成為新千年民主黨候選人，最後還登上了大位，引起一陣波瀾。

盧武鉉從加入金泳三的統一民主黨展開政治之路。一九八八年第五共和國聽證會上，他朝著全斗煥高喊「殺人魔」，並扔掉自己名牌的故事相當有名。像鄭周永現代集團會長這樣的許多財閥，拿了數千億韓幣給全斗煥當政治獻金，其他人在聽證會上對這些財閥都低頭尊稱「會長」，只有盧武鉉直稱他們為「證人」，頓時成為聽證會上的明星。金泳三要和盧泰愚、金鍾泌三黨合併的時候，也是他高喊「有異議」反對合併。最後在一九九七年的大選之際，盧武鉉加入了金大中的政黨，變更黨籍。之後，金大中執政的時候，他以打破地域情結為號召，放棄在首爾鐘路區參選國會議員，改往釜山競選過國會議員和市長，但都不幸落敗。

然而，人民看出了盧武鉉的真誠。二〇〇二年大選成立的「愛盧會」，就是熱愛盧武鉉的人組織起來的。「愛盧會」是韓國史上第一個政治人物的粉絲團，在那年的民主黨候選人提名中，發揮了讓盧武鉉出線的決定性作用。

二〇〇二年中學女生孝純與美善被美軍裝甲車輾死的事件，對盧武鉉候選人當選總統也有極大的影響。起初由一些中學女生發起的燭光抗議晚會，在選舉前不過兩個來月之前展開，擴散到全國。眼看韓國政府處理孝純與美善事件的態度，確認韓美之間原來是從屬關係之後，由年輕世代帶頭要求韓美關係平等的聲浪高漲。當時的這場燭光示威，是進入二十一世紀以來，第一場自發性的大規模和平示威。燭光晚會替代了過去激烈的街頭抗爭，成為新的示威文化，往後每個重要政治事件都會出現。二〇〇二年夏天的韓日世界盃足球賽，使得人民參加大規模廣場活動的風氣普遍化，這也加速了燭光示威的擴散。

盧武鉉因為主張打破地域情結、威權主義，改善不平等的韓美關係等層面，成為最適當的總統候選人。他提出的政治改革，也就是清算三金政治[11]等舊政治的口號，道出了人們的心聲。

有一度，盧武鉉面臨了支持率被當時在野黨候選人李會昌逆轉的局面。這時，民主黨內曾經支持李仁濟的人成立了名為「候單協」（也就是「候選人單一化協議會」）的團體，甚至發生了要求盧武鉉退選的事件。候單協支持保守傾向的鄭夢準候選人，難以接受有進步改革傾向的盧武鉉。

東橋洞系有許多自己的侷限。軍事政府時期，他們在民主與獨裁的抗爭中雖然一路熱情地支持金大中，但是到了主持國家大計的時候，除了金大中之外，其他所有人都是門外漢。雖然在支持民主政治上旗幟鮮明，但是在經濟問題等方面，看不出和當時保守的在野黨有何差異。從政治改革的觀點來看，也可以說他們比三八六世代要落後。當然，曾經追隨過金泳三的上道洞系就更不必說了。

從一開始就支持盧武鉉的我，對於候單協的行為感到極端憤慨。一心排擠自己選出的候選人，擁立外人成為候選人，他們的行為已經越過了政治道義的底線。我急切地想著：應該有人幫幫盧武鉉。事實上，有不少人和我有同樣的想法，立即加入盧武鉉的陣營，朴範界法官（現任執政黨共同民主黨國會議員）就是一例。

盧武鉉和鄭夢準進行了候選人單一化協商，最後盧武鉉獲勝成為候選人，隨後擊敗在野黨的李會昌，當選總統。

盧武鉉選舉期間，在野黨公布了他老丈人的左派背景，使出了把他抹黑成「紅鬼子」的招數。但他反問：「那是要我拋棄自己深愛的妻子嗎？」在野黨譏諷他要求韓美關係平等的主張是反美，他回應：「即使反美又怎樣呢？」盧武鉉的政治立場，得到了三八六世代及年輕人的狂熱支持，我也成為盧武鉉的粉絲。

在我接觸現實世界的政治以後，盧武鉉是我繼金大中之後再次熱烈支持的政治人物。當然，盧武鉉執

8 在韓國，想購買大樓裡的公寓住宅，就要參加分期付款的抽籤。他們稱之為「分割轉讓」，簡稱為「分讓」。和台灣不同的是：不論買哪一家建設公司的住宅，不是光有錢付得起分期付款就可以，必須先抽籤。以沒有自用住宅和弱勢者優先。

9 東橋洞系是追隨韓國前總統金大中的政治勢力。

10 當年新千年民主黨導入的新型初選制度，由黨員及一般國民，分別以五十比五十的比例投票，在各地巡迴競選，最終已累計票數多者勝出。

11 三金政治是指金泳三、金大中、金鍾泌三人的政治。

政期間，走了許多支持者。盧武鉉沒能克服自己生活的那個時代的侷限。套一句他說的話，他是舊時代的老么。就政治改革的觀點而言，他的立場比任何人都要鮮明。在盧武鉉執政時期，威權主義大幅消退。然而在經濟、勞工和社會改革層面上，盧武鉉卻依然被自己那個世代的侷限所困住。他當不了新時代的老大。他把這個課題留給後人，而我們要超越這些侷限。盧武鉉給韓國現代政治留下了一個重要的主軸，文在寅政府借助這個主軸才得以前行。盧武鉉是給新時代畫出藍圖的人。

8

社會的積弊和盧武鉉政府

檢察廳的真面目

特殊部和公安部

插曲1　三星

「三星李在鎔先生的非法繼承起訴事件，處理得如何？」
「尚未決定。」
「公訴時效有多長？七年嗎？還是十年？」
「還沒決定。」
「如果公訴時效是七年，那沒剩多久了。在那之前會決定是否起訴嗎？」
「那也尚未決定。」

這是二〇〇三年九月，在首爾地檢第三次長檢察室，次長申相圭和記者們的對話。李在鎔是在一九九六年十二月初非法取得三星愛寶樂園的股票，二〇〇〇年有人向檢察廳告發以李健熙、李在鎔父子為首的三星高階主管的背信嫌疑。如果公訴時效只設定為最短七年，那就會在二〇〇三年十二月底到期。

沒人能預測法院最終判決會如何，也不該預測。因此檢察廳應該先就最短七年的公訴時效來決定是否起訴。

然而就在公訴時效剩不到三個月的時候，檢察廳卻很正式地說明，他們尚未決定是否要起訴。總是強調徹底法治的檢察廳，做出這種說明很離譜，而且他們還拿這種說法跟記者大言不慚地狡辯。

盧武鉉執政之後，檢察廳因為總統親信賄賂，已經斷然進行過前所未有的非法競選資金搜查，但是碰上三星李健熙會長父子相關案件卻總是答非所問，能拖就拖。

他們受理這個案件已經超過三年。這不是什麼複雜的案件，調查也不需要太多時間或資料。這段期間，負責此案的首爾地檢檢察官，沒人想接這個燙手山芋，一再把案子留給後面接手的人，最後終於到了公訴時效快過期的關頭。即使到了這個時候，檢察官仍然是一副拖拖拉拉的態度。如果不是記者一直在關心，此案也有可能就過期了。

二〇〇三年十二月一日公訴時效屆滿的前一天，檢察廳終於針對許泰鶴和朴魯斌兩位前任和現任三星愛寶樂園社長進行沒有聲押的起訴。兩人適用的罪名，是把可轉換公司債賤賣給李在鎔，因為瀆職而造成公司損失將近一千億韓幣。

檢察官如果是按照正常程序處理此案，應該從傳訊兩人調查的時候，就向媒體說明進程，並且設定記者拍攝線。更何況這是瀆職金額超過一千億韓幣的驚人犯罪，根本就應該立即收押這兩人。因為一般人瀆職金額若是超過一億韓幣，就會被收押。還有，應該從這兩人往上追查，不只是李在鎔，連李健熙也該調查，並一一公開說明。

身為檢察官，對三星集團的會長進行司法調查，這會成為絕無僅有的最佳經驗。然而檢察廳卻無聲無息地處理這個案子，傳訊許泰鶴和朴魯斌前任和現任社長也沒公布。檢察官不只沒有申請收押他們，對此案的主犯李健熙和李在鎔父子也從未傳訊過。他們說，如果起訴共犯，其他嫌疑人的公訴時效會自動停止。於是他們又再度拖延對李健熙、李在鎔父子的調查。這又是丟開燙手山芋的手段。不調查主犯，只起訴從犯，他們可真會想。

對李健熙、李在鎔父子的調查，要到事隔四年之後的二〇〇七年十一月，因為金勇澈律師公布三星秘密資金的組成疑雲，才由趙俊雄特偵組檢察官接手。當時很多人對趙俊雄特偵組檢察官存有疑慮，因為他是高階檢察官，大家擔心他恐怕無法徹底搜查三星。結果一點都沒錯，趙俊雄特檢的搜查結果和大家預估的絲毫不差。他對李健熙、李在鎔父子搜查的結果，不是從特檢的立場，而是從律師的立場給了一張徹底的免罪符。雖然有數千億元的瀆職和逃漏稅等嫌疑，卻沒有任何人被逮捕。對接受三星賄賂嫌疑的高階公職人員，也下了全無嫌疑的結論。法院最終判了李健熙拘役三年，緩刑五年定讞，連一根寒毛也沒動。

進入盧武鉉政府時期，對付政治人物近乎無所不為的檢察廳，為什麼碰上三星就如此怯弱呢？這可以從金勇澈律師公布的事情，和安企部錄音下來的三星X檔案中找到答案。

三星李健熙、李在鎔父子的非法繼承，無論在當時或是現在都是敏感議題。李健熙會長的最大課題，是將他父親李秉喆會長創立的三星集團安全地交接給兒子李在鎔。在過程中，若是依法全部繳納贈與稅和繼承稅等，繼承可能會出差錯，財產也會損失高達一半。為了避免這些麻煩，需要一套完整的方法。

李健熙會長從「可轉換債券」和「附認股權證公司債」（Bond with Warrant, BW）等可以轉換為股票的新型態債券中找到辦法。李健熙會長將一百億左右的金錢贈與給李在鎔三兄妹，李在鎔等人則用這些錢來賤價購買三星控股公司愛寶樂園，和三星ＳＤＳ新發行的可轉換公司債和附認股權證公司債。一段時間後，等這些公司債轉換為股票，他們就成了大股東。因為三星愛寶樂園和三星SDS的作用，就是掌握以三星電子帶頭的主要關係企業的控股公司，這就等同於李在鎔接收了三星集團。李在鎔接收了巨大的三星集團，但他要繳的只有最早收到那六十億韓幣的贈與稅——十六億韓幣。對比之下，李在鎔接收的股票價值卻扶搖直上，他目前的財產高達八兆韓幣。

根據非法繼承的調查結果，可能會動搖三星的第三代繼承。法院如果當真照實判決背信金額，那麼李在鎔好不容易才吞下的三星，可能要整個吐出來。因此三星將這個問題視為生死存亡，進行各方關說。在阻攔檢察廳的搜查上，可以說是做得很成功。

檢視金勇澈律師或是三星X檔案所曝光的事實，還有這段期間以記者身分親眼目睹的三星，發現三星平時就持續經營以檢察廳帶頭的高階公職人脈。尤其是當中有望往上升遷的人，三星就會利用學緣或地緣等關係進行更徹底的管控。媒體或政界也是。平常日子，三星就負責替這些高階人員支應與晚輩一起喝酒的花費，過年過節就送禮物禮金來套交情。禮金也不用大，只要是那種收下來也沒壓力的適當金額就夠了。還會偶爾聯繫人脈，協助大家相互升遷，累積一種三星社群。只要是透過三星的人脈和力量可以解決的請託，來者不拒。想跟三星要個外部董事位置或是安排子女就業等問題，都是他們舉手之勞。因為跟三星提出這類請託的人，將來無需三星親自開口，對方就會意識到自己欠三星的情，所以更好。

二〇一七年的《時事IN》特別報導，把三星張忠基會長的手機簡訊赤裸裸地曝光。從這些報導就可以看出剛才說的種種狀況。媒體記者或相關人士，平時動用三星力量解決問題，要付的代價就是碰上有關三星的報導，就得適當地「修潤」或是抽掉。

平時就做足功課，等這些人升遷到決策位置的時候，至少可以避免他們直接把刀子架到三星的脖子上。當然，互信累積到某種程度之後，就會像電影《內部者》[1]中的情節，最後毫無顧忌地相互勾結。一方會擺明了要錢，一方也會擺明了要求提供相對應的協助。像趙俊雄特檢，他不過是個法律人，但是在確認了李健熙會長離譜的非法行徑後，卻搖身一變好像成了個經濟專家，夸夸其談地講著「處理三星問題會讓企業經營管理上出現空白和差錯，因而做出不收押決定」。看著這些，不能不讓人聯想到《內部者》的場面。

檢視一下金勇澈律師公開點名從三星收受賄賂的高階公職人員有哪些。有國家情報院長金成鎬、檢察總長林采珍、大邱高等檢察長李貴男、國家清廉委員長李鐘伯等大人物。但三星經營的人脈何止這些人？這不過是冰山的一角罷了。賄賂要長期管控，才能提升彼此的親密度，也才能輕易得到自己想要的。究竟有多少人知道三星集團一年好幾兆韓幣的企宣費用裡，有多少流入這些荷包呢？

沒錯，這就是檢察廳的常態。李健熙在他會長任內儘管有許多不法行為曝光，卻從未遭到徹底搜查或拘留。隨著我們社會的民主化，面對政治力量一直聲量高亢的檢察廳，只要一碰上李健熙會長，聲音就會變小，越來越畏縮。即使盧武鉉政府上台也一樣。無論大家多麼高聲疾呼檢察改革，檢察官一碰上三星就變成侏儒。

當然，盧武鉉政府本身也很類似。金勇澈律師公布的秘密資金曝光之後，針對李健熙會長必須要接受特偵組調查的時候，執政黨和在野黨協議把特別檢察官的任命權按照特檢法交給大韓律協。當時大韓律協片面極力指責金勇澈律師，毫不顧忌地袒護三星。讓大韓律協來任命三星案的特偵組，本身就擺明不必搜查三星了。

插曲2 宋斗律[2]教授

「請問是否會申請宋斗律教授的逮捕令呢？」
「要先調查看看。」
「青瓦台似乎希望不收押的搜查。」
「這要看調查結果。」
「他是在事前協調後才回國的嗎？」
「目前還在調查中。」

這是二〇〇三年十月，在首爾地檢第一次長檢察室，朴滿次長與記者們的談話。一個月前，德國明斯特大學教授宋斗律，才剛回國就被國情院逮捕，國情院將拘留宋教授的意見送交檢察廳，但是朴次長對於如何處理宋教授始終不開口。調查過程中，檢察廳說是會要求宋教授反省這段期間的親北行為等等，口氣似乎會寬鬆處理。但最後的結論，還是對宋教授申請了逮捕令。

在宋教授回國前，公安檢察官就紛紛表示要收押。以《朝鮮日報》為首的保守派媒體，也說宋教授是解放以來級別最高的間諜，主張一定要嚴懲。在野的大國黨、檢察廳和保守派媒體三者異口同聲地說。

1《內部者》（Inside Men，又譯局內者們或局內人們），是二〇一五年十一月上映的一部韓國政治犯罪電影，以不同人的角度，剖析韓國社會腐敗的風氣。（參考自「維基百科」）

2宋斗律，哲學社會學學者。出生於日本，並在大韓民國接受教育。一九六七年移居西德，一九八二年始任教於明斯特大學。由於嚮往北韓的制度，反對朴正熙的獨裁政權，一九七三年，宋斗律首訪北韓，之後加入朝鮮勞動黨，並於一九九一年受金日成接見。二〇〇三年，宋斗律以德國教授身分返回韓國，隨即被首爾地方法院以違反「國家安全法」為由拘留起訴。

相較於此，盧武鉉政府則期待對宋教授進行不收押的搜查。過去的政府濫用國家保安法，鎮壓國內民主人士，羅織了無數間諜罪名。盧武鉉政府也決心趁著這次機會去除惡習。這其中有他們對國家保安法本身的持疑，也有他們想利用處理這次案件的機會，宣示進入民主政治的事實。

手握決定權的朴滿次長，是公安檢察官的代表。朴次長身為公安檢察官，雖然保守色彩濃厚，然而身為檢察廳高階公務員，考慮自己晉升檢察廳長的機會，也不能不看盧武鉉政府眼色。他算是處於兩難。因此當記者詢問要如何處理宋教授時，怎麼問都是回答：「請等到調查結束。」徹底保密到家。

然而檢察廳內部的公安檢察官已經決定了要拘留宋教授，暗地裡一直施壓。他們的決定和盧武鉉政府的意見完全相反。國情院也和青瓦台不同調，處於主張拘留宋教授的情況。檢察廳不想讓青瓦台知道他們的立場，給他們先發制人的壓力，所以表面上不表態，卻在關鍵性時刻申請了逮捕令。他們說：宋教授身上的北韓勞動黨政治局候補委員標籤，是明擺著的事實。

如同許多間諜事件的情況，宋教授是北韓勞動黨政治局候補委員的證據並不明確。這是檢察廳的煩惱，而他們的解決方法仍然是舊招數。那就是在調查宋教授的過程中，放些風聲出來操弄輿論。他們拿出宋教授講過的這句話：「金日成主席有值得尊敬的價值，至今我也仍然尊敬他。」這本來是宋教授根據學者觀點，對金日成這個人在日本殖民時代進行武裝鬥爭，解放以後又建立北韓所做的評語，如今卻被拿來當成司法處理的標的。

朴滿次長在一次與記者碰面的場合，突如其來地提到這句話，把檢察廳申請逮捕令的行為正當化。收押一個表明自己仍然尊敬金日成的人，在他們來說是理所當然的。保守派媒體拿了朴次長的這句話大書特寫，將宋教授寫成打死不足惜的紅鬼子。檢察廳和媒體一來一往地操弄輿論，在一定程度上成功地打造了拘留宋教授的風氣。

情況就是如此。即使進入盧武鉉政府的時代，公安檢察官仍然沒有任何改變。只要是他們曾經視為間諜的人，永遠都是間諜。這些人實際上到底是否間諜，不重要。在這個過程裡，他們把只要是「紅鬼子」就死不足惜的非常識邏輯，散播得很普遍。反正在軍事警戒線區分南北韓的狀態下，很難找到是不是間諜的直接證據。

進入金大中、盧武鉉政府時代，只有一件事發生了改變。曾幾何時，曾經被公安檢察官視為紅鬼子的人竟然當上了總統，現在檢察廳的人事權掌握在「從北左派」的手裡。因此，對當時的保安檢察官而言，所謂正義，就是和新民主政府的意願唱反調，並且就像之前做過的，持續將左派視為敵人加以剷除。要做到這一點，就得從總統下手，然後是青瓦台和政府高官，一一讓他們知道厲害。他們拘留宋斗律教授的過程，是個代表性的例子。

權力的走狗

搜查三星李健熙會長是檢察廳特殊部的工作，像宋斗律教授這類間諜案件的調查，則是檢察廳公安部負責。民主化之後，特殊部和公安部形成檢察廳內部兩大權力主軸，長期互相較量。隨著政權變化，中間此起彼落，然而始終是檢察廳內的中樞。

檢察廳最得勢的部門本來是公安部。大韓民國政府成立之前，負責抓紅鬼子的就是公安部。軍事政府中央情報部（中情部，安企部與國情院的前身）任意操控權力，警察廳則擔任中情部的手下。因為憲法規定只有檢察官才有起訴權，所以檢察官都是照中央情報部的指揮來起訴。公安檢察官配合著中央情報部把反對政府的人都打成紅鬼子或間諜，就可以有升遷和出人頭地的好處。軍事政府看得上眼的公安檢察官，有的會派到中央情報部，直接擔任權力的走狗。總之，公安檢察官是檢察廳內權力最大的人。極少部分的公安檢察官抹黑了全體檢察官。

民主化之後，這種氛圍發生轉變。從金泳三政府開始，再接續著金大中、盧武鉉政府，檢察廳內部的權力關係改變了。特殊部檢察官開始壓過公安部檢察官，聲勢大了起來。理由很簡單，在野黨出身的人士成為總統之後，想要跟過去一樣，在反對政府的人身上羅織「紅鬼子」，壓迫他們的路是走不通了。

加上金泳三政府以後，都主張去除不當腐敗，對政治人物和企業等的政商勾結，也就是非法政治獻金或收賄等調查成為重點。過去軍事政府是利用公安部檢察官維持權力，金泳三政府則是利用特殊部檢察官當作牽制反對勢力的手段，這種型態一直到金大中、盧武鉉政府時期為止，都或多或少存在。

在這個過程中，特殊部檢察官遇到和現任政府、執政黨相關的案件，或是會在一定程度內適當地放過，或是就算調查也會考慮到和在野黨之間的關係。不過他們遇上和以往政府相關的案件，就會徹底搜查，進行懲罰。對新的政府來說，這是多麼令人感激的事啊。因此，特殊部檢察官就壓過公安部檢察官，成為權力新寵。我去法務組的二〇〇二年，經歷了金泳三和金大中總統，檢察廳內的權力關係已經發生逆轉。二〇〇三年盧武鉉政府啟航之後，趨勢就更明顯了。搜查非法大選資金，成了劃時代的新契機。

然而，李明博、朴槿惠政府上台之後，情勢又再度逆轉。李明博、朴槿惠政府就像過去的軍事政府，重啟追獵「紅鬼子」之風，利用政治上的敏感案件刮起「北風」（指與北韓相關的因素），讓公安部檢察官再次浮上檯面。這個時期最具代表性的案件，是把脫北者出身的首爾市公務員羅織為間諜。當然這個案件的真相之所以會曝光，是媒體和法院所為，國情院和檢察廳也都遭到撻伐，然而實際負責該案的檢察官或國情院工作人員卻沒受到什麼懲戒。盧武鉉總統在南北高峰會議上放棄NLL[3]的發言問題也相同。隨著執政的新國家黨在二〇一二年大選中把這件事徹底利用了一把，過程中的種種不法也因而得以揭露。誰知檢察官反而起訴「參與政府」人士[4]。這好比明明偷東西的是賊，但是卻反過來指責主人保管不周，要加以懲罰。

進入朴槿惠政府，以金淇春秘書室長為首，過去的公安檢察官全面登場。公安檢察官的地位提升，負責敏感的政治事件，偏頗地進行對執政當局有利的搜查，造成檢察廳濫用起訴權，讓大家都以為是建立了一個「檢察共和國」。

盧武鉉政府時期，檢察廳一度短暫出現獨立於政治之外的運作，這時又再度成為權力的走狗。不，應該說，檢察廳似乎樂於當權力的走狗。他們有了任何政權都不得不依靠他們的特殊傲慢。任何政府在擁有權力的期間都不免發生腐敗。新掌權的人不可能不翻出舊權力的腐敗。揭發舊權力的腐敗，才能確保新權力。在這個過程中，檢察廳一向扮演著在新權力者身邊磨刀的角色。

檢察廳以這種方式扮演權力的走狗，藉此換取權力庇護，掌握調查權、獨占起訴權等，持續保有自己專屬的特權。所以檢察官最討厭試圖讓他們獨立於政治之外，並分散檢察廳權力的盧武鉉政府。

檢察廳擔任權力的走狗，取得的小小特權之一，就是職級膨脹。公務員資格考試或外交考試合格的人，會被任命為五級公務員。可是通過司法考試的檢察官或法官，立刻就成為三級公務員。這是軍事政府時期

---

3 北方界線（Northern Limit Line, NLL），以前稱為北方限制線（North Limit Line），是聯合國軍單方面劃定的海上分界線，也是當前北韓及南韓之間的實際控制線。

4 盧武鉉政府又名「參與政府」，此即盧執政時任官者。

打造給他們的特權。目前檢察廳裡，屬於次長級的檢察長就多達五十多名。這是其他許多部門合起來的人數。法院的情況也很類似。這是行政部門控制司法部門的方便手段。

失敗的檢察改革

我是在二〇〇二年十月去了負責檢察廳和法院的社會部法務組路線採訪。轉調不久，發生首爾地檢毆打嫌犯致死的案件。在搜查暴力集團的過程中，檢察官毆打嫌犯，造成死亡，因此檢察官被拘留。當時沒有需要檢察總長下台的氣氛，然而李明載檢察總長卻突然遞了辭呈。那時馬上就要大選了，金大中政權任期只剩下三個月。

金大中總統應該任命下任檢察總長，這時發生了一件有趣的事。四名司法考試同期的候選人，分別是京畿高[5]、嶺南、湖南、忠清出身。那年大選是李會昌和盧武鉉候選人對決，因此京畿高和嶺南人，因為可能和李會昌候選人搭上線的理由被排除，那個湖南人也因為可能是金大中政府留下的根而被否決。最後是忠清出身的金珏泳當上了檢察總長，其他三個人則依檢察廳慣例退休了。檢視整起事件，讓我對「官運」有了深刻的感受。其實，金珏泳總長在四名候選人當中，是評價最低的。

金珏泳過去因為升遷比同期都來得緩慢，原本想遞辭呈，由於算命的說他會當上檢察總長，才繼續撐下去，而最後還果真當上了。換句話說，因為官運的緣故，才在最後一局擊退如繁星般閃耀的同事，當上檢察總長。這是我第一次相信官運這句話。

但金珏泳總長只做了四個月就下台了。盧武鉉總統就任後，在一個「和檢察官對話」的場合中，向包括金珏泳總長等檢察廳高層毫不顧忌地透露了他的不信任，金珏泳隨即遞了辭呈。

從許多方面來看，「和檢察官對話」都是個蔚為話題的事件。盧武鉉總統一執政，就任命非檢察官出身的康錦實律師擔任法務部長官，推動檢察改革，引起檢察官集體反對。過程中，檢察廳召開普通檢察官會議，會議中提出總統想藉檢察改革之名掌握檢察廳，以此攻擊盧武鉉總統。普通檢察官開始在內部公布欄上發表反對意見，檢察廳高層則引以為樂。就在此時，總統提議和檢察官公開對話，這就是所謂「和檢察官對話」。

這次對話赤裸裸地暴露了檢察官集體性的自私自利，我們的社會甚至還出現了「你真檢察官」之類的譏諷流行語。從軍事政府到金大中政府，一直擔任權力的走狗，在政壇上連吭一聲也不敢的檢察官，看到改革的刀刃揮過來，便集體反抗起來。尤其看到想要改革的對方居於弱勢的時候，就會群起追咬。

當時的盧武鉉政府剛上任，在野黨占國會過半，單獨推動改革，卻心有餘而力不足。他提出成立高階公職者腐敗搜查處（公搜處）和搜查權調整等檢察改革的核心課題，但都無法推動。不分特殊部還是公安部的檢察官，都和在野黨結為同盟，集體抵抗盧武鉉政府的改革。

盧武鉉政府之前，金大中政府的檢察改革，主要集中於人事更換，關懷始終被排擠的湖南人，讓他們坐上特殊部和公安部的重要職位。也以他們為中心，進行許多對以往政府的腐敗調查。被稱之為銃風、稅風的案件搜查，就是在這樣的背景下執行的。銃風是安企部在一九九六年國會選舉前，拜託北韓在非武裝地帶進行武力示威的政治操作；安風是安企部保管金泳三總統的政治資金，於一九九六年國會選舉時用作大國黨的選舉資金；稅風則是國稅局為了資助李會昌國家黨候選人，從企業收取數百億韓幣大選資

5 南韓最有名、名門大學入學率最佳的明星高中。

金的案件。

檢察官的工作方式和過去一模一樣。只是檢察廳指揮部有所更換而已，其他諸如和政治力量勾結的搜查方式，依然如故。透過這種方式，檢察廳得以持續保有自己的權力。

盧武鉉政府想成立公搜處，分散檢察官的權力來進行改革，然而卻遭遇強烈的抵抗。面對檢察官和在野黨的結盟，改革只能無奈地收場。盧武鉉政府發現無法在制度上改革之後，決定從檢察廳放手，也就是走上消極的改革之路。

他不向檢察官提出搜查政敵這種要求，而讓檢察廳自行決定要進行什麼樣的搜查。最具代表性的就是非法大選資金搜查。盧武鉉公開跟檢察官說，希望他們調查自己所涉及的非法大選資金。也因為盧武鉉這次講話，檢察廳展開史上初次對非法大選資金的搜查。

大選資金搜查是前所未有的舉動，是極度敏感的案件。大家雖然都推測大選資金會超過中央選舉管理委員會所規定的上限，可能達到天文數字，然而誰都不曾進一步調查。因為一旦當選總統，檢察官就無法搜查他涉及的非法事件。何況，還會將屈指可數的財閥全都牽連進去，是極具爆發性的事件。然而盧武鉉超越這個禁忌，再次丟出撒手鐧。

搜查結果，盧武鉉候選人方面，確實有收受非法大選資金的事實。安熙正等候選人的心腹從三星等處收取非法資金。可是，在野的大國黨也得到更鉅額的所謂「政治獻金」。

三星、現代汽車、SK、LG等國內大企業，將一百億韓幣現金裝在蘋果箱裡，以卡車運送，再把卡車鑰匙一併交給大國黨。無記名債券被拿來當作非法政治資金的主要手段，也被調查出來。檢察官查到的非法資金總共超過一千億韓幣，令人驚愕。這些錢的大部分，是透過李會昌候選人的親弟弟收下的。盧武鉉總統和李會昌的親信都被大舉收押。

檢察廳的調查很成功，當時國民將檢察總長宋光洙和大檢察廳中央搜查部長（中搜部長）安大熙譽為「宋讚」和「安讚」，擁有超高人氣。檢察廳的權力自然而然地強化了，檢察改革的聲浪也逐日高漲。這都要歸功於盧武鉉總統不介入，讓檢察廳能盡情搜查。從盧武鉉總統執政以來從未直接介入媒體這一點來看，我相信他也沒介入檢察廳的搜查。盧總統是這種真誠的人。

這以後，檢察廳就享有了獨立於政治之外的調查自由。過去，事實上都得經過總統點頭才能對政治人物或財閥進行調查，現在檢察單位可以自行裁量。結果，他們後來又追加拘留了現代汽車會長鄭夢九、SK會長崔泰源、韓華集團會長金昇淵等人物，大幅動搖財閥的威信。本來就有反盧武鉉傾向的財閥，於是比任何時刻都還要渴望政權交替。首爾地檢特殊部成為檢察官心之所嚮。首爾地檢刑事九部更名為金融調查部，實際上升格為特殊部。檢察廳的地位到了前所未有的最高點。

在盧武鉉總統「和檢察官對話」現場提出反駁的那些檢察官，是否會滿足於這種變化呢？進入李明博政權，檢察廳立即回歸過去。檢察官絕對不會改變，只有部分特殊部的檢察官暫時嘗到自由的滋味。以公安部檢察官為中心的主流檢察官則只是低著頭，等待暴雨過去。在非法大選資金搜查中帶頭指揮的安大熙中搜部長，後來加入朴槿惠總統候選人陣營；當時的檢察總長宋光洙，也被視為阻擋盧武鉉政府檢察改革的最大障礙。

檢察廳保守性的根源

盧武鉉政府的監察改革為什麼會失敗呢？盧武鉉政府時期，將檢察官地位強化到史無前例的地步，然而一進入李明博政府，檢察廳又淪為走狗，究竟為什麼呢？當然是檢察廳的集體反抗，以及和在野黨的結盟扮演了重要的作用。但還有一個更根本的原因。

不論在哪個社會，檢察廳和法院、軍方、警察，都帶有保守色彩。這些組織存在的理由不是為了開拓社會的未來，而是維持目前的秩序。除了這種原則性的理由外，韓國檢察廳、法院、軍方和警察，從過去李承晚政府，甚至再往前追溯，從日本殖民時期起，就一直為了維持保守勢力的既得利益而行動。

舉凡對政府有一丁點批判的力量，或代替勞工或農民等社會弱勢發聲的力量，就會被戴上紅鬼子的帽子。即使不是，他們也可以動用拷問和羅織，捏造出紅鬼子。這群長期在法庭上讓這些事情得以進行的組織成員，能在一夕之間改變嗎？

一九八七年六月抗爭後，我們社會雖然逐漸民主化，然而從軍事政府時期就當走狗的檢察廳、法院、軍人和警察等，從未反省過去，重新出發。民主化之後，他們當然也從沒遭遇過清算。他們以身為公務員的理由，將所有責任推給過去的軍事政府，也就是國家，以保護自身地位。掌握這些組織的守舊勢力，在民主化後也沒有失去權力，並且還成功地讓自己再生。金大中、盧武鉉政府成立了「歷史事實真相究明委員會」等，想揭發他們過去的非法事實，然而他們和保守勢力勾結，集體反抗，讓這件事告吹。這些人占據的核心單位就是檢察廳、法院、軍方和警察等。

我採訪檢察廳的時候，感受到公安部檢察官有將盧武鉉政府視為赤色政府的傾向。最明顯的就是在朴槿惠政府擔任最長壽國務總理的黃教安。黃教安是極右派的基督教基本教義者，也是徹底的反共主義者。黃教安擔任首爾地檢公安部長時，對於初次見面的我，也明顯表現出對盧武鉉政府的敵意。即使在盧武鉉政府時期，檢察廳的高層還是由相當多極右派的人士掌握。想要依附他們的檢察官都以「隱忍自重」自許，占據了一線檢察廳的核心組織。進入李明博、朴瑾惠政府後，他們全面登場。經常有人提到前青瓦台民政首席的禹柄宇路線。然而不是禹柄宇路線，就能說是具有改革色彩的檢察官嗎？極大的可能是，許許多多物以類聚的檢察官，自己群聚在一起玩他們的權力遊戲。

如果放手不管這個組織，讓他們自己發展，會發生什麼樣的事呢？這就好比在一個已經由財閥控制的市場上，政府不做任何介入，將所有一切都交託給市場去決定。檢察官的組織也是。所謂檢察獨立，只是說不要做政治性搜查（rhetoric）。如果不從底層就對檢察官進行民主的管理，那他們永遠不可能擺脫累積到今天的慣性。他們極可能持續舊習，見到財閥這類強者就低聲下氣，看到弱者就欺壓，大量羅織生產紅鬼子。這就是盧武鉉政府在檢察改革中註定失敗的根本理由。他們沒掌握檢察廳的基本特性就放任他們自由，自招失敗。

盧武鉉政府對檢察廳放手的消極性改革，很快就像回力鏢一樣彈回。二〇〇四年第十七屆國會選舉中，盧武鉉政府的開放我們的黨以一百五十二席驚險過半，只是沒多久就崩塌了。選後調查違反選舉法的判決裡，開放國民黨的議員被嚴厲對待，違者要繳一百萬韓幣以上的罰款；反之，在野黨議員違反，許多只要繳八十萬韓幣的罰款。而一百萬韓幣罰款，是喪失議員資格的基準線。換句話說，檢察廳公安部以選舉法來檢視政黨的時候，他們和法院對當時具有進步傾向的執政黨採用了不同於其他政黨的嚴格標準。這種事例不只一端。

盧武鉉政府改革失敗的另一個原因，是放任檢察組織繼續存在著上命下達的慣性。金大中、盧武鉉兩個政府為了掌握檢察組織，和原來的威權政府別無二致地使用檢察廳的人事權。

雖然說每一名檢察官就代表著國家機關，但看看他們的實際運作方式，就會了解他們每個人也只不過是組織的一員罷了。檢察官是人，也都想要從部長級檢察官、次長、檢察長、檢察總長、法務部長等一路升上去。然而其人事權卻掌握在總統手中。檢察廳高層想往上爬，就不得不看總統臉色。因此執政後要掌握檢察廳，可說輕而易舉。

檢察廳會自行避開得罪總統的搜查。因此，檢察廳從未徹底執行過針對現任政府和執政黨的相關調查，總是等到改朝換代才做這件事。這是檢察廳被稱之為「鬣狗」的理由。他們總是啃咬死去的權力，在活生生的權力面前則畏縮退卻。當然，如同我們看到朴槿惠總統遭到彈劾之後展開的那些搜查，以及李明博總統的哥哥李相得議員遭到的搜查，現任總統以及其親近發生問題也不是沒有調查過。然而，那都是在問題實在大到無法遮掩，或是總統任期進入末期成為跛腳鴨時候的事[6]。

請看朴槿惠政府任期全盛階段發生的鄭潤會文件案，或是ＮＬＬ對話錄外洩等的調查。結果是徹底遵守總統的指示，對無關緊要的人過度起訴，其他則大部分判決無罪。本來，正常的情況下，法官做出無罪判決會不利於負責的檢察官的人事升遷，但是我們看到的卻不然。胡亂調查，表示國家權力對國民造成極大的傷害。然而處理政治案件的他們，在無罪判決後反而還升官了。從這裡可以清楚看出：乖乖聽話的政治檢察官會如何出人頭地。

這裡還涉及一個讓一線檢察官無法在組織內發聲，所謂「檢察官同一體」的原則。盧武鉉政府的時候，這個原則還沒寫進檢察廳法，只是大家的慣例。所謂檢察官同一體，是指全國的檢察官自成一國。這是一個全國所有檢察官的調查案，都要在事前向大檢察廳報告，然後在檢察總長指揮下有條有理地執行的原則，也是一體適用的原則。類似的案件若在首爾處以罰款，在釜山卻處以拘役，這就違反了平等原則。要適用同一基準才對。

問題是調查選舉法或政治資金等政治敏感的案件，需要得到檢察總長批准。發生情況的時候，檢察官不是各自依法處理，而是要先向大檢察廳報告，然後一一接受指示。申請收押令或逮捕令這種事就不說了，連是否可以「內查」（暗自調查）都需要檢察總長批准。如此一來，檢察總長的指示就會影響調查。而檢察總長又是由總統任命。這就意味著總統的意思會左右政治案件的調查。在這種情況下，想要對現在實際掌權者進行調查，能進行得了嗎？

身為總統，檢察廳是相當容易掌握的組織，只要讓幾個愛好權力的人坐上檢察廳高位，其他事情就會自動運轉。越想升官的檢察官，就越懂得看掌權者的臉色，或是為了靠攏而選邊。這樣，檢察官即使接到不當指示，也不吭一聲。因為就算不是我，也有足以取代我工作的其他檢察官。升遷這條路上，只要一次落敗，下次就很難再成功。尤其如果是為了反駁上級的指示而落敗，可能在組織內永遠被烙印上「飯桶」的記號。這整個過程，就是所謂的政治檢察官所打造出來的。

檢察官發現自己出人頭地的繩索掌握在特定政治力量的手裡，他們沒法做自己該做的搜查，只能跟隨組織裡的規矩來做。這麼說起來好像也只能如此。這個盧武鉉政府就是忽視了這一點。他以為檢察官只要站好了一次位置，以後即使政權輪替，依然會順利運轉。然而在民主政府下暫時不動聲色的檢察官，一旦威權政府再上台，他們很快就會配合著快速掌控組織。也是透過盧武鉉政府所運用的人事權。

如果想讓檢察廳徹底獨立，不能倚靠特定的政治力量，而需要公民進行由下而上的民主管控。這樣，

6 南韓前總統朴槿惠被控濫權與貪腐等十八項罪名，二〇一八年四月六日經一審法庭宣判十六項有罪，並判處二十四年有期徒刑、裁罰一百八十億韓元。前總統李明博，則因收賄罪嫌於三月二十三日遭逮捕。（參考自「維基百科」）

檢察官才能不看政治人物的臉色，而要看公民的臉色。還有，檢察官的組織文化也需要改變，才能讓一個個檢察官替自己發聲。

不論是調查國情院非法選舉的檢察官，還是因為主張MBC《PD手冊》報導狂牛病的電視製作人無罪而不惜辭官的檢察官，在李明博、朴槿惠政府裡也有很多感受到諸多問題，堅持發聲的檢察官。我們應該讓這些人都回到他們的崗位。要做到這一點，不能不改變他們軍隊式的組織文化。

這種現象不只存在於檢察廳。舉凡所謂的權力機關，也就是國情院、檢察廳、警察、國稅廳、公營媒體等，都一再發生。甚至在三權分立體制下，強調獨立性的法院內也有這種情形。李明博政府時代的申暎澈就是一例。前大法官申暎澈在首爾地方法院當院長的時期，遇到參加狂牛病燭光示威的人遭到起訴的時候，他不管原來應有的案件分配原則，將案件都分配給特定裁判部。這是因為特定裁判部和他意氣相投，可以做出有罪判決。他當上大法官之後，雖然被揭露了這件事，再加上偏頗是非，要求他離職的聲浪相當高。然而申暎澈依然撐到最後，做完了他的大法官任期。表面上，法官的人事權都是在最高法院院長手裡。然而最高法院院長是由總統任命，因此，不論大法官、憲法裁判官、監察院長、國務總理這些司法部門和行政部門裡的哪一個重要位置，只要你有坐上去的欲望，就不得不看執政者的臉色。

如同上述，在我們社會裡，所有權力機關的共同點，是由成員裡擁有最高權力的人左右人事權。想成功，想出人頭地，就絕對不能跟組織唱反調，也不能做出脫離手中有人事權的人可以掌控的行為。於是就會被欲望蒙蔽了雙眼，自甘成為權力的下屬。大家常說公務員沒有靈魂，但豈止這些權力機關的公務人員沒有靈魂。

盧武鉉彈劾和憲法裁判所

檢察廳的非法大選資金搜查結束後，在野的大國黨怒不可遏。執政黨的民主黨也因對北韓匯款一事而被特檢特偵組調查等，形成反盧武鉉和親盧武鉉兩派分裂。反盧武鉉勢力的不滿達到極致，便和大國黨結合，在距離二〇〇四年三月第十七屆國會選舉還不到一個月的時候，聯手彈劾盧武鉉總統。

盧武鉉總統的權力立即中止，憲法裁判所開始彈劾的審判程序。主審法官是國家黨所推薦，開始了史上第一次彈劾裁判。從一九八八年組成以來一直找不到存在感的憲法裁判所，快速受到重視。

民間激烈反對彈劾。盧武鉉總統，是因為在支持者面前說了一句「如果開放國民黨在這次國會選舉中獲勝就好了」的話，被拿來說是違反了選舉法，進行彈劾。就常識而言，這是總統道歉就可以解決的問題。結果一件小事卻演變成要把總統趕下台，反而激起了反對彈劾的逆風。繼二〇〇二年孝純與美善事件後，這是再一次全國都舉行了燭光示威。

國家黨承諾歸還收下的非法政治獻金，並推出朴槿惠求救。然而十七屆國會選舉結果，執政的開放國民黨以一百五十二席次過半，進步政黨民主勞動黨第一次以十席進駐國會。國家黨減少為一百二十一席，反盧武鉉的新千年民主黨則得到九席。大韓民國政府成立以來，保守政黨首次以未過半的席次嘗到敗績。

這次大國黨能得到一百二十一席次，是朴槿惠參選的結果。本來國家黨在發動彈劾案之後預估連一百席都拿不到，然而因為朴槿惠的微笑作戰，加上開放我們的黨（當時執政黨）議長鄭東泳貶低老人的發言，造成保守派勢力重新集結，總算搭起了起死回生的跳板。

國會選舉的結果，對憲法裁判所不可能不造成影響。因為憲法裁判所是對輿論十分敏感的一個組織。

他們駁回了對盧武鉉總統的彈劾審判申請。憲法裁判所的決議，就像一篇判決文的寫法，前半先說盧武鉉總統違反選舉法的問題，但後半從一句「雖然如此」開始，導出了這並沒有嚴重到足以剝奪總統職務的結論。

雖然這是理所當然的決定，但是憲法裁判所所長尹永哲還是因為這個事件被譽為英雄。這和宋光洙檢察總長和安大熙大檢察廳中央搜查部長（中搜部長）被譽為「宋讚」和「安讚」的情況類似。這三位其實全都是保守派人士，只不過因為遇到了好總統，做了合理的決定，就很諷刺地成為進步派支持者的偶像。

實際上，當盧武鉉總統後來提出和遷都有關的「建設新行政首都特別措施法」的時候，尹永哲所長轄下的憲法裁判所竟然做出說那是違憲的荒謬決議。他們的說法是：習慣上大家都把首爾當作是大韓民國的首都，所以如果想遷都，需要經過修憲的程序。又因為韓國是成文法國家，這件事涉及不成文法的習慣，所以是違憲。憲法裁判所陷入了自我矛盾。在總統彈劾案的審判上，憲法裁判所站到了執政黨這一邊，等他們看到盧武鉉政府的支持度跌落，在遷都這件事情上就選擇了和在野黨攜手合作。這就是大韓民國司法部門的樣貌。

MBC改革

不尋常的社長交接

盧武鉉總統上任後，MBC社長金重培突然辭職。至今沒人知道受人敬重的金重培社長為什麼要辭職。傳言是李光宰和安熙正這類盧武鉉的親信，希望讓自己的人坐上MBC社長的職位，因而與之發生摩擦。我雖然多次向金前社長求證，他總是不置可否，顧左右而言他。

盧武鉉政府任命接任的人是李兢熙社長，因為這位先生是極端保守的人物，簡直讓人懷疑是否是由大國黨任命。大韓民國朝著未來前進，然而MBC卻向後退。李兢熙社長讓自己的釜山慶南高中學弟具本弘擔任報導本部長[7]。具本弘後來當了李明博候選人的特別助理，又空降去當了YTN社長，因為開除了反對他的六名記者而發生嚴重衝突後，自行下台。

具本弘掌握MBC報導局，和三星有關的報導都無法順利播出。《新聞平台》也拿掉了許多和三星有關的報導。如同前述，因為其他公司的記者也不寫三星的報導，令人感慨萬千。因此有一天我在報導局

7 新聞部門的最高主管，相當於台灣的新聞部經理。

公布欄上發表了一篇名為「三星共和國」的文章，說明和三星有關的一些事情像是超現實般發生中，也加以批判。過沒多久，市民社會[8]也公然用起「三星共和國」這個說法，讓我摸不著頭緒。我和他們沒有交流，看來是心心相應。

我貼了這篇文章後，MBC報導局一片靜悄悄，沒有人有任何回應。好像根本不曾發生過這件事。我覺得自己有點像是透明人。又過了幾天，我再寫一篇，批評和三星相關的文章跟從前一樣，總是會被《新聞平台》拿掉。這次，有一位姓全的編輯部長把我叫去，質問我是否在說他故意把報導拿掉，還說我寫文章的攻擊目標是他。這根本就是賊反荷杖[9]。全部長毀了MBC新聞，引起屬下反對後，最後被趕走。後來他在李明博政府擔任報導局長和報導本部長。而當時的報導局長就是之前在經濟部的姜部長。我在報導局的公布欄刊登文章後，不久就從社會部法務組被趕到廣播新聞編輯部。

在報導本部長具本弘的領導下，MBC新聞抄襲《朝鮮日報》，對盧武鉉政府展開八卦型態的批判。當時我們的新聞就算批評盧武鉉政府也都是評論居多。長久以來從不曾真正抨擊過總統的單位，一下子對總統個人展開了過分的批判。他是看到保守派的長官，像李兢熙社長和具本弘本部長掌權，自己就突然像是一個終於可以伸展抱負的媒體人，開始提高音量。

抄襲《朝鮮日報》的這些批判報導，發生了一件事。盧武鉉總統有次去幫職業棒球開球，當時站在二壘的裁判其實是護衛。事後是青瓦台公布了這件事。但是這些媒體卻批判總統警衛室怎麼能洩漏這種頂級機密。還有一次總統搖下車窗打招呼的時候，青瓦台一名訪客把他寫給總統的信丟進車裡，這也被批判，說是總統護衛的嚴重疏失。我們就抄襲這類滑稽的報導，享受身為媒體的特權。

我在文化部遇見的那位姓尹的前輩，當時在採訪青瓦台。人很好的尹前輩，對這種情況感到痛苦不堪。

他不得不遵照公司的指示，卻又很難認同。因為他知道如果拒絕這種指示，那就會輪到晚輩來做，於是他一肩扛起。本來就愛喝酒的尹前輩，變成幾乎每天都要喝。

進入盧武鉉政府時代，ＭＢＣ裡的守舊人士掌握權力、濫用權力，因而使ＭＢＣ新聞走上敗壞之路。報導局內部的屬下怨聲載道，不滿之情一點一點累積，戰雲密布。盧武鉉政府趕走會做事的金重培社長，找來一個莫名其妙的社長，只能自食其果。

ＭＢＣ改革運動和內部分裂

進入ＭＢＣ，我東奔西跑，工作了八年不曾休息。一九九六年進了公司，在社會部、經濟部、文化部、統一外交部、社會部之間遊走。每去一處，就有大大小小的事件接連爆發。我覺得像是在金大中政府之後，就跟現代史同行。二〇〇四年九月轉調到收音機廣播新聞編輯部之後，我以為身心可暫時休憩。然而，並未持續太久。

收音機廣播編輯部通常是快退休的前輩才會調派來的地方。工作一天，休息兩天。當然個人時間增加了。但是為了決定每小時要報導的新聞，所有部門的新聞都要先逐一閱讀，不能漏失。不只我們自己的新聞，還要看韓聯社新聞。我發現我們的政治版真是整天拿新聞開玩笑。

我去了收音機廣播編輯部沒多久，報導局的腐敗開始被揭發。我們的報導本部裡，由本部長和局長兩個人帶頭，簡直好像把大國黨執政時期的所有核心人物都網羅進來了。這些人帶領新聞的方式依然如故。

8 civil society，公民社會是指圍繞共同利益、目標和價值的非強制的行動團體。

9 韓國成語，與「惡人先告狀」「做賊喊捉賊」同義。

另外，對盧武鉉政權日益露骨的批判也是個問題。也沒有什麼人指使，政治部、經濟部、社會部就以《朝鮮日報》為標竿寫起報導，批評盧武鉉政府。這段倒行逆施期間，屬下的積怨已深。然而當時的記者會長只想在報導局長面前好好表現，以便被派去當海外特派員，所以對於晚輩指責的各種新聞問題充耳不聞。

記者之間也會討論，越來越多人主張先要正當地選出記者會長。大約此時，我在「三星共和國」那篇文章裡建議報導局要設的匿名公布欄建好了。這是具本弘報導本部長的大發善心。大家利用這個公布欄，大鳴大放。從指出新聞的問題到記者會長的問題。當時的記者會長，都是前輩做完了再指名晚輩「這次由你來做」。但是如果要阻止記者會長和報導局長官勾結成一夥，就不能用這種方式。我們決定記者會長要由全體記者票選，也組成記者會緊急對策委員會，設立規範之後，重新選出了記者會長。我擔任了《記者會報》的總編輯，這個會報的宗旨就是讓記者的心聲得以抒發。這又是個很容易被保守派長官給你戴帽子的工作。

重建記者會之後，下一個目標就是更換社長。傳言李兢熙社長有連任的意願，因此要阻止他連任。反對李兢熙社長的聲浪，透過報導局的匿名公布欄再次爆發。保守派的前輩看到這幅景象，不是批評這形同中國文化大革命的紅衛兵，就是批評大家不敢用實名只用匿名很卑鄙。但他們也用匿名上來攻擊我們。於是報導部門分裂成兩個陣營。

此時又發生了「GUCCI包」事件。姓姜的報導局長和所謂的廠商見面，免費拿了GUCCI包的事被揭發，姜局長因此走路。大家要求MBC改革的聲浪更高，以李兢熙社長為目標的文章接連不斷。李兢熙社長這才發表放棄連任的宣言。

原先反對李兢熙社長的聲浪，現在改為討論如何選出替代人選。當時的《時事雜誌2580》崔文洵部長成為有力的候選人。崔前輩是持續做媒體運動的人，曾經擔任ＭＢＣ工會委員長，也擔任過全國媒體工會的第一任委員長。市民社會團體沒有另提候選人，崔前輩就成了眾望所歸。崔前輩得以當選ＭＢＣ社長，是晚輩在底下進行ＭＢＣ改革運動的成果。

二〇〇五年二月崔文洵前輩當上社長，報導部門分裂為兩派。一派是以前輩們為中心的反對勢力，一派是以晚輩們為中心的支持勢力。崔文洵前輩是報導局第二十一期的人。崔前輩當上社長之後任命的報導本部長是第十五期。應當第十或第十一期的人來當社長的時間點，突然跳出一個二十一期的人來當社長，老一輩的前輩大都心懷不滿。他們公然批判崔文洵社長的領導體制，咒罵晚輩是紅衛兵。他們對我的批判也來到最高潮。我從報導反《朝鮮日報》運動之後，就被社內保守派前輩盯上，崔文洵風波的時候來到頂點。在他們眼裡，我簡直是公司裡的叛亂行動隊長。他們正伺機以待。

令人惋惜的盧武鉉政府

沒有改革計畫的三八六世代

二〇〇五年二月由崔文洵社長領導公司之後，我轉調到政治部。進公司九年後，我終於可以前往自己大學主修的部門。我曾經想過到底何時才會進政治部，不料崔文洵社長上台發揮了極大的影響。一般是在社會部採訪檢察廳之後，會調往政治部，然而我卻被驅逐至廣播編輯部。所以崔社長這個時候把我派到政治部，也有把人事命令調回正軌的意義。然而反崔文洵的前輩卻在背後指指點點。

我在第十七屆國會看到的開放我們的黨，除了失望不能再說什麼。開放我們的黨和民主勞動黨的席次加起來超過一百六十席。我認為這個人數可以充分做到共同推動進步，然而開放我們的黨和國家黨更重視與大國黨共組保守聯盟。盧武鉉致力於克服地域主義，更勝過對理念的推動，這也可能是因為他不斷地嘗試復原過去統一民主黨時期的在野精神。

實際上，除了國家保安法和史學法等四大改革外，開放我們的黨的政策和大國黨並沒有太大差異。尤其是經濟政策成了經濟官僚完美的囊中物，一脈承襲了原來的財閥中心經濟成長政策。黨內，金槿泰和鄭東泳則展開環繞著改革與實用的對決，以實用為代表的鄭東泳多少占據了優勢。不過，金槿泰在經濟政策上也並沒展現出明顯的改革性。

當時開放我們的黨內部發言權最大的是三八六世代的政治人物。盧武鉉本來就是因為得到三八六世代的熱烈支持而上台，因此這也理所當然。然而三八六政治人物完全沒有內涵。這些三八六政治人物主要是全大協出身，各自當過各個大學的學生會總會長，也許他們對街鬥、街頭示威很在行，但是對國政的經營毫無計畫。結果他們只能充當政治的門面人物，整天跟隨金槿泰、鄭東泳、丁世均等各個派系首領，不斷表演聚散離合。每次在國會遇見他們，我都苦口婆心地跟他們說「問題出在經濟」，然而無疑是對牛彈琴。在他們的大腦裡，根本沒有準備思考經濟問題的空間。

從大國黨離職的所謂老鷹五兄弟[10]也是一樣。我和其中部分議員有個人交情，曾經長時間對談。但越談越發現他們非常保守。或許也因為這樣，他們才能長期在大國黨內活動。

盧武鉉政府從早期開始就只以政治改革為主力，並且還一直顧著如何和大國黨連動，顯露出退步的心態。其結果就是加速執政黨的分裂。執政初期最具代表性的事件是特偵組調查政府對北韓匯款之事。本來這是總統行使否決權就可以解決的事，然而盧武鉉為了改善和大國黨的關係卻接受了。結果，特偵組調查政府對北韓匯款造成湖南派系分裂，大國黨則樂得執政黨分裂。盧武鉉政府和大國黨的關係不但沒有改善，還被大國黨罵得更凶，和盧武鉉預期的大相徑庭。

盧武鉉會接受特偵組調查政府對北韓匯款的原因，和他在確定得到民主黨總統候選人提名後，戴上十三年前金泳三送的「YS手錶」前去拜訪，想得到釜山、慶南地區金泳三人馬的支持，一脈相連。也

10 老鷹五兄弟是指安泳根、金榮春、李富榮、李佑宰、金富謙五人。

就是想透過以往嶺南、湖南在野黨的機械性連帶，來克服地域情結。然而在早已超過地域對立，而是理念對抗的朝野結構中，盧武鉉的希望只不過是個夢想。

對支持執政黨的人來說，盧武鉉決定派兵去伊拉克有如青天霹靂。曾經反問「反美的話又怎麼樣」的盧武鉉，到了美國卻能說出「若不是美國，搞不好我就被送去阿吾地煤礦勞改了」這種話，顯露出支持美國進攻伊拉克的立場。不熟悉外交事務的總統，被外交部的官僚耍得團團轉。大國黨雖然積極贊成盧武鉉的這個決定，然而盧武鉉支持者裡的進步力量開始掉頭離去。盧武鉉總是把國家黨和官僚放在心上，卻一路流失原先支持自己的人。

第十七屆國會中得到過半數席次的開放我們的黨，出現無力的狀態。滿懷壯志推動的四大改革，在遭遇大國黨的激烈抵制後化為烏有。執政黨即使占了國會過半席次，卻被大國黨吃得死死的，暴露出難以想像的無能。當初打算推動的改革無法進行，其來有自。

盧武鉉總統著急了，正式向大國黨提議大聯合政府，然而大國黨嗤之以鼻。誰想和已經失去支持者的政府一起組成聯合政府呢？盧武鉉的話，終究成了沒有回音的吶喊。盧武鉉還向大國黨提出修憲的建議，提議將自己的任期縮短一年，以四年終任制進行單點式（one point）修憲[11]，不過大國黨根本沒理他。

在這段時間，從金大中政府就加速推動的新自由主義經濟改革，導致了貧富嚴重兩極化。金大中政府是因為要向國際貨幣基金（ＩＭＦ）借錢，不得不接受新自由主義政策。然而盧武鉉政府到了應該調正的階段，卻依然承襲原來的政策。加上不顧勞動界的反對，通過兩年期限的非正職保護法案，造成社會上非正職工作人員日益增多。政府和勞動界的衝突加劇。原本相信盧武鉉人權律師而熱情呼喊的勞動界，面對盧武鉉總統的強硬政策只能屈服。

這段時間不動產價格的暴漲，更成為民心背離的觸媒。不動產價格暴漲，造成資產兩極化，拉開了有房子的人和沒有房子的人之間的差距。薪資差距固然嚴重，資產兩極化更造成無法救平的貧富鴻溝。然而政府無法快速提出對應政策，被市場徹底玩弄之後才比較緩和下來。事實上，直到今天，韓國的經濟官僚從沒有主動提出可以穩定不動產價格的政策。他們不是說要支持不動產來拯救經濟，就是恐嚇大家不動產持續低迷經濟會垮。有人哄抬不動產價格也好，不動產價格上漲也好，他們都坐視不理。盧武鉉政府在這裡又被他們害了。

所有這一切，都是被經濟官僚操控的結果。照當時前青瓦台國民經濟秘書官鄭泰仁所言，盧武鉉政府裡企圖改革的少壯派，在青瓦台和政府做不到一年半就全部被趕走。比起金大中政府的改革派在一年內就被趕走，還算是撐得比較久。經濟官僚可以帶來馬上可以看到的輝煌成果，改革人士只能提出成果不透明的改革政策，身為總統，沒法不信賴官僚。實際上，把經濟發展交給那些官僚負責，表面看來，無論經濟成長率、投資率、出口、物價等經濟指標都不差。但只要稍微往深處看一看，就知道是金玉其外，敗絮其中。社會兩極化，有錢的人樂不可支，庶民感受到的景氣卻是越來越惡化。

盧武鉉在這個時期所說的「把所有權力交給市場」，幾乎令人絕望。本來，面對從朴正熙時期以來就實施的財閥中心經濟成長架構，這是發動改革的絕佳時機，但盧武鉉政府卻被經濟官僚綁架，以為全部交給市場就是改革。交給市場，結果就是讓那些從朴正熙時代就體積膨脹的財閥，進一步鯨吞蠶食。政府更難以管控。

---

11 單點式（one point）改憲，是總統連任制和總統、國會議員的任期一致等，以先解決提升國民的共識重要案件為主旨，提議的第一階段改革。

過去，勞動界因為相信帶有進步色彩的盧武鉉，挺身而出為他抬轎，幫他上台取得權力，不幸卻在背地裡被捅了一刀。從盧武鉉執政初期的貨物連帶罷工開始，他們好不容易才爬起來，又不得不在政府的強硬手段之下屈服。遭到拘留的勞工人數，從金大中政府開始就再次上揚，到盧武鉉政府時期多達一千多人。只看被拘留的勞工人數，如同回到全斗煥執政的時候了。

盧武鉉帶頭推動三星和現代等財閥想要的韓美ＦＴＡ。儘管進步傾向的支持者和勞工、農民等社會弱勢都反對韓美ＦＴＡ，然而盧武鉉卻不顧他們的反對，積極推動。韓美ＦＴＡ讓那些對盧武鉉還抱有最後一絲期待的民心也徹底背離。盧武鉉政府的民心已到了無法挽回的地步。盧武鉉在卸任之後，曾經對韓美ＦＴＡ政策表現出悔意，然而已經太遲了。盧武鉉是個對政治上的民主抱持夢想的人，但他最起碼的問題，是對經濟和勞動議題上的民主有很大的誤會。

盧武鉉在他任期的最後一年，二〇〇七年十月舉行第二次南北高峰會議，發表了10·4宣言。然而在政權即將交替的情況下，這份在執政末期達成的南北共同聲明只不過是廢紙一張，而後面接手的李明博政府把這張廢紙也化為紙屑了。過去在學運圈組成ＮＬ主軸的全大協出身的三八六政治人物，他們那麼期盼的南北關係改善，終究因為盧武鉉執政時期，特偵組調查對北韓匯款的問題，無法順利推展。

盧武鉉的支持層已經崩解了。「都是盧武鉉的錯」這句話成為民間的流行語。住在首爾江南的人雖然在盧武鉉執政時期因為不動產暴漲賺大錢，但絕對不支持盧武鉉政府。沒錢的人感受到社會的貧富兩極化，也反對盧武鉉政府。這已經到了四面楚歌的情況。此時，在野黨即將政黨輪替，是洞若觀火的事。盧武鉉或柳時敏在執政末期會說出「政黨輪替也沒什麼不好」這種話，民心思變可想而知。在野黨如同免費撿到政權。

三星X檔案和盧武鉉政府

MBC記者李尚浩拿到了三星X檔案，也就是《中央日報》會長洪錫炫和三星副會長李鶴洙間的對話錄音。這裡面的內容十分重要，只要按照應有的程序調查，足以讓三星和檢察廳都發生一次徹底的改革。然而崔文洵社長領導的體制卻出了問題，報導局長要求記者追加採訪，並且要求詳細探究這份錄音檔案是如何外流的才能報導。換句話說，就是要證明這份檔案不是憑空捏造出來的。他們是看出李尚浩記者雖然拿到錄音檔案，卻無法採訪提供者的弱點。因此他們強要採訪，結果產生衝突。

報導一天拖過一天，李尚浩記者將錄音檔案的存在和內容外洩給以《傳媒今日》為首的外部媒體，也透露MBC阻止播報的事。報導局長對李尚浩記者的行為更加火冒三丈，認為李尚浩記者不但不採訪，還操弄媒體。衝突加劇，錄音檔案的存在和內容卻早已傳遍了媒體界。最後《朝鮮日報》查到了錄音檔案的出處，比我們搶先一步報導。洪錫炫和李鶴洙的對話是被國情院美林小組[12]竊聽。確認了錄音檔案真實性的那一天，MBC也大篇幅報導了錄音檔案內容。

MBC為什麼要拖延三星X檔案呢？錄音檔案的出處不透明這件事，雖然令人存有疑慮，然而我們信任的崔文洵社長也有問題。之後聽說崔社長不願意報導這份檔案，是因為三星是我們公司最大的廣告主。當記者的崔文洵為了公正報導曾經參加運動，然而當社長的崔文洵卻成了不折不扣的新自由主義者。「沒有錢就難以進行公正報導」這種話，他也能公然說是自己的信條。他的意思是，如何進行公正報導，

12 美林小組是從一九九一年九月到一九九八年十一月為止，第六共和國和文民政府時期（即金泳三時期）由國家安全企劃部營運的秘密竊聽小組。

當屬下的應該心裡有數，而他自己，則會努力打好公司的經濟基礎。在這種情況下，要播報會讓最大廣告主動怒的新聞，談何容易。

社長崔文洵的問題和盧武鉉政府的問題有直接關聯。事實上，盧武鉉政府和三星維持著密切到說是勾結也不過分的關係。當選還沒就任的期間，盧武鉉的親信李光宰和安熙正，拿著三星經濟研究所的報告，制定了財閥為主的經濟成長政策。還有，盧武鉉政府打著民間交流的招牌，將局長或次長級公務員派去三星，叫他們觀摩學習民間企業。對於調查三星X檔案的呼聲，也以那是非法竊聽，不足為正當證據來搪塞過去。盧武鉉執政末期，還透過特偵組調查三星，給了李健熙、李在鎔父子免罪符。因為金勇澈律師的舉報而不得不成立特偵組調查三星之後，盧武鉉政府指派了一名根本不會認真調查的人當特檢。

三星X檔案報導終究沒有給我們社會帶來重大變化，就是因為有這些事在背後運作。崔文洵社長和盧武鉉總統爬到自己想要的位置，卻違背了支持者的信任，實際上和三星結為同夥。他們自己已經成為以財閥為主的經濟成長政策的俘虜，在這種狀態下要他們向三星揮刀，確實也是超出想像的事。

李海瓚總理和媒體

採訪國會那段期間，我被保守派前輩牽制很大。當時一位姓崔的政治部次長是對崔文洵社長體制極度不滿的前輩，然而崔文洵社長主張和睦共處，這些前輩也就安坐政治部的位置。等到李明博、朴槿惠政府上台之後，他就和社內的最佳網文日報儲藏所集團一起做偏頗報導，和晚輩們劃清界線。

當時，崔次長經常把我們寫的報導用站在大國黨的角度修改一遍，讓報導變得很奇怪，因此不可能不產生衝突。然而政治部的部長都跟著附和崔次長，盡力跟他靠邊站。在這個過程中，二〇〇六年三月，我採訪國會還不到一年，採訪路線就從國會改為國務總理室了。因為和崔次長的摩擦，我被排擠出國會小組。這時的國務總理是李海瓚。我一轉調到總理室，就立刻爆發了三一節高爾夫風波。

在盧武鉉政府裡，李海瓚總理就是真正的責任總理，掌握實權。跟過去金大中時期的金鍾泌總理一樣，擁有強大的權限。李總理的工作能力非常好，在野黨也從沒對他的工作說過什麼話。盧武鉉總統對他的信賴當然就很高。

問題是李總理太剛直了。身為總理，對在野黨的詢問總是針鋒相對地回答。李總理是照實回答，有什麼說什麼。然而在保守的韓國，有進步傾向的人如果說真話，很容易被套上罪名。我在MBC社內就常看到這種現象。李海瓚總理平時的態度也有問題。既然已經掌握了權力，就需要虛虛實實、外柔內剛，但他卻正好相反。對在野黨和保守派媒體而言，政府和執政黨出一點芝麻綠豆大的小事都能攻擊，看這位總理更是如鯁在喉，早就想除掉，只是還沒找到藉口。

這時剛好發生了三一節高爾夫風波。李海瓚總理在三一節這天打高爾夫，本身就不盡然是件好事，媒體和在野黨當然大肆批評。然而保守媒體和在野黨的攻擊似乎太過頭，每天播放三一節高爾夫風波，接連播了十五天。持續追蹤李總理和誰一起打高爾夫，費用由誰支付，同行的人是什麼背景等等，什麼毛病都挑。甚至連李海瓚總理收到別人送的高爾夫球上有個鳳凰的圖案，也能被揪出來批判。李海瓚總理這邊的反擊也漸漸加大。雙方成了情緒之爭。

有一天，我偶然和柳時敏議員一起吃午餐，提到這個問題。柳議員的反應是，總理在三一節打高爾夫又怎麼了，沒什麼大不了。我回他說：打高爾夫本身也算不上什麼好事吧。更大的問題是，做錯事只要低頭認錯就好，但這位總理卻有別於之前的政府，姿態太高，形同幫別人製造新聞。聽我這樣說，柳議員的回答是：「我們都掌權了，也是要打打高爾夫的嘛……」我真懷疑這和我以前認識的那個善辯能答的柳時敏是不是同一個人。他們都脫離理性，只知道情緒性地回應，也可以說只剩下一種傲慢的心態。可是一旦媒體和政府官員情緒對立起來，最後得勝的一定是媒體。最後，李海瓚總理就這樣辭職下台了。

經歷了李海瓚風波，盧武鉉政府不得不重新思考媒體策略。盧武鉉政府從執政初期就封鎖記者室，不只把保守傾向的媒體當「敵人」，還把所有的媒體都當敵人。盧武鉉總統曾指出有些人「窩在記者室裡影響大家的氣氛……」。他指的是那些長期採訪外交部、統一部、國防部，端起老大架子的保守媒體記者。然而要消除他們的問題，卻將所有的媒體都當作敵人，無疑是矯枉過正。他是在莫名其妙的地方浪費戰力。

盧武鉉的政策也引發媒體的左右夾攻，批判盧武鉉政府的代表性說法是：「打了左轉燈，然而卻右轉。」表面上宣稱進步改革，實際的政策卻太保守。保守派媒體當然不會因此就稱讚盧武鉉政府；進步傾向的媒體則不會放過盧武鉉政府。因此左右夾攻。盧武鉉曖昧的立場（stance）只能自招橫禍。

但他們也不是使用虛虛實實的計策。各種大小事衝突不斷，媒體反而有很多題材可寫。總統在發生衝突，總理在發生衝突，各個部會長官也在發生衝突，盧武鉉執政時期，整個國家上下紛紛擾擾。衝突發生事件，媒體不會放過。媒體的工作不就是搧風點火嗎？對保守派媒體和國家黨來說，這一切真是求之不得。人民看到眼前總是吵吵嚷嚷，當然也不會開心。盧武鉉政府雖然強力為自己的清白爭辯，卻經常犯下失去民心的大錯，於是就得到「好，你的大便比較粗」[13]這種冷淡的評價。

既然是少數執政，制敵就要有智慧。虛虛實實是最好的策略。掌握了行政部門的權力就宣戰，是沒有用的。保守勢力占有立法部門、司法部門和媒體的強大基礎，行政部門內部的保守官僚實際上也是他們的友軍，何況還有財閥強大的資源站在他們那一邊。我們不是沒看到：當這些財閥眼見盧武鉉政府接連失去行政部門和立法部門，就向司法部門和媒體等號召要抵制盧武鉉政府了。

被趕出政治部

我採訪總理室大約六個月之後，二〇〇六年九月ＭＢＣ內部進行組織改造。原來以「部」為中心的體制改為以「小組」為中心的體制，產生了無數的小組。許多個小組綁在一起，成為部、局長負責的編輯體制。我不知道這樣的小組改編有何意義，但是看來新當上社長的人都總會萌生想改變什麼的欲望。不過有一點很確定：傾向改革的前輩都反對組織改編，而主導組織改造的前輩當時都是反崔文洵的先鋒。反崔文洵的勢力，利用崔文洵的欲望掌握了社內權力。

組織改造後，緊接而來的是後續的人事，有改革傾向的前輩都從主要職位上被擠下來。我也從政治部被驅逐到《時事雜誌2580》。報導局長更換為帶有保守傾向的人士，政治一、二小組的組長也變更為反崔文洵、反盧武鉉人士。在崔文洵領導的體制下，反崔文洵人士卻掌握報導局內的所有實權，是令人氣憤的逆轉。虎視眈眈的前輩達到目的，我對崔文洵的失望更是難以言喻。

盧武鉉政府的誕生分明是我們社會劃時代的事件，然而期待越高，失望也就越大。盧武鉉政府為了克服地域情結，一心想以機械方式把過去的嶺南、湖南在野人士再度凝聚起來；經濟上又延續朴正熙政府之後就一路以財閥為主的經濟成長架構，一步也沒脫離。其結果，就是支持盧武鉉政府的新世代、新進步傾向支持者的期待，未被充分採納。美國政治學者埃爾默・舒特內德（Elmer Eric Schattschmeider）說的「衝

---

13 此話代表「好嘛，你了不起」的意思。

《時事雜誌 2580》時期，我在智異山蛇谷取材的模樣。一年半期間，我想要的報導都無法如願播報。

突的置換」，無法得以實現。社會兩極化逐日加劇，民心背離，政權自然就落入在野黨手中。

當然盧武鉉政府也留下了豐碩的成果，透過非法大選資金調查，形成了將政壇不當腐敗連根拔除的基礎；檢察廳和媒體獨立於政治之外，盡情享受自由。可以說，他建立了扶正社會正義的基石。問題是：這一切無法系統化；隨著政權更替，功虧一簣。

9 我留在工會的理由

和國民有距離的李明博政府

我轉調到《時事雜誌 2580》，工作了一年半。有一段期間由於和部長的看法有差異，無法盡情地做我想要的報導。像是撰寫關於大型超市問題的報導，被指責暴露大型超市的立場，讓批判的刀子變鈍；採訪古巴的免費教育和免費醫療，被批評為主題無趣，還取消原本預定的出差。這是個無法寫報導的環境。

李明博當選總統，我才得以利用報導部門人事異動的過渡期，撰寫自己想要的報導。最具代表的是英文沉浸式教育的採訪和批判。我和其他兩名記者一起，以一集四十五分鐘的分量，報導這個主題。

李明博當選的交接委員會（交接委）時期，交接委員長提到「柳橙」[1]的事，指稱全民需要英文沉浸式教育，引起批判。沉浸式教育是指教英文時，只用英文上課。若要徹底做好，日常生活也要用英文。這樣一再重複，連思考也會用英文，最好是做夢都會用英文做夢。

就我個人的經驗來看，沉浸式教育的確是學習外文的王道。要學好外文，絕對需要大量暴露在外文裡的時間。我們從國小到高中，十二年來在學校的學習，填不滿這個時間。所以需要沉浸式教育。

然而，要在所有學生身上都實施這套沉浸式教育？這可不行。想把英文學到母語水準的人所需要的學習法，怎麼能適用到所有學生身上呢？這是菁英式的思維。這是想把少數人有限的經驗，套用到所有人身上的欲望。這就是李明博政府的本來面目。他們這群人和一般人民的距離，遠之又遠。

韓文和拉丁文或日耳曼語系的英文、法文、德文的結構不同，因此韓國人很難學習英文或法文。說起來，中文的結構比較可能學好英文。中文的語順有著和拉丁文類似的層面，還具有類似英文抑揚頓挫的四聲。和我們最類似的語言是日文，因為語順和結構相同，因此韓國人學習日文相當容易。

採訪後發現，日本的外文教育方式最適合我們。在日本用英文問路，大部分的日本人都會逃之夭夭，就因為不會說英文。我們政府的公務員看到人民做出這種行為，會說這是丟國家的臉，但日本的公務員就不會，反而覺得理所當然。而且日本還是全世界拿到最多諾貝爾獎的國家之一。為什麼呢？

那是因為日本重視翻譯和口譯。外國出書，日本很快就出版翻譯本，除了英文以外，還包含中國、德國、法國、西班牙、義大利等。日本人出國，還有很多優秀的口譯陪同，一般人即使不會外文，也不覺得不方便。因此做翻譯或口譯的人、負責外交業務的人，一開始都用沉浸式教育方式專心學習外文，其他人就自行學習外文。但即使不學，生活也不會受到影響，因為國家提供所有服務。

然而事大主義根深柢固的大韓民國菁英，認為全體國民都需要英文。他們不想國家為不懂英文的國民提供何種服務，反而覺得不會英文的國民很愚蠢，應該要加以教導。這就是大韓民國自以為優秀的官僚特性。李明博政府因為批評聲浪越來越高，最後不得不放棄英文沉浸式教育。

主播和假想現實

二〇〇八年三月，我從《時事雜誌2580》回到報導局，切身感受到政權更替。社長也由崔文洵更換為嚴基永[2]。嚴基永一直為當上社長拚命努力，卻被晚輩崔文洵擠下，因此一直占著特任理事和主播的位置伺機以待。

1 這裡是指用很差的韓式英文發音orange。

2 南韓電視史上最有名、在任期間最長的當家主播，在一九八九到一九九六，以及二〇〇二到二〇〇八年播報《新聞平台》，地位近似於台灣的沈春華。二〇〇八年辭去主播後，投入選舉，並當選為MBC社長。

第一次見到嚴基永是實習記者時期，在各部門待一兩天體驗的時候，嚴基永擔任政治版的部長。那是他首次辭去《新聞平台》主播之後被分派的位置。在那裡見到的嚴基永和電視上看到的嚴基永有天壤之別。雖然身為部長，他並沒有主導權，被坐在編輯台上的次長牽著鼻子走。

仔細想想，也沒有什麼不對。他在《新聞平台》當主播當久了，已經失去現場採訪的直覺。可是這又不是其他部門，是政治版，難道他沒有自己的看法嗎？這就是嚴基永的真實樣貌。

長期以來，嚴基永身為主播，一直有權力也有責任參與編輯會議。但是編輯會議上從來沒聽過嚴基永發表自己的看法。不論誰當報導局長，他都會看著風向，亦步亦趨。

因為我是ＭＢＣ記者，身邊不時有人會打聽有關嚴基永的事。我很難回答，就說他優柔寡斷，拙於言辭。聽到我這麼說，大家都說我批評得太偏頗了。因為在《新聞平台》節目上的嚴基永，是個言語俐落、有進步傾向的人物。

嚴基永從社長職位卸任之後，成為大國黨的江原道知事候選人。這時聽我說過他的人才知道所言不虛。嚴基永要參選江原道知事，卻為到底要當執政的大國黨候選人，還是在野的民主黨候選人舉棋不定。到了電視辯論會上，在曾經也作為ＭＢＣ社長、並為民主黨角逐江原道的崔文洵候選人的質問之下，也不知怎麼回答是好，橫說豎說。大家看了他這些模樣，才想起我說過的話。

我們社會有太多電視打造的假象，其中莫過於新聞主播。主播和本人實際形象不同，會根據節目打造，特別是女主播。新聞女主播要美貌和知性兼具，由於這個原因，許多播音員和女記者都夢想成為主播。

隨軍記者的形象也是大同小異。如同前述，觀眾看到電視上的戰爭畫面，都誤以為是韓國記者冒著生命危險直接到現場採訪報導。萬一他們知道所有戰爭畫面都是花大錢去買國外記者拍的，形象恐怕大打折扣。那是電視台把飯店房間內的記者化身為隨軍記者的魔術。

主播就只是主播。韓國直接指揮採訪的主播，只有JTBC的孫石熙。主播自己為播出的新聞負責，因此也指揮採訪的體制，還是在美國才有。其實記者也有同樣的問題。如果不想掉入閉門造車的陷阱，就要確認記者是否當真兩條腿去現場實地採訪過。最能代表兩條腿去現場的，就是現場直播。如果講些其他自己沒去過的地方發生的事，那就是用錢買來的「假」報導。

過去又朝著過去

李明博上台後，我的採訪路線只有首爾市廳。在經濟版、政治版、社會版這些地方也都工作過之後，這個時候我也成為次長。但政權更替之後，我實際上已經從現場被排除。保守傾向的前輩掌握報導局後，我更沒有立足之地。

我從《時事雜誌2580》轉調到報導局後，被分派採訪的地方就是首爾市廳。當時首爾市長是大國黨的吳世勳。相較於市長本人的政治分量，首爾市難有什麼重大新聞。大部分都是首爾的地方新聞，所以比較清閒。拜此所賜，我個人的時間也多了出來。

狂牛病燭光示威發生時，我身為市廳班長，下班後自然也走入燭光示威。但我並非作為採訪記者觀察他們，而是一起成為示威同伴。除了大學時期，我從未像此刻般經常參加示威。我親眼目睹嬰兒車部隊蜂擁而至，示威化身嘉年華的文化景象。

相較於生氣勃勃的示威，李明博政府的對應依然如故。外交部官僚親美主義發生的牛肉協商，在重新協商之前還有許多難關。對示威，也以「明博山城」[3]的出現為代表，也有翻臉的時候。示威地點縱然容許到青瓦台附近，然而除了高喊口號之外，什麼都不能做。然而，李明博政府不愧是軍事政府的後繼者，碰上示威就想制止，結果造成警方和示威隊伍大大小小的衝突。

李明博政府在結束牛肉重新協商後，率先拘留了網路上取名「涅槃」的網友。雖然檢察官或法官都知道這並不足以構成拘留的理由，然而在保衛政權的著眼點上，還是要先拘留，殺雞儆猴，以便壓制網路上的聲浪。最後涅槃雖然在最高法院得到無罪判決，但就像弱小市民經常發生的事，因為衝擊太大而需要接受精神治療。

從狂牛病燭光示威開始，李明博政府為了可以擺布輿論，繼強力壓縮網路發聲之外，進一步把手伸進公營電視台。在YTN，李明博政府把前MBC報導局長具本弘空降去當社長；在KBS，他們以毫無根據的理由趕走鄭淵珠社長；在MBC，他們壓迫嚴基永社長，控制新聞和時事評論節目，讓他在兩年內就辭職。這一連串行徑一直持續到朴槿惠政府。MBC和KBS等公營電視台就像軍事政府時期，墮落為執政者的喇叭手，遭到國民徹底的排斥。

李明博政府還推動成立「綜編頻道」[4]。MBC先前已展開三次罷工，媒體界也強烈反對新設電視台，但他們還是核准了「綜編頻道」的成立。這樣做的理由很簡單，電視台的影響力勝過報紙，保守派右翼隨時都需要可以發聲的電視台。

李明博政府時期，國務總理室還監控民間人士。事實上，此時開始，國情院的對內行動再次變得活躍。國務總理室進行草率的稽查被抓到把柄，國情院便透過看不見的力量持續稽查。二〇一二年大選，國情院非法進行朴槿惠選舉運動。他們在網路和SNS的留言活動並不是偶發事件，那是對國民持續展開「心理戰」，操控輿論。

檢察廳也回到軍事政府時期。公安部大復活，公開進行政治性偏頗的調查。一些有理念的檢察官，像是拒絕起訴（報導狂牛病的）《PD手冊》製作人的檢察官，不惜辭職離開檢察廳。極右傾的公安檢察官，他們翻盤的世界，再次來臨。

李明博政府建立親企業化，推動新自由主義政策，使得韓國的貧富兩極化來到再也無從改善的地步。他們把匯率調整到引發外匯危機的水準，單方面協助企業出口，還幫企業減免數十兆韓幣的企業所得稅。透過開放首爾機場跑道，允許建造第二樂天世界等，李明博政府支援企業界的優惠達到天文數字。另一方面，對於實際工作的勞工，卻徹底地壓制，因而引起龍山慘案和雙龍汽車整頓解雇員工等悲劇。

換句話說，李明博政府的五年，是把我們社會從一九八七年之後擴大的民主政治逆時鐘轉動的時期。他們讓全斗煥這些人再次抬頭，新右派得到政府的支援，聲浪高漲。非常識取代了常識，非正常取代了正常。

李明博政府本身就可稱之為最佳網文日報儲藏所集團。我們社會有百分之一左右的人形成的極右集團，朝著其他百分之九十九的人喊不正常，並控制大家。自國務總理以降，幾乎所有國務委員都由具有像最佳網文日報儲藏所那樣發言傾向的人士代替，無論是黃教安國務總理或是秘書室長金淇春、國家保安室長金章洙等，所有這些決定國家意識的核心人士，全都用公安檢察官或強硬軍人出身。如同像崔順實國政壟斷事件所顯露的，政權和財閥之間的官商勾結也回歸至朴正熙維新政權當時的水準。

3 當年警方出動貨櫃，直接置放在光化門廣場上，藉以阻擋示威群眾往青瓦台行進的道路。被稱為「明博山城」。

4 韓國一種不通過無線電視而採用有線電視、衛星電視或寬頻電視等方式進行全國播放的電視頻道類型，目前有每日廣播網（Maeil Broadcasting Network）、ＪＴＢＣ、Channel A、朝鮮電視公司（TV Chosun）等四家，均於二〇一〇年十二月一日開播。

國家主導的不法活動再次蔓延，那是因為本來應該糾正法律秩序的檢察廳不善盡職守，反而從青瓦台民政首席祕書官禹柄宇的案例可以看出，他們和政權勾結，汲汲營營於扮演政權的守護者。藉由國情院開展非法選舉運動的方式，透過朴正熙政權以來再次復活的官權選舉，而贏得執政的朴槿惠政府，她的誕生本身就是非法。

國情院的非法選舉運動、首爾市公務員間接操作選舉、檢察總長蔡東旭被趕下台、世越號慘案、中東呼吸綜合症（MERS）事件、歷史教科書政治化、崔順實一家壟斷國政案，一路發展。我們看到政府沒有新政策，只是錯誤地想重回過去。

玄載和敬載的誕生

二〇〇八年十二月，我在首爾市廳採訪的時候，兒子玄載和敬載終於誕生了。結婚六年九個月期間，妻子流產了三次，由於醫生的疏失，甚至發生子宮沾黏的現象，妻子持續處於不孕狀況。讓沾黏的子宮分開，內膜就變得非常薄弱，受精卵無法著床。此時就進入只有良醫才能解決的階段。

我認為如果是馬上需要手術或處置的對症療法，那麼西醫比較好；如果需要從根本著手，則是東洋醫學比較適當。於是開始去看韓醫，就在此時遇見灸堂金南秀醫生。妻子身體上可灸的穴位，有兩個月我不停地幫她灸。晚上就算喝完酒回家，也一邊打瞌睡一邊幫她灸。同時也看了其他韓醫，針、藥一起併行了將近一年。

再去做檢查，發現子宮內膜已經變得比之前厚了，到了可懷孕的厚度。妻子辭掉工作後，不久就懷孕了。妻子懷孕後非常愛護身體，有任何異樣，就住院徹底調養。這是她三次流產學到的寶貴教訓。就這樣

玄載和敬載幼時的全家福照片。

積極的調養身體，不料到三十週的時候出現出血現象。本來以為沒什麼大不了，前往大醫院看診，卻發現有早產徵兆必須立刻住院。在醫院注射藥物，採取壓制早產的措施後，撐了五週。到三十五週，玄載和敬載誕生了。比平均懷孕期的四十週早了五個星期出生。分別為二．五公斤和二．三公斤，低於平均體重。

事實上懷孕三十週時，本來就打算從之前去看的小醫院換到大醫院。當時那家小醫院的醫生也表示，過了三十週，若胎兒發生異常，就要護送到大醫院，所以他們建議超過三十週一定要去大醫院。當時這個建議來得實在很恰當。

玄載和敬載出生的那一天，我熱淚盈眶。腦中浮現妻子為了誘導排卵，提高懷孕機率，每個月在自己肚皮上打針的模樣。如此辛辛苦苦才生下玄載和敬載，太珍惜了。我總認為生死由命，不僅僅是死的問題，就連生命的誕生也是。

父母和孩子的命運彼此纏繞，如此來到誕生的時間點。接下來的命運，大家要小心守護。

前往美國

玄載、敬載誕生後六個月，二〇〇九年六月我前往位於美國北卡羅來納州德罕的杜克大學研修。MBC其他記者都只想去公司自行安排（免試）的海外研習，而沒做任何準備。反而是我認為公司不會給我機會，所以已先做好參加托福考試等、自食其力申請外部研習的準備。最後如我所料，政府文化部旗下的媒體基金會的海外研習計畫，申請人只有我一個，因此輕鬆通過。正式選拔時，我則和其他公司的記者競爭，好不容易才被選上。

杜克大學的所在地德罕，空氣清新，這一點深得我心。距離德罕不遠，名為教堂山的地方有北卡羅來納大學、首府羅利有北卡羅來納州立大學，總共有三間大學。用韓國的地形來比喻，杜克大學就在全羅北道鎮安，北卡羅來納大學在南原，北卡羅來納州立大學則大約在全州的位置。三角形內的凱瑞市，則聚集了網路相關的創投企業。

英文教育狂熱

這三家大學都有很多韓國人，大部分都是媒體人、教授、公務員、企業人。短則一年，長則一年半，帶著家人在此一起生活。大部分都是有子女的父母，他們來研修的目的只有一個，就是讓孩子上免費的英文教育。在這裡沒有必要上額外的英文補習班。實際上孩子過了一年左右的學生生活，英文實力就大幅增加。這就是沉浸式教育的效果。

韓國學生群集的教堂山小學，有個情況令老師哭笑不得。韓國學生初來乍到，完全不會英文，讓老師相當煩惱。然而過了一個月、兩個月、三個月，逐漸跟得上進度了，過了一年，學校生活幾乎毫無阻礙。但當老師好不容易鬆一口氣，這位學生卻回韓國去了，換其他學生來。一切又從頭開始。

韓國父母的教育狂熱在這裡也很激烈。找到好學校，韓國人就開始成群結隊，以至於教堂山知名學校附近的大樓租金越來越貴，這就是所謂「韓國人加碼」[5]的現象。

5 Korean Premium，由於南韓在一九九七年遭逢亞洲金融風暴，舉國幾近破產，國家信用等級低落，造成之後一段時間，當南韓金融機構要向國際組織借款時，國際組織為預防遭倒帳，紛紛要求南韓借款方得承擔更多追加出來的借款利率。

美國的簽證生意

問題是：來研修的成人只在意孩子的教育，對於自己的教育卻漠不關心。他們為自己投資的是高爾夫。高爾夫球場會員一個月的費用兩百美元，在韓國只能打一場。而且一加入會員就可以多打，非常方便，也因此抱著此時不做更待何時的想法，把孩子送去上學後，就立刻飛奔至高爾夫球場。也有很多是夫妻一同前往。

當然，美國大學裡也有一些本來就不錯的課程，可以提供研修教育。然而美國人現在也都知道做簽證生意了。他們曉得這反正不是本人自己付錢的留學，而是公司、國家、企業等付錢來研修，所以雙方都不必太辛苦。美國不用為了這些學生精心打造太複雜的研修計畫，能省則省，收費便宜一點也就無所謂。許多大學發一年到一年半的簽證，就用簽證來收費。

我去杜克大學的時候，由於李明博政府鼓勵出口的政策，匯率貶得很厲害。研修確定沒多久，美元對韓幣的匯率上升到一比一千五百。當時杜克大學一年的研修費是七千五百美元，從媒體財團收到的錢則是一千萬韓幣多一些。若是杜克大學不考慮隨匯率變動調降研修費（約一千一百二十五萬韓元，當時相當於新台幣二十八．一萬元），我就只能去其他學校了。不料杜克大學那一年對韓國研修生的收費大幅調降至五千美元（約七百五十萬韓元，折合當時新台幣約十八．七萬元），收到折扣通知簡直嚇了一跳。果然是一群會做生意的人。

四十歲的海外研修

來美國研修的人當中，幾乎沒有年輕人，大部分是四十世代。四十世代都在公司行號工作十年以上，以一種得到獎勵的方式前來研修。但這個年紀來學外文，頭腦早已僵化了。我二十多歲時，對英文充滿自信，三十歲後半為了準備研修再次開始讀英文，當時非常震驚於英文都忘得差不多了，還好重新再學，沒多久就找回記憶。然而去杜克大學研修的時候，已經進入四十歲初半，英文早就不太行了。和美國的研究生一起聽課，很多時候有些力不從心。

語言是種習慣，不繼續使用就會退化。超過四十歲更是如此。十年以上不用英文還能記得的話，反而神奇。所以把四十來歲的人送去海外研修，真的是只有休息的含義。但是今天花那麼多錢去國外玩的政策似乎太多了。

我因為覺得既然花了大把金錢出來，不趁機好好利用實在太浪費，於是申請了在政治系的研究所聽課。主要是聽我感興趣的政治經濟和媒體有關的講座。第一個學期一星期三個科目，第二個學期兩個科目。研究所的課程，閱讀分量很可觀，一星期每個科目都要讀至少一本書。認真上課後，英文閱讀速度也加快了，對之後回國寫博士論文有很大的幫助。

醫療保險

在美國住，再次體認到醫療保險制度的重要性。美國的醫療保險大部分是民營，根據保險程度，醫療保險費也不同，然而基本上都很昂貴。三億美國人裡，未加保醫療保險的人有五千萬名左右。醫療保險加保人，根據保險程度也千差萬別。我投保的醫療保險不適用的醫院相當多，就是麥可．摩爾（Michael Moore）導演拍的紀錄片《健保真要命》[6]裡的情況。準備研修的時候已經事先知道，因此一開始就在適用保險的醫院附近租房子。這是為了防範孩子萬一生病，不必到處奔波找醫院。

曾經有一次孩子長了水泡去看醫生。醫生檢查後，只說放著不管就好，也沒給另外的處方藥，建議情況嚴重，再前去就醫。保險公司會涵蓋到四萬美元以內的費用，所以我們出來的時候不用支付任何金錢。但如果沒加入保險，那一次就需要支付一百八十美元。只要見了醫生談談話，即使不開任何處方，也要另加二十美元左右。和韓國的情況相比，是極離譜的價格。

還有一次是因為要給孩子注射一些必需的疫苗。但這些疫苗的費用相當昂貴，保險也完全沒有支付。剛好打聽到若能證明所得，可以用便宜價格施打疫苗。那是專為低所得人服務的國立醫院。研修期間，我的薪水還不到原先的一半，因此繳交了影印證明書。無關疾病種類或處方，孩子去一次只需要二十五美元。美國人沒有想像中那麼不懂得變通，是可以溝通協商的。之後孩子需要的疫苗，就全都在那裡打，費用加起來和韓國的幾乎差不多，韓國也有需要自費接種的疫苗。

即使美國的醫療保險是這種情況，韓國還是一直有許多人主張醫療民營化。韓國的醫療保險良好，是由於朴正熙時代積極推動醫療保險制度。民營化的理由，是想讓三星和現代等經營大醫院的財閥利潤極大化。對這些人來說，只要可以讓他們擴大利潤，把朴正熙講成「紅鬼子」也沒問題。

國內消費者是冤大頭

幾番折騰下，我在美國買了新車。實在是因為用韓國研修生折扣買來的中古車太差了，無法通過汽車檢驗。接手車子後，四個輪胎、電池、四個煞車片等全都需要更換。有一次，在高速公路上汽車突然劇烈晃動，一看發現後輪的螺絲鬆脫了。我聯絡 AAA（American Automobile Association，美國汽車協會）

緊急救援服務，當時後輪的軸承已經融化了。花在汽車上的錢早已超過車價的三分之一。

新買的汽車是現代 Genesis 3.8，是韓國常說的無配備基本款，然而車價包含稅金不過才三萬兩千美元。跟在韓國賣五千萬韓幣相比，實在太便宜了。當時匯率剛好掉到一千一百韓幣，因此就盡快購買。後來也運回韓國，運費加上稅，還不到四千萬韓幣。

現代汽車集團辯解美國車價便宜，是因為不包含配備。那在韓國難道不能也賣沒配備的？當然不能，因為加配備就是加利潤，汽車也才賣得動。韓國的汽車市場幾乎被壟斷了，政府是以制度保障現代汽車的暴利。在韓國的外國品牌汽車公司，都走高級路線，進口的主要是昂貴車種。他們是跟現代汽車有樣學樣，牟取暴利。這就形成惡性循環。

美國卻截然不同。因為要和其他國家的汽車競爭，所以都採薄利多銷的政策。SONATA 價格絕對不會超過兩萬美元，同等的日本豐田 CAMRY 或是本田的雅哥，只比兩萬美元稍微多一點。Genesis 也同樣便宜。

不只是汽車，機票價格也以韓國的航空公司最貴。韓國的航空公司只有大韓航空和韓亞航空兩家獨占，韓國人只能照航空公司要求的支付。然而美國人會從眾多航空中挑選便宜的搭乘，善用市場競爭來節省費用。不論手機或是電子產品，那些韓國大企業出口到美國的產品，也大都一樣。這些大企業在韓國國內占有壟斷或寡占地位獲取暴利，去了美國就薄利多銷，便宜賣。現在的消費者眼界廣了，也可能到國外

6《健保真要命》（*Sicko*，或譯神經病人），是由麥可．摩爾導演的紀錄片，二〇〇七年六月在美國上映。此片揭露美國醫療保險的不足，並以加拿大、英國、法國和古巴為例，認為統一且公營的醫療保險制度才能保障公民的健康。

的網站上購買韓國產品。

然而，為了降低價格，就要縮減成本，因此企業苦守低薪政策。韓國勞工的工資比經濟規模類似的其他國家便宜，就是這個原因。在美國的大型超級市場，除了櫃台結算的店員之外，不容易看到其他店員。我們剛去的時候，很難找到要買的東西。回頭看看我們，到超級市場，這裡那裡到處都是店員，告訴你要找的東西在哪裡。這是因為我們的薪資低廉。美國最低薪資一小時超過一萬韓幣，韓國只有六千韓幣。做相同的工作，還被當作豬狗對待的可憐國民。

韓國企業把美國式資本主義、美國式經濟、美國式思考方式、美國式法律等捧上天，然而涉及企業利潤，就又是另一回事。我們國家的資本主義，是一些主要產業以財閥壟斷的體制來形成的。反之，美國則相當保障自由經濟。如果說是要學美國重新改革經濟，我們的大企業可能會先站出來反對。他們只有在確保自己壟斷或寡占利益的前提下，才會推舉美國。

先進國的條件

我在美國印象最深刻的事，和正直有關。居住期間，其實我一點也沒感受到這是個國民平均所得超過五萬美元的國家。中產階級去超級市場之前，會蒐集免費優惠券或折價券；出外用餐也相當精打細算。依我來看，這個國家之所以先進，理由只有一個：努力透過正直來打造社會。

舉例來說，美國有名為全食（Whole Food）的大型有機超市，一般人從不懷疑那裡賣的食品是否是有機。對於欺騙消費者的行為，美國的處罰也相當重。企業做假帳也一樣。這和總是寬貸虛偽的韓國文化形成極端的對照。

日本第二次大戰戰敗後，為了重建國家，聚集社會大老徵求意見。他們最後提出的對策，是遵守秩序、正義等。從此，正直成為日本重要的社會美德。

成為先進國的最高條件，就是守住根本。有了這個根本，才能累積信賴，讓社會順利運轉。韓國為了要成為先進國，最需要的條件不是國民所得三萬美元或四萬美元，而是信賴。企業正直地賺錢，政治人物不為贏得選票就信口開河。對於違背信用的人，則應該嚴懲。

未曾這樣生活過

在美國完成研修，回國沒多久，MBC有了極大的轉變。當然，在我去美國之前，因為狂牛病燭火示威的事，政府想要掌控MBC的勢力就蠢蠢欲動，這時則全面發動了。最具代表性的，就是《新聞平台》主播辛京珉[7]被趕走了。辛京珉前輩因為寸鐵殺人的強悍形象，得到許多觀眾喜愛，李明博政權對嚴基永社長沒法把辛京珉從主播台趕下來，一直相當不滿。結果一年多之後，辛京珉前輩還是被逼走了。對這件事，記者會發動抵制節目製作來抗議。之後此事以報導局長引咎辭職而逐漸平息。但嚴基永社長又成了政府的眼中釘。

當我還在美國研修的二〇一〇年二月，嚴基永社長沒有做滿任期就下台了。接任的是和李明博至為親近的金在哲。之前，從來沒有人想過金在哲會成為MBC的社長。結果卻是這個人突然要當我們的社長

7 南韓的資深外交線記者，自嚴基永從主播台轉任MBC社長，歷經他人短暫代班後，由辛京珉正式出任《新聞平台》的主播；辛京珉雖非工會成員，卻常接納工會對MBC新聞提出的修正建議，因而受到台內不少年輕記者與工會支持；辛京珉最有名的是在新聞結束前，發表言詞尖銳、批判政府的評論，但因此成為執政者亟欲除去的對象。

2012 年為了公正廣播的 170 天罷工現場。當時我連退出工會自保的選項都沒考慮過。

了。

工會反對空降社長，先是發動不上班來抗爭，可是後來又接受了這個決定。但是這時《新東亞》（由東亞日報集團發行的月刊）發表一篇報導，披露了放送文化振興會（放文振）理事長金寓龍的「青瓦台聯手施暴」發言。金寓龍說，「金在哲社長去了青瓦台，遭到施暴，奉李明博之命，剷除MBC內部的左派人馬」。於是工會又為了要求金在哲下台，發動罷工。罷工之後，金在哲社長採取不上班，到處躲避的手段。失去抗爭對象的工會，當時又碰上二〇一〇年地方選舉和天安艦事件，工會成員在面臨時機不佳的情況下，在三十九天後回歸崗位。

回國後，我先是被派到國際部，然後又被派去晨間新聞編輯部，主要工作是製作晨間六點到七點播出的四十五鐘新聞排表。

工作了一段時間，二〇一一年二月工會要改組領導層。因為金在哲社長在原來的勞資團體協議中，把保證報導公正性的強力條款視為問題，宣布解除協約。沒有勞資團體協議的話，意味著工會的防禦網崩壞。再度罷工已無可避免，只是在看什麼時候。二〇一〇年三月進行三十九天罷工時，只有當時的工會委員長李近行委員長一人被解雇。這次如果再罷工，情況會大不同。公司也公然發布即將大量解雇的耳語，而且沒有任何人能對工會的領導幹部提供人身保障，這就像是去阿富汗的戰場卻沒有任何防護裝備。沒有人想進工會。但我這個時候收到工會要我擔任廣宣局長的提案，我一收到就接受了。我的記者工作長期受惠於MBC，是輪到我回報的時候了。

PD崔承浩在製作紀錄片《共犯們》時採訪我，追問我一個問題。問我那個時候大家都拒絕加入工會，為什麼我卻答應接下這個工作？我也拒絕不就行了？直到他問我之前，我都沒好好想過這個問題。我從未考慮過要退出工會。當時一位站在公司這邊的前輩，也曾叫我退出工會，叫我不要去蹚這個渾水。但是，如果連我都拋棄工會，那麼工會就會垮台啊；這樣的話，我們戰鬥的唯一支柱就會倒下啊。只是面對崔承浩問題的那一刻，我不知該如何回答，因此只說了一句：「因為我沒有那樣活過……」

事實上，今天我除了這句話也還是無話可說。如果不去工會，我的生活會比較好嗎？如果不去工會，我們的歷史會有些許不同嗎？我會不會因為良心的譴責，反而過得更辛苦呢？會不會我們每個人都畢竟不過是一枚歷史棋子的代理人（agent）？

懸崖撒手丈夫兒。這句話是說：吊在懸崖上的時候，敢放手才是大丈夫。不需要汲汲營營的算計或計較，將心完全淨空。我已經連自己的性命都押上了，還能再擔心什麼？頂多不就是被解雇嗎？這就是當初我進工會時候的想法。

新的工會組成後，我們十分耐心地和公司交涉。然而公司卻始終完全不把我們放在眼裡。時事教養局和廣播局的時事節目最先被撤換。由這個節目的製作人帶頭，罷工的聲浪逼近臨界點。

有一陣子沒鬧什麼事的報導局，因為二〇一一年四月江原道知事的補選，那年十月的首爾市長補選又鬧出偏頗報導的問題，風波越來越大。隨後又出現韓美ＦＴＡ示威、京畿道知事金文洙一一九電話事件等報導被刪除，偏頗立場更露骨、更日常化。報導局裡由年輕記者帶頭，情緒沸騰，罷工的氛圍成熟了。

於是，二〇一二年一月，我們展開了前所未有的一百七十天罷工。

10

為了改變世界

該從哪裡消除積弊呢？

李明博、朴槿惠政權的九年，是我們遺失的歲月。自一九八七年六月之後，我們持續民主化的發展，確立了重視程序正義的民主政治，對經濟的民主主義也日益關心。然而李明博、朴槿惠政權卻讓一切倒退。如國情院為了獲勝，在非法選舉運動中，進行各種輿論操作，監控越來越普遍；關乎社會與經濟的民主發展則完全漠不關心。將財閥經濟包裝成國家經濟，社會兩極化日趨嚴重。從軍事政權起累積的社會積弊，再次浮上水面。

二〇一六年的燭光抗爭，和緊接而來的朴槿惠總統遭彈劾、文在寅政府上台，反映了韓國人民對清算社會積弊的熱切盼望。

二〇一七年三月十一日，在光化門舉行的第二十次燭光集會，我剛好在前往醫院的路上，因此也參加了。那之前主辦單位就曾來邀請過，我以自己在鄉下調養而婉拒過。這次集會因為是憲法裁判所通過朴槿惠彈劾案之後的第一次集會，所以我上台說話時說了一個重點。我重申憲法裁判所通過朴槿惠總統彈劾案所引用的話。「清算社會積弊，最要緊的是從糾正檢察廳和媒體開始」。我的理由是經過二十年的經驗確認，這兩個領域是糾正社會的校石。

檢察廳是維持社會法律秩序的組織。法律之前，人人平等。然而檢察廳卻沒有貫徹這個原則。軍事政府時期，檢察廳帶頭拷問，捏造證據，宣判有罪。民主化之後也沒太大轉變，依然間接操縱，依然有很多是「有錢無罪，無錢有罪」。三星李健熙、李在鎔父子的非法繼承，經過七年了都不進行調查，共犯也僅止於不拘留起訴。和偷一塊麵包就被宣判拘役的尚萬強，形成極端對照。李在鎔副會長一審被判五年拘役，

2017 年 3 月 11 日在第 20 次燭光集會中發言的模樣。我呼籲應將檢察廳和公營廣播的人事權還給公民。

有輕判嫌疑。

這也不只是三星的問題，勞工一罷工，立刻就派警察前來，對許多人控訴非法嫌疑。面對拖欠薪資或違反勞動法的資本家，則根本沒有什麼像樣的處罰。這是因為警察根本就站在資本家的同一邊。

政治上偏頗的搜查，就更不必說。朴槿惠政府四年任內發生的ＮＬＬ有關南北高峰會談對話錄非法外洩事件、鄭潤會國政壟斷疑惑案件、國情院搜查非法選舉運動被施壓、蔡東旭檢察總長私生子相關資訊外洩案件等，都沒有進行徹底的搜查。太容易發生被害者和加害者對換的鬧劇。這就意味著法律在執行面上的荒唐。

其實韓國的憲法或法律在立法面上周全得很，因此只要踏實地執行現有法律，就可以相當地維持住我們社會的基本秩序。

韓國憲法或法律保障勞工的罷工權，非法罷工這句話本身就不成立；若對違反勞動法或拖欠薪資的資本家執法，勞資文化就會朝合理的方向變化，資本家就會更認真看待勞資協商。

檢察廳若依原則執行法律，財閥就不會賄賂，或是亂撒政治獻金，要求特權。三星副會長李在鎔的拘留，是從李秉喆而李健熙一脈相傳的遺緒。他們把就算違法也不會被處罰的錯誤榜樣留給後代。財閥過分地侵害小商店的權益時，公正交易委員會或檢察廳如果能依法執行，就能糾正許多情況。要糾正積非成是的不法賺錢的文化，才能確立我們社會的根本。「法律之前，人人平等」這句話應該成為不變的真理。

媒體改革也和檢察改革同等重要。民主化社會裡，選舉具有相當重要的作用。若想在選舉中獲勝，就要有有利的輿論，因此權力在握的人才想操縱輿論。政治權力一旦掌握媒體，真相就會被蒙蔽，不僅國民，連權力者本人也看不到真相。封住媒體的嘴，並不能改變事實。操控統計，隱瞞經濟兩極化加劇的現實，無法壓抑人民的不滿。朴槿惠政權之沒落，是崔順實的女兒鄭維羅的一句「財富也是一種實力」，才讓全體國民不滿到最高點。

事實上，媒體批判政治權力，也有一種代理發洩的功能。世上不存在能讓國民完全滿意的政府。媒體正當地批判，反而具有紓解民怨的功能。還有媒體適當的批判，也好讓政府在民怨擴大前防患未然。朴槿惠政權突然沒落的背景，就是因為不給媒體這種消除民怨的功能。

讓媒體得以扶正，不僅是單純地要遠離政治勢力干預的問題，對社會方向也有更大的意義。倘若檢察廳是扮演維持社會基本秩序的作用，那麼媒體就是透過檢視社會的真實面，來幫助打開未來。媒體若能自由報導，人們才能盡情討論目前思考的東西及未來重視的東西。在這個過程中，社會的議題就會自然浮現，逐一解決。這是民主政治傳統的發展模式。

當我們社會上各種兩極化對立的情況加劇，經濟民主的聲浪高漲時，媒體應該自覺地發掘這些議題。這樣我們的社會問題才能逐一解決，社會才能得以進步。萬一媒體被政治權力、媒體主、財閥等控制，這類本能的發展模式就無法順利運作。社會議題會被政治權力、媒體主等扭曲，原本應該在適當時間出現的合理議題就無法順利出現，媒體又會再次變成壓抑甚至使我們社會窒息的工具。媒體站穩了，人民才能自由發言，政府才能扮演好自己的作用，社會才能得以發展，並且看到未來。

檢察改革和媒體改革，是清算社會積弊的出發點。清算社會性積弊，是為了導正經濟民主主義和不平等的經濟現象。過去政府的最高目標是讓人民不挨餓，可以生存，現在則應該超越這個階段，讓所有人得以享有平等的機會。不能因為是財閥，就給予過多特權。同工，就應該同酬。應該創造一個環境，讓所有努力工作的人都能得到自己應有的報酬。如果說過去我們給了財閥過多的特權，那現在就應該保護社會上的弱勢。我們應保障社會中的果實，都能由人們均等享有。

要打造這種社會，就要導正檢察廳和媒體。目前我們檢察廳和媒體無法發揮作用的理由是什麼？我認為只有一個理由，檢察和媒體的人事權，是由政治權力，尤其是總統所掌握。在實際是由總統任命檢察總長或報社社長的情況下，檢察或媒體就不可能從政治權力獨立。應該讓檢察廳和媒體的人事權回歸給國民。雖然不能像選總統一樣，由全體國民選出，但是如果能讓透過抽籤選出的公民代表參與，就可以簡單地解決這個問題。這就是公民代理人制度。

公營電視台應從政治獨立

關於檢察官的問題，前面已經說了很多，現在我們簡單地檢視一下公營電視台的問題。李明博政府之後，MBC和KBS等公營電視台徹底崩壞，我們因而領悟到公營電視台錯誤的管理結構，公營電視台受到政府的控制。MBC的情況，放送文化振興會是持有百分之七十股份的大股東，正修獎學會持有其他百分之三十，因此由放文振全盤決定MBC的社長和主管人事。放文振的理事會是由朝野推薦組成，朝野人士比例通常為六比三。表面上，理事會由律師、教授、媒體人、公民團體人士組成，然而實際上他們無法脫離政治的影響。KBS也很類似，掌握社長和主管人事權的KBS理事會，朝野人數比是七對四。和放文振一樣，他們也無法脫離青瓦台和朝野各黨的影響。

在這種情況下，無論是誰執政，想當公營電視台社長的人，就要往青瓦台和執政黨靠邊站。站到在野黨那一邊，又想當候選人的話，那就是只想累積自己資歷的人。放文振或KBS理事會一般開會的時候，也是同樣的情況，不論議題的內容是什麼，只要表決，就會出現和朝野人數比例相同的投票結果。媒體完全被政治所掌控。

從金泳三開始，經歷了金大中、盧武鉉，我們社會的民主政治逐漸發展，媒體的自由也持續擴大。然而進入李明博、朴槿惠政府階段，所有一切都開始改變。我們的民主政治退化，媒體自由也極度窒息。因為政府太容易掌握國營電視台的管理結構了，透過放文振和KBS理事會就可以間接行使影響力。

改善公營電視台管理結構的聲浪逐日高漲，民主黨和公民社會好不容易就一個「防止整控媒體法案」達成共識。放文振和KBS理事會人數增為十三名，朝野理事會人數調整為七對六。選聘社長的時候，導入不是理事會過半，而是要三分之二贊成的特別多數制。這樣，在野黨也有機會選出他們覺得合適的人。

但是我認為，很令人焦慮的是，這是最糟糕的方案。這樣選任社長的話，只要在野黨不同意，無法做出任何決定，陷入膠著的可能性相當高。對於轉為在野黨的自由韓國黨，這當然是件好事。在野黨想要的人無法坐上社長位置，也要讓他們反對的人當不了社長。

那麼朝野全都同意的人，又會是怎樣的人呢？通常是會看兩邊臉色的機會主義者。金在哲前社長就是能得到朝野支持的人。不管誰掌權，他都準備好站在對方那一邊。相反的，個人色彩太過明確、有信念的人絕對無法成為公營電視台的社長，因為在野黨絕對不會同意。如果按照目前國會提出的修法方向來看，那會產生比現行法令之下任命社長還糟的結果。當然，我說的前提是文在寅要像金大中、盧武鉉政府那樣尊重媒體自由。

由於這些問題，也有人建議，在放文振和KBS理事會裡除了朝野推薦人士之外，也引入些公民團體推薦的人。不過，要哪些公民團體推薦呢？如果只引入「參加連帶」或「民主媒體市民聯盟」所推薦的人，那麼在野黨就會反對。他們一定會主張，為什麼「韓國自由總聯盟」或「新右派」等團體就被除外呢？

結果是，公民團體推薦的人士，也要計較是進步或保守，也要計較朝野。

就是基於這個原因，我認為在公營電視台選任主管這件事情上，政黨要完全抽手。既然大家都說國營電視台要獨立於政治之外，那為什麼公營電視台的理事會要由政黨推薦呢？我們等於把自己陷入代議制度的陷阱。

因此我想到「公民代理人團體」的制度。針對想當社長的候選人，召開朝野公聽會，檢查各個候選人過去做過什麼，道德上是否有問題，是否具有業務能力。然後，由公民代理人團體觀看所有過程之後進行投票。

解答是公民代理人團體

我們是代議民主政治的制度。人民選出代表自己的人送進國會，讓他們決定政策。然而代表人民的人，只在選舉的時候以公僕自居，一旦選上，四年內就凌駕於人民之上。因此，要求強化直接民主的聲浪逐日高漲。

在目前的代議制度中，議事的決定都太單調劃一了。多數黨的意見左右所有的事情，少數黨提出再怎麼合理的對應方案，也無法阻止多數黨的橫暴。以至於國會總是反覆陷入停滯狀態，成為多數黨嘗試搶奪，少數黨採肉搏戰的「動物」國會。說什麼優秀菁英的殿堂談話和討論，都只是空話。為了防止這種情況，我們推出了「國會先進化法」，結果只遭到批評的人說這造成了「植物」國會。因為國會變成被綁手綁腳，什麼也做不了的狀態。

這都是由於掌握國會的政黨，根據黨的利益、黨的策略決定一切。在野黨對政府和執政黨找碴，執政黨則無條件通過政府的政策。過程中合理的討論或對話消失得無影無蹤。最後的結論是：國會只會玩數字遊戲。選出這些國會代表的人民，完全束手無策。

不玩數字遊戲，有可能進行合理的討論或對話嗎？若是脫離黨的利益、黨的策略那就有可能，然而目前的代議制根本不可行。朝野的爭鬥需要新的裁判，傾聽朝野意見，嘗試做出議事決定的裁判。而我認為答案就是「公民代理人團體」可以擔任這個裁判。

公民代理人團體的成員，要按性別、年齡、地區、學歷訂好人數比例，再隨機抽籤。舉例來說，如果需要構成一〇一名，抽籤選出這一〇一名之後就由朝野代表面試，資格不足的人可汰換，最多五十名。公民代理人團體不是常設組織，只在國會陷入膠著的案件時組成。他們會聽取朝野各方意見後，再做出決定。

首先，這可以用在國務委員任命聽證會的制度上。透過聽證會，朝野可以盡情對國務委員候選人展開攻防戰。但是候選人最終是否能通過任命聽證會這一關，不是掌握在朝野兩黨手裡，而是在公民代理人團體的手裡。這樣才能避免各黨囿限於自己利益，或是陷於數字遊戲的可能。朝野雙方不需要為了是否通過這個人事案，而進行拉鋸戰或暗盤交易。大家只要討論個別候選人是否真正夠格即可。如此，人民直接參與政策決定的過程，可享有直接民主的效果，也能提升政治效率。

因此，以國務委員任命聽證會的情況來說，就是尊重總統的人事權，就總統提名的候選人進行聽證及判斷。國會則需要做一些讓步，把決定權下放。然而由於權力本來就應該是由人民來行使，因此這其實不是讓步，而是回歸原狀。

公民代理人團體還可以擁有超越總統的人事權。朝野針對一些所謂重要機關的首長人事，高舉公正性的旗幟展開鬥爭的時候，就可以改由公民代理人團體進行。這種情況，總統應該自行下放人事權，歸還給國民。

檢察總長或警察廳長、國稅廳長等的情況，目前是總統直接行使人事權。公營新聞社社長的情況，總統可以直接也可以間接行使人事權。基因於此，這些權力機關都有片面忠於現職總統和執政黨的傾向。也因此，這些權力機關都由總統掌握，難逃偏頗是非。檢察官或警察、國稅廳公務員、媒體人等等，這些權力機關的成員為了出人頭地，不能不總是仰望著政治人物而非國民。他們會不斷地盤算：朝野之中誰會占據權力高位，計算自己該站在哪一邊。如此他們行使的搜查、調查或報導，自然不可能會公正。

倘若權力機關的首長是由公民代理人團體選出，那會怎麼樣呢？根據嚴格的資格條件，找出適當數量的候選人，然後以他們為對象，實施朝野諮詢的聽證會。朝野可以各自擁護他們支持的候選人，或是抨擊對方的候選人。候選人會帶著他們一生的資歷站在舞台上接受驗證。然後，由看守這一切過程的公民代理人團體進行最終投票。他們會超脫一黨之私，以常識為立足，為了公民選出最適合的候選人。

用這種方式選出的機關首長，他們就沒必要仰望政黨或是特定政治勢力，未來也只要為國民服務即可。因為他們的人事權是由人民行使，而非政黨。最終這些權力機關便可望脫離偏頗是非的困境。而人民對他們的的評價標準，就是平常人的常識。

公民代理人團體的想法，是援用刑事初審中的公民參與裁判的概念。公民參與裁判，是電腦抽籤的陪審員，從頭到尾觀看庭訊之後，判決有罪或無罪，甚至決定刑量的制度。目前為止，陪審團的判斷和法官的判決幾乎沒有相違背的情況，由此可以證明陪審團的決定合理且有常識，難以否定。

否定公民代理人團體只有一個理由，那就是根深柢固的菁英意識。有人會說，堂堂國務委員或是權力機關的首長，怎麼能讓張三李四來選。這和當年引進公民參與審判的時候一樣，也有人提過同樣的疑慮。

當時也有極大的反對聲浪表示，怎麼能把需要高度專業知識的審判交給一般人。然而公民參與審判的幾年經驗證明了一切。公民代理人團體的問題也可以同樣看待。朝野專家在事先提供充分的知識和資訊，公民代理人團體以此為根據做出最終判斷即可。這比國民參與審判還要簡單。

要否定由公民代理人團體行使人事權的話，就該先否定總統直選制。現行的總統選舉，只要超過一定年齡，任何人都會擁有選舉權。有些人眼看自己支持的政黨就算把國家賣掉也還是要把票投給他們，這些人也擁有選舉權不才是最不合理的嗎？

公民代理人團體是超越菁英主義，讓公民可直接參與決定政策過程的劃時代制度。這可以超越代議民主，把直接民主和我們生活的結合往前更跨出一步。如果這個制度的路越走越寬，那可以漸漸連法案或政策的制定過程也納入。詳細的方案或政策，由菁英們認真地競辯，公民只要負責做出最終的決定即可。總統就是不具有所有領域的專業知識也可以執行職務，不是嗎？那公民也一樣。只要得到專家的協助，進行常識的決定即可。

曾經有人主張檢察總長或公營電視台社長應該採用直接選舉制。然而直接選舉有嚴重的疑慮。首先，不是所有的公職都能用直選制。還有，選舉無法超脫派系。現行的教育監選舉，就是最有代表性的例子。這類公職經由直接選舉時，可能會引起成員間的派系鬥爭。這會造成檢察官或記者早早就選邊站的惡性循環。公民代理人團體可以克服所有這些問題。

國民應該改革菁英

每個社會都有菁英，菁英負起帶領國家的重要作用。我們國家也是一樣。從大韓民國成立以來，我們大量製造了菁英，以便推動這個國家的前進。然而，為什麼要由少數的菁英來帶領一整個社會？菁英就總是能做出正確的判斷嗎？我們幾乎從不曾提出這種問題。因為菁英自己固然總是顧盼自雄，一般大眾也認為菁英總是對的。

在首爾中央地檢廳採訪時，我常和部長檢察官們聊天。聽他們說話，由衷地認為他們是菁英，總是非常有邏輯，完全找不出一絲破綻。令我奇怪的是，換作從整體架構來看，就很難同意他們的看法。他們非常忠於持續了數十年的檢察官組織倫理，問題是檢察官這套守舊的組織倫理已經大幅偏離了人民的常識，而他們自己完全沒意識到。真令人氣結。你和他們談常識，但他們就拿組織倫理來反駁。這真是生命中不能承受之輕。

我和企劃財政部與外交部公務員見面的時候，也面臨同樣情況。他們是通過公務員資格考試和外交考試的秀才。非常忠於自己的邏輯。他們的組織倫理就是，忠實地傳承數十年的經驗。然而，萬一他們建立在過去經驗上的組織倫理和目前的時代精神不再一致了呢？

這些菁英還是習慣操弄「紅鬼子」，習慣財閥中心的經濟成長邏輯。看看朴槿惠政府和日本協商慰安婦的結果是什麼就知道了。他們的組織倫理已經偏離了人民的常識，然而他們還自以為非常現實。

為什麼會變成這樣呢？理由很簡單。菁英一輩子都關在自己的組織內生活，不曾走到外面。自己彼此認定，彼此獎勵，一旦感應到外界入侵，就挺身而出保護組織。被關在狹隘的組織邏輯裡，卻高呼講求真理。他們越是獨善其身，越會淪為被改革的對象。

究竟應該由誰來改革落後於時代的菁英呢？若不改變他們，改革絕對不會成功。不是說過嗎？改革比革命還要難。要超越封閉的菁英前行，只能仰賴大眾集結的智慧。要等到一般人民立足於常識的意見，能夠直接影響議事的決定過程，才有可能超越代議民主的侷限。

其次，要改變原來增補菁英的系統。繼續維持公務員資格考試、以年功序列升遷的線性結構，就算多麼具有改革傾向的人，也會成為既有組織邏輯的俘虜。要引入大破大立的人事系統，才能打破原有的組織倫理。為了實質從外部添補新血，應該開放門戶。我們不該忘記：唐太宗引進科舉制度的理由，就是為了打破原有豪門菁英封閉的圈子，排除既得利益，創造新的組織文化。

後語——我們可以改變世界

寫作這本書的期間，發生了重大的歷史事件。作威作福的朴槿惠政府，在燭光抗爭後垮台。保守政權九年的歲月過去了，來到了進步傾向的文在寅政府。這是預料中的事，然而沒想到連保守的憲法裁判官，也很快地一致贊成罷免朴槿惠總統。可見燭光抗爭力量的強大。

以燭光抗爭因而執政的文在寅政府，有義務清算社會積弊，建設新的社會。然而就經驗來看，既得權益勢力的抵抗也不容小覷。我們至今都是這樣一路走來的。

回顧歷史，大眾偶爾爆發的抗爭，固然有糾正歷史的機會，倒行逆施的反動卻也從不停歇。儘管革命的潮流激烈，反抗的意識底流也頑強抵抗，甚至常會淹沒革命潮流。

四一九革命不過才一年，就因五一六軍事政變告終；一九八〇年的首爾之春因五一七軍事政變血流成河；一九八七年六月抗爭因六二九宣言和在野黨分裂，無法結出果實；一九九〇年三黨合併確立了反動保守勢力的生存基礎。金大中、盧武鉉政府登場，雖然迎接了改革的機會，卻因保守媒體和司法的阻擾宣告破功。過程中，群眾的抗爭也像不曾發生過一樣地消失，偶爾還會為守舊勢力歡呼。事隔十年，透過燭光抗爭千辛萬苦再次獲得改革機會，一定要決心超越守舊勢力，讓改革成功。

金大中、盧武鉉兩個民主政府為什麼會改革失敗？既得權益勢力的抵抗是如何形成的？新的改革如果想成功應該怎麼做？回顧過去，通常就能找到答案，只是我們不注意罷了。

新的民主政府如果想成功，就要得到國民的支持；想取得國民的支持，就要讓國民的生活變得更好。不是空口高喊民生，而是全面改革造成貧富差距日益擴大的舊有經濟結構，實際增加國民的經濟所得，脫離以財閥為主的經濟成長政策。

金大中、盧武鉉兩個民主政府，在政治改革和南北關係等方面，達成不少成果，但兩朝都無法得到民眾充分支持，而讓沉睡的朴正熙神話於焉甦醒，理由出在他們經濟改革失敗。金大中、盧武鉉政府被經濟官僚迷惑，只專注在經濟成長率和貿易數值等經濟指標，重複朴正熙政權以財閥為主的經濟政策。兩個政府的經濟改革力量，在執政初期就全部被趕走，結果造成社會嚴重的貧富兩極化，尤其是外匯危機後擴散的市場主義，更擴大了既得利益的資源。

要改變持續近六十年的經濟結構，企業創造利潤固然重要，重視經濟成長率也很好，但是更應該保障勞動的人，讓大家過上符合人性的生活。韓國在ＯＥＣＤ國家裡的勞動時間最長，這應該縮短，並且把薪資提升到可以保障最低生計的水準。國民所得如果不增加，國民如果把全部財產都投入不動產，淪為房奴族，消費就會不足，經濟就會難以運轉。這和一九三〇年代的世界大蕭條有些類似。只有生產卻斷絕消費，經濟就會出問題。無論給企業多少優惠，沒有利潤他們就不會投資；而只要有利潤，不管是否有優惠，他們都會爭先恐後投資。最近各個財閥光是社內保留資金就高達一千兆韓幣的事實曝光，引發熱議，政府沒有理由再哀求企業投資了。

福利和經濟民主化是這個時代的課題。為了讓財富重新分配，應該改變稅制。將利潤都給擁有規模經濟者的經濟結構，改為中小企業或自營業也能受惠。發揚民主政治若不實現經濟民主主義，取得國民支持，

2017 年 9 月《韓國赫芬頓郵報》專訪，在家拍攝的照片。　© Inkyung Yoon/HuffPost Korea

最終只會以失敗收場。

政治改革的方向，應該擴大公民參與。韓國代議民主的限制太過明確，地域情結和冷戰情結相互糾結，形成持續消耗性的黨派鬥爭。抱有「從北左派」或是「主體思想」派的人，還在國會裡占多數。他們只要有機會，就會期待改革力量衰微，或是支持改革力量的民意下跌。政治人物和官僚勾結，只推出為了企業財閥、社會財閥、媒體財閥等既得利益著想的政策，卻偽裝成是替人民著想。

現行體制下，要克服代議制的限制並不容易，為了改革、突破，就要將所謂菁英掌握的議事決定權回歸給國民，擴大直接民主政治。本書提到的公民代理人團體的制度，就是最好的範例。我們已將這種制度運用在公民陪審團上，也取得良好成果，現在應該勇敢地擴大，讓政府機關的成員，不再仰望特定政治勢力的臉色，而是為全體國民做事。

我們要走的路依然遙遠，因為既得利益累積的社會積弊相當多。然而，為了共同體和有人性的生活，絕對沒有到不了的地方。從現在起改變這個社會，到了我們孩子的世代，就能享受更美好、和平的生活。

《三國志》裡有個耀眼的人物，周瑜。周瑜擁有比其他人更優秀的才能，然而卻年紀輕輕就夭折了。倘若諸葛孔明的非凡才能是神的境界，周瑜卓越的才能則是人類的層次。所以我對他有著一種出於人性的惋惜，對他無法忘懷。時常，我會想像，如果周瑜再次復活，能完成自己的夢想，那會是什麼情境。在我自己面對生死交關的此時，想起周瑜，或許是我自憐的情緒吧？